U0926490

俄罗斯联邦民法典

（第一部分）

the Civil Code of
the Russian Federation
Part one

张建文　译

中国 · 武汉

图书在版编目（CIP）数据

俄罗斯联邦民法典. 第一部分 / 张建文译. -- 武汉：华中科技大学出版社, 2019.11

（华中元照中青年法律科学文库）

ISBN 978-7-5680-5607-6

Ⅰ.①俄…　Ⅱ.①张…　Ⅲ.①民法－法典－俄罗斯　Ⅳ.①D951.23

中国版本图书馆CIP数据核字（2019）第222786号

俄罗斯联邦民法典（第一部分）　　　　张建文　译

Eluosi Lianbang Minfadian (Di yi Bufen)

策划编辑： 王京图
责任编辑： 李　静
封面设计： 傅瑞学
责任校对： 梁大钧
责任监印： 徐　露
出版发行： 华中科技大学出版社（中国・武汉）　电话：（027）81321913
武汉市东湖新技术开发区华工科技园　邮编：430223
录　　排： 北京欣怡文化有限公司
印　　刷： 北京富泰印刷有限责任公司
开　　本： 710mm×1000mm　1/16
印　　张： 17.75
字　　数： 327千字
版　　次： 2019年11月第1版　2019年11月第1次印刷
定　　价： 68.00元

华中出版

本书若有印装质量问题，请向出版社营销中心调换
全国免费服务热线：400-6679-118，竭诚为您服务

为什么要重新翻译《俄罗斯联邦民法典》？（代译序）

编纂俄罗斯民法典的冲动和努力次数很多，为时也长，从彼得大帝开始就设立法典编纂局，力图引进现代西方法制，但是最终有成果的历史却并不长。从 1882 年启动，到 1905 年草成却始终未能成为立法文件的《俄罗斯帝国民法典》（草案）是其集大成者。国内的学者不了解这个草案，也普遍看不到这个草案的重大意义。它构成了编纂 1922 年《苏俄民法典》的基础，这是俄罗斯已经决意放弃资本主义私有制模式而试图开始建立社会主义民法典的尝试；它也构成了 20 世纪 90 年代编纂《俄罗斯联邦民法典》的基础，这恰恰又是俄罗斯决意放弃社会主义公有制模式而试图重建资本主义私有制模式民法典的时候。[①]

《俄罗斯联邦民法典》的编纂历程经历了从 1994 年到 2006 年，共计 12 年时间。完整的《俄罗斯联邦民法典》包括 4 个部分 7 编 77 章 1551 条。其中，包括“第一编 民法总则”“第二编 所有权和他物权”和“第三编 债法总则”三编所构成的第一部分，于 1994 年 10 月 21 日由国家杜马通过，自 1995 年 1 月 1 日起生效；包含我们通常所讲的合同法、不当得利法和侵权责任法等在内的第二部分（“第四编 某些种类之债”）于 1995 年 12 月 22 日由国家杜马通过，自 1996 年 3 月 1 日起生效；由“第五编 继承法”和“第六编 国际私法”两编所构成的第三部分于 2001 年 11 月 26 日由国家杜马通过，自 2002 年 3 月 1 日起生效；由“第七编 智力活动成果和个别化手段权”构成的第四部分，于 2006 年 11 月 24 日由国家杜马通过，自 2008 年 1 月 1 日起生效。

在国内第一个《俄罗斯联邦民法典》中文译本是由黄道秀等翻译的，1999 年 2

① 说这一段话意欲何为？只是感慨时间支配之不自由而已。若是我有时间，或者同行感兴趣者，将这个民法典草案译出，也是对国内民法学圈子研究的一大贡献。俄罗斯的立法者在民事立法中对该草案的兴趣极大且屡屡提及，令我大为不解，总想一窥其中的奥秘。虽然这个草案的文本电子档和打印的纸质本已经有了，但还没有时间去仔细看一遍。

月中国大百科全书出版社出版的纳入“外国法律文库”的《俄罗斯联邦民法典》。[①]在当时该译本，只包括了《俄罗斯联邦民法典》的第一部分和第二部分。

在2006年年底《俄罗斯联邦民法典》第四部分通过后，2007年11月北京大学出版社出版了《俄罗斯联邦民法典（全译本）》[②]，这也是国内第一个完整的《俄罗斯联邦民法典》中译本。[③]

此外，也有以《俄罗斯联邦民法典》的单独部分作为单行本出版的中文译本。如2011年11月，知识产权出版社出版了《俄罗斯知识产权法——俄罗斯联邦民法典第四部分》。[④]

自从2007年黄道秀教授的中文全译本出版之后，已经过去了将近12年，俄罗斯民事立法发生了非常急剧且重大的变化，而且还有更为颠覆性的立法变革（如物权法部分）在等待国家杜马通过。

在2008年7月，俄罗斯联邦总统梅德韦杰夫（同时也是杰出的民法学家），提出了“《俄罗斯联邦民法典》完善计划”，这是地道的俄罗斯版民法典现代化计划。在该总统令中，提出了《俄罗斯联邦民法典》修改的基本目的：第一，“进一步发展符合市场关系发展新水平的俄罗斯联邦民事立法的基本原则”；第二，“在《俄罗斯联邦民法典》中，体现法院适用和解释的经验”；第三，“使得《俄罗斯联邦民法典》的规定，与欧盟法中调整相应关系的规则相互趋近”；第四，“在俄罗斯民事立法中使用欧洲各国民法典现代化的最新积极经验”；第五，“在独联体成员国范围内保持民法关系调整的统一性”；第五，“保障俄罗斯联邦民事立法的稳定性”[⑤]。

自2009年3月以来，直属于俄联邦总统的民事立法法典化与完善委员会，根据该计划，陆续公布了一系列关系《俄罗斯联邦民法典》未来样态的立法指导性文件。[⑥]这些文件包括：《完善俄罗斯债法一般规定的基本构想》《有价证券和金融交易立法发展的基本构想》《完善俄罗斯联邦民法典第七编“智力活动成果和个性化手段权”的基本构想》《完善俄罗斯联邦民法典第六编“国际私法”的基本构想》《法人立法发展的基本构想》《物权立法发展的基本构想》等。2009年10月根据上述立法基本

---

① 参见《俄罗斯联邦民法典》，黄道秀等译，中国大百科全书出版社1999年版。

② 参见《俄罗斯联邦民法典（全译本）》，黄道秀译，北京大学出版社2007年版。

③ 《俄罗斯联邦民法典》有可能是世界上最庞大的民法典，翻译为中文译本有将近60万字。

④ 参见《俄罗斯知识产权法——〈俄罗斯联邦民法典〉第四部分》，张建文译，知识产权出版社2011年版。

⑤ 2008年7月18日俄罗斯联邦总统关于完善《俄罗斯联邦民法典》的第1108号总统令。

⑥ 参见张建文：《从所有权法向物权法的转型——以“俄罗斯联邦民法典完善计划”为向度》，载《现代法学》2012年第5期，第137-138页。

构想，该委员会公布了《俄罗斯联邦民事立法发展的基本构想》。[①]

该委员会随后起草并公布了俄罗斯联邦总统提交国家杜马的《关于修改俄罗斯联邦民法典第一、二、三和四部分以及俄罗斯联邦某些立法文件》的联邦法律草案。该草案于 2012 年 4 月 2 日提交国家杜马（正式编号为 47538-6），由于其极为庞大的条文数量和对民法典内容的重大奠基意义，也得到了一个非官方的名称“新民法典”[②]。在4月27日，也就是说提交国家杜马之日起25日后被国家杜马一读通过。但是，此后，该草案命运并不顺利。这个法律草案文本超过了 5000 页，由于其内容和意义的不均衡和不均等，所影响的利益如此巨大，而且提出了难以置信的修改，国家杜马的档案委员会决定，将该草案进行拆分，根据特定对象或者体系性的内容，分解为数个相对篇幅较小的法律草案，然后对每个法律草案进行单独的审议和通过。最终这个文件被拆分为 13 个法律草案，到目前为止大部分法律草案已经通过，只有关于物权法的第 47538-6/5 号法律草案还没有通过。[③]

《俄罗斯联邦民法典》的各部分自分别通过以来，进行了极为频繁的修改。有俄罗斯学者在 2015 年统计，仅自 2012 年至 2015 年已经有 2600 多处修改。根据笔者的统计，第一部分自 1995 年到 2018 年年底经历了 111 次修改，特别是在 2007 年以后的修改次数就多达 73 次；第二部分，自通过以来经历了 71 次修改，自 2008 年以后就经历了 42 次修改；第三部分，自通过以来经历了 24 次修改，在 2008 年以后经历了 19 次修改；整个《俄罗斯联邦民法典》中最后通过的一个部分，也就是 2006 年年底通过的第四部分也经过了 24 次修改，特别是，这 24 次修改全部是在《俄罗斯联邦民法典（全译本）》在国内出版之后所进行的。也就是说，从 2007 年到 2019 年，12 年的时间里，除了部分学者在其文章中透露尚不全面的信息之外，国内对于《俄罗斯联邦民法典》的最新修订、最新变化以及进一步的改革发展都处在几乎全不知晓的状态中。

---

① 参见魏磊杰、张建文主编:《俄罗斯联邦民法典的过去、现在及其未来》，中国政法大学出版社 2012 年版，第 335-403 页。

② Что изменилось в Гражданском кодексе? : практич. пособие / В. А. Белов. — М. : Издательство Юрайт, 2014. С.7.

③ 在 2016 年下半年到 2017 年上半年，笔者在莫斯科大学访学期间，询问过作为笔者访学期间的指导教授也是俄罗斯著名民法学家并参与了“《俄罗斯联邦民法典》完善计划”（法人立法修改部分）的苏哈诺夫教授，关于为何物权法草案部分迟迟不能通过的问题，教授认为，该部分的核心内容对不动产法特别是对土地权利的修改极为重大，而在俄罗斯耕地集中在莫斯科州和克拉斯纳达尔边疆区，可能立法者考虑到该部分草案的改革力度极大，几乎是彻底重构和全面更新了原有的《俄罗斯联邦民法典》第二编“所有权与他物权”，故而慎之又慎。到 2018 年底，该部分草案仍未能通过。

可以说，在2006年年底，从结构和体系上全部完成编纂工作的《俄罗斯联邦民法典》，更多是建立起了俄罗斯从放弃计划经济模式转向市场经济模式的转型时期的民事立法框架结构，具有强烈的和明显的转型色彩，属于转型期的民法典；而到目前为止经过"《俄罗斯联邦民法典》完善计划"的现代化更新和改革,《俄罗斯联邦民法典》更具有了现代化和前瞻性，既保持了俄罗斯民事立法法典化的特点和传统，同时又与欧洲主要国家，特别是德国和法国的民法典现代化和欧盟私法的经验与进程保持了同步共振和积极交流，属于较为成熟的民法典。此外，值得指出的是,《俄罗斯联邦民法典》的现代化在独联体成员国范围内具有极大的示范意义，此前已经提到俄罗斯官方学术机构在总统的领导下与立法机构合作推进民法典现代化，不仅在意图上要保持独联体成员国民事立法的协调化和统一化，而且在行动上也支持了独联体成员国的专家共同参与民事立法完善工作，意图保持独联体国家该立法的协调化的提议。①

因此，尽快翻译出版最新版本的，特别是经过大规模的现代化更新和完善的《俄罗斯联邦民法典》中文译本，对我国正在进行的民法典编纂来说，恰逢其时，意义重大！同时，由于《俄罗斯联邦民法典》整个文本字数极多，笔者不能不决定按照不同部分的方式进行翻译和出版，翻译完毕一部分，立即校对该部分，立即出版该部分，力求以最快的速度，按照四个部分的顺序，推出《俄罗斯联邦民法典》的最新中文译本。因此，首先将《俄罗斯联邦民法典（第一部分）》译出，以便向国内提供关于俄罗斯联邦民法典现代化的最新信息和最新动向，以供国内的立法者和学者们在进行民事立法时作为资料参考和研究基础。

张建文

2019年2月13日（周四）草成

2019年9月1日（周日）修改

西南政法大学俄罗斯法研究中心办公室

① В.Ф. Яковлев.О Концепции развития гражданского законодательства Российской Федерации. Вестник Высшего Арбитражного Суда Российской Федерации № 11/2009.С.7.

1994 年 11 月 30 日第 51 号联邦法律

俄罗斯联邦民法典[①]
第一部分

1994 年 10 月 21 日国家杜马通过

修改文件目录

[经 1996 年 2 月 20 日第 18 号联邦法律、
1996 年 8 月 12 日第 111 号联邦法律、
1999 年 7 月 8 日第 138 号联邦法律、
2001 年 4 月 16 日第 45 号联邦法律、
2001 年 5 月 15 日第 54 号联邦法律、
2002 年 3 月 21 日第 31 号联邦法律、
2002 年 11 月 14 日第 161 号联邦法律、
2002 年 11 月 26 日第 152 号联邦法律、
2003 年 1 月 10 日第 15 号联邦法律、
2003 年 12 月 23 日第 182 号联邦法律、
2004 年 6 月 29 日第 58 号联邦法律、
2004 年 7 月 29 日第 97 号联邦法律、
2004 年 12 月 29 日第 192 号联邦法律、
2004 年 12 月 30 日第 213 号联邦法律、
2004 年 12 月 30 日第 217 号联邦法律、
2005 年 7 月 2 日第 83 号联邦法律、
2005 年 7 月 21 日第 109 号联邦法律、
2006 年 1 月 3 日第 6 号联邦法律、
2006 年 1 月 10 日第 18 号联邦法律、

① 文本来自俄罗斯著名法律网站：https://base.garant.ru/。

2006 年 6 月 3 日第 71 号联邦法律、
2006 年 6 月 30 日第 93 号联邦法律、
2006 年 7 月 27 日第 138 号联邦法律、
2006 年 11 月 3 日第 175 号联邦法律、
2006 年 12 月 4 日第 201 号联邦法律、
2006 年 12 月 18 日第 231 号联邦法律、
2006 年 12 月 18 日第 232 号联邦法律、
2006 年 12 月 29 日第 258 号联邦法律、
2007 年 2 月 5 日第 13 号联邦法律、
2007 年 6 月 26 日第 118 号联邦法律、
2007 年 7 月 19 日第 197 号联邦法律、
2007 年 10 月 2 日第 225 号联邦法律、
2007 年 12 月 1 日第 318 号联邦法律、
2007 年 12 月 6 日第 333 号联邦法律、
2008 年 4 月 24 日第 49 号联邦法律、
2008 年 5 月 13 日第 68 号联邦法律、
2008 年 7 月 14 日第 118 号联邦法律、
2008 年 7 月 22 日第 141 号联邦法律、
2008 年 7 月 23 日第 160 号联邦法律、
2008 年 12 月 30 日第 306 号联邦法律、
2008 年 12 月 30 日第 311 号联邦法律、
2008 年 12 月 30 日第 312 号联邦法律、
2008 年 12 月 30 日第 315 号联邦法律、
2009 年 2 月 9 日第 7 号联邦法律、
2009 年 6 月 29 日第 132 号联邦法律、
2009 年 7 月 17 日第 145 号联邦法律、
2009 年 12 月 27 日第 352 号联邦法律、
2010 年 5 月 8 日第 83 号联邦法律、
2010 年 7 月 27 日第 194 号联邦法律、
2011 年 2 月 7 日第 4 号联邦法律、
2011 年 4 月 6 日第 65 号联邦法律、
2011 年 11 月 28 日第 337 号联邦法律、

2011 年 11 月 30 日第 363 号联邦法律、
2011 年 12 月 6 日第 393 号联邦法律、
2011 年 12 月 6 日第 405 号联邦法律、
2012 年 12 月 3 日第 231 号联邦法律、
2012 年 12 月 3 日第 240 号联邦法律、
2012 年 12 月 29 日第 282 号联邦法律、
2012 年 12 月 30 日第 302 号联邦法律、
2013 年 2 月 11 日第 8 号联邦法律、
2013 年 5 月 7 日第 100 号联邦法律、
2013 年 6 月 28 日第 134 号联邦法律
2013 年 7 月 2 日第 142 号联邦法律、
2013 年 7 月 2 日第 167 号联邦法律、
2013 年 7 月 23 日第 245 号联邦法律、
2013 年 11 月 2 日第 302 号联邦法律、
2013 年 12 月 21 日第 367 号联邦法律、
2014 年 3 月 12 日第 35 号联邦法律、
2014 年 5 月 5 日第 99 号联邦法律、
2014 年 5 月 5 日第 129 号联邦法律、
2014 年 6 月 23 日第 171 号联邦法律、
2014 年 10 月 22 日第 315 号联邦法律、
2014 年 12 月 31 日第 499 号联邦法律、
2015 年 3 月 8 日第 42 号联邦法律、
2015 年 4 月 6 日第 80 号联邦法律、
2015 年 5 月 23 日第 133 号联邦法律、
2015 年 6 月 29 日第 154 号联邦法律、
2015 年 6 月 29 日第 186 号联邦法律、
2015 年 6 月 29 号第 209 号联邦法律、
2015 年 6 月 29 日第 210 号联邦法律、
2015 年 7 月 13 日第 216 号联邦法律、
2015 年 7 月 13 日第 258 号联邦法律、
2015 年 7 月 13 日第 268 号联邦法律、
2015 年 12 月 30 日第 457 号联邦法律

2016 年 1 月 31 日第 7 号联邦法律、
2016 年 3 月 30 日第 79 号联邦法律、
2016 年 5 月 23 日第 146 号联邦法律、
2016 年 7 月 3 日第 236 号联邦法律、
2016 年 7 月 3 日第 315 号联邦法律、
2016 年 7 月 3 日第 332 号联邦法律、
2016 年 7 月 3 日第 333 号联邦法律、
2016 年 7 月 3 日第 354 号联邦法律、
2016 年 12 月 28 日第 497 号联邦法律、
2017 年 2 月 7 日第 12 号联邦法律、
2017 年 3 月 28 日第 39 号联邦法律、
2017 年 7 月 26 日第 199 号联邦法律、
2017 年 7 月 26 日第 212 号联邦法律、
2017 年 7 月 29 日第 259 号联邦法律（2018 年 5 月 23 日有修改）、
2017 年 12 月 5 日第 379 号联邦法律、
2017 年 12 月 29 日第 459 号联邦法律、
2018 年 5 月 23 日第 116 号联邦法律、
2018 年 5 月 23 日第 120 号联邦法律、
2018 年 8 月 3 日第 339 号联邦法律修订，
经 2007 年 5 月 17 日第 82 号联邦法律（2010 年 12 月 29 日有修改）、
2008 年 7 月 24 日第 161 号联邦法律、
2008 年 10 月 13 日第 173 号联邦法律（2014 年 7 月 21 日有修改）、
2009 年 7 月 18 日第 181 号联邦法律修订，经俄罗斯联邦宪法法院 2012 年 6 月 27 日第 15 号判决、2017 年 6 月 22 日第 16 号判决修改]

目　录

第一编　一般规定

第一分编 基本规定

第一章 民事立法

第 1 条 民事立法的基本原则

（经 2012 年 12 月 30 日第 302 号联邦法律修订）

1. 民事立法的基础是承认其所调整关系的参加者地位平等，所有权不可侵犯，合同自由，不允许任意干预任何人的私人事务，必须毫无阻碍地行使民事权利，保障恢复被侵害的权利，对民事权利的司法保护。

2. 公民（自然人）和法人以自己的意愿为自己的利益取得和行使自己的民事权利。他们以合同为基础自由设定自己的权利和义务，自由确定任何不违背立法的合同条款。

对民事权利的限制只能依据联邦法律且在为保护宪政制度基础、道德、他人的健康、权利和合法利益、保障国家防务和国家安全所必要的限度内为之。

3. 在设定、行使和保护民事权利以及在履行民事义务时，民事法律关系的参加者应当善意为之。

4. 任何人无权从自己的非法行为或者恶意行为中获得利益。

5. 商品、服务和资金在整个俄罗斯联邦境内自由流动。

对商品和服务流通的限制可以依据联邦法律且在保障安全、保护人们的生命和健康、保护自然和文化遗产所必要的限度内为之。

第 2 条 受民事立法调整的关系

1. 民事立法规定民事流转参加者的法律地位、所有权和他物权、智力活动成果权和与之等同的个别化手段权 [知识权利（интеллектуальных прав）]，调整与参与社团组织有关的或与管理社团组织有关的关系 [社团关系（корпоративные отношения）]、合同之债、其他债以及基于参加者地位平等、意思自治和财产独立的其他财产权利和人格非财产权利。

（经 2006 年 12 月 18 日第 231 号联邦法律、2012 年 12 月 30 日第 302 号联邦法律修订）

民事立法所调整关系的参加者为公民和法人。俄罗斯联邦、俄罗斯联邦主体和地方自治组织，也可以参与受民事立法调整的关系（第 124 条）。

民事立法调整从事经营活动的人之间的关系或有他们参加的关系，其出发点为独立的以自己承担风险的旨在系统性地从财产使用、商品出售、完成工作或者提供服务中获取利润的活动为经营活动。从事经营活动的人，应当按照法律规定程序以此身份进行登记，本法典有不同规定的除外（经 2017 年 7 月 26 日第 199 号联邦法律修订）。

民事立法规定的规则适用于有外国公民、无国籍人和外国法人参与的关系，但联邦法律有不同规定的除外。

2. 不可剥夺人的权利和自由以及其他非物质利益受民事立法保护，但从这些非物质利益的本质中可以得出不同规定者除外。

3. 民事立法不适用于基于行政的或其他一方当事人对另一方当事人之权力服从的财产关系，包括税收关系和其他财政与行政关系，但立法有不同规定者除外。

第 3 条　民事立法与其他包含民法规范的法案

1. 根据俄罗斯联邦宪法，民事立法属于俄罗斯联邦事务。

2. 民事立法由本法典和依据本法典通过的调整本法典第 2 条第 1 款和第 2 款中规定的关系的其他联邦法律（以下简称“法律”）构成。

包含在其他法律中的民法规范应当符合本法典。

2^1. 对本法典的修订，以及暂停本法典条款生效或确认其失效，以单行法的方式进行。规定修改暂停本法典规定条款生效或确认其失效的条款，不得纳入修改（暂停生效或确认失效）其他俄罗斯联邦立法的法律或者包含有独立的法律调整对象的法律文本之中。

（2016 年第 12 月 28 日第 497 号联邦法律增加第 2^1 条款）

3. 本法典第 2 条第 1 款和第 2 款中规定的关系，也可以由俄罗斯联邦总统令调整，但不得违背本法典和其他法律。

4. 俄罗斯联邦政府依据并为执行本法典和其他法律、俄罗斯联邦总统令，有权通过包含民法规范的决议。

5. 在俄罗斯联邦总统令或俄罗斯联邦政府决议违背本法典或者其他法律的情况下，适用本法典或相应的法律。

6. 包含在俄罗斯联邦总统令和俄罗斯联邦政府决议｛以下简称“其他法案（иные правовые акты）”｝中的民法规范的效力与适用，由本章规则规定。

7. 各部和其他联邦权力执行机关，可以在本法典、其他法律和其他法案规定的情况下和范围内通过包含民法规范的文件。

第 4 条 民事立法的时间效力

1. 民事立法文件（Акты гражданского законодательства）不具有溯及力，适用于在其生效后产生的关系。

法律的效力只有在法律直接规定的情况下才可以适用于在其生效之前产生的关系。

2. 根据在民事立法文件生效之前产生的关系，民事立法文件可以适用在其生效之后产生的权利和义务。在民事立法文件生效之前缔结的合同的当事人之间的关系依据本法典第 422 条调整。

第 5 条 习惯

（经 2012 年 12 月 30 日第 302 号联邦法律修订）

1. 在任何经营活动或者其他活动领域中已经形成并被广泛适用的没有被立法规定的行为规则，无论其是否被记载在任何文件中，均视为习惯。

（本款经 2012 年 12 月 30 日第 302 号联邦法律修订）

2. 违反对相应关系的参加者而言具有强制性的立法或者合同的条款的习惯不得适用。

（经 2012 年 12 月 30 日第 302 号联邦法律修订）

第 6 条 民事立法的类推适用

1. 在本法典第 2 条第 1 款和第 2 款规定的关系，没有受到法律或者双方当事人协议的直接调整，也缺乏可适用于此类关系的习惯，则对这些关系适用调整相近关系的民事立法 [法律类推（аналогия закона）]，但违背其本质者除外。

（经 2012 年 12 月 30 日第 302 号联邦法律修订）

2. 在不可能适用法律类推的情况下，当事人的权利和义务，依据民事立法的一般原则和意义 [法的类推（аналогия права）] 以及善意、合理和公平的要求确定。

第 7 条 民事立法与国际法规范

1. 公认的国际法原则和规范以及俄罗斯联邦的国际条约依照俄罗斯联邦宪法是俄罗斯联邦法律体系的构成部分。

2. 俄罗斯联邦的国际条约直接适用于本法典第 2 条第 1 款和第 2 款规定的关系，但从国际条约中可以得出对该条约的适用需要颁布内国法案（издание внутригосударственного акта）的情形除外。

如果俄罗斯联邦的国际条约规定了不同于民事立法规定的规则的其他规则，则适用国际条约的规则。

第二章　民事权利和义务的产生、民事权利的行使与保护

第 8 条　民事权利和义务产生的依据

1. 民事权利和义务产生于法律和其他法案规定的依据，也产生于尽管法律或此类法案没有规定，但是公民和法人根据民事立法的一般原则和意义能够产生民事权利和义务的行为。

据此民事权利和义务产生于：

（1）法律规定的合同和其他法律行为，以及尽管法律没有规定，但也不违背法律的合同和其他法律行为；

（1^1）在法律规定的情况下，全体大会的决议；

（2）法律规定作为民事权利和义务产生依据的国家机关和地方自治机关的文件；

（3）设定民事权利和义务的司法判决；

（4）依据法律允许的理由取得财产；

（5）依据创作科学、文学、艺术作品，发明和其他智力活动成果；

（6）由于给他人造成损害；

（7）由于不当得利（неосновательное обогащение）；

（8）由于公民和法人的其他行为；

（9）法律或其他法案将其与民事法律后果的产生相联结的事件。

2. 自 2013 年 3 月 1 日失效——2012 年 12 月 30 日第 302 号联邦法律。

第 8^1 条　财产权利的国家登记

（经 2012 年 12 月 30 日第 302 号联邦法律引入）

1. 在法律规定的情况下，规定民事权利客体归属于特定之人的权利，对此类权利的限制和财产上的负担（财产权利）应当进行国家登记。

财产权利的国家登记由依照法律授权的机关，依据审查登记理由的合法性、国家登记簿的公开性和公信力原则进行。

在国家登记簿中应当指明足以确定地查明对之设定权利的客体、权利人、权利的内容及其产生的依据的资料。

2. 应当进行国家登记的财产权利自相应的记载载入国家登记簿之时产生、变更或终止，但法律另有规定者除外。

3. 在法律和当事人协议规定的情况下，能够引起应当进行国家登记的财产权利

的产生、变更和终止的法律行为，应当进行公证证明。

在所有实施法律行为的人申请的条件下，记载载入国家登记簿，但法律有不同规定者除外。如果法律行为是以公证的方式实施的，则可以依据法律行为任何一方当事人的申请，包括通过公证人的申请，载入国家登记簿。

4. 如果财产权利的产生、变更或终止，是由于法律规定的情势的来临而引起的，则关于该权利的产生、变更或者终止的记载依据对其产生该法律后果的人的申请载入国家登记簿。法律也可以规定以其他人的申请将相应记载载入国家登记簿的权利。

5. 依照法律被授权从事财产权利国家登记的机关审查提出进行权利国家登记申请的人的权限、登记依据的合法性，法律规定的其他情势和文件，而在本条第 4 款规定的情况下，审查相应情势是否来临。（经 2018 年 5 月 23 日第 116 号联邦法律修改）

如果财产权利是依据公证证明的法律行为产生、变更或者终止，则依照法律授权的机关有权在法律规定的情形下和依照法律规定的程序审查相应法律行为的合法性。

6. 已经登记的权利，只能依照司法程序提出争议。在登记簿中被记载为权利拥有者的人在依照法律规定的程序向登记簿中载入不同记载之前，被视为权利拥有者。

在对已经登记的权利产生争议的情况下，已经知道或者应当知道国家登记簿资料不准确的人无权援引相应的资料。

7. 对已经登记的权利可以依照法律规定的程序载入对之前已经登记其权利的人的异议。

在向国家登记簿中载入对已经登记的权利之异议之日起三个月内，异议人没有在法院对已经登记的权利提出争议，则异议登记被注销。在此情况下，不允许该人再次提出异议登记。

对已经登记的权利在法院提起争议的人，有权要求将关于对该权利存在司法争议的记载载入国家登记簿。

8. 对拒绝对财产权利进行国家登记或者逃避国家登记的行为可以在法院提出争议。

9. 对由于国家登记机关的过错，拒绝对财产权利进行国家登记，或者逃避国家登记，向国家登记簿中载入非法的或者不准确的关于权利的资料，以及违反法律规定的财产权利国家登记程序而造成的损失，应当由俄罗斯联邦国库承担赔偿。

10. 本条规定的规则在本法典没有不同规定的范围内适用。

第 9 条　民事权利的行使

1. 公民和法人依照自己的意愿行使属于他们的民事权利。

2. 公民和法人放弃行使属于他们的权利，并不导致该权利的终止，但法律规定的情形除外。

第 10 条　民事权利行使的界限

（经 2012 年 12 月 30 日第 302 号联邦法律修订）

1. 不允许专以损害他人为目的的民事权利行使，以违法目的规避法律的行为，以及其他明显恶意行使民事权利的行为。（权利的滥用）

不允许以限制竞争为目的行使民事权利，以及滥用市场支配地位的行为。（злоупотребление доминирующим положением на рынке）

2. 在不遵守本条第 1 款规定的要求的情况下，法院、仲裁法院和仲裁庭根据所实施的权利滥用行为的特点和后果，全部或者部分地拒绝保护属于该人的权利，也可以适用法律规定的其他措施。

3. 在权利滥用行为体现为以违法目的实施规避法律的行为时，本条第 2 款规定的后果在本法典没有对该类行为规定其他后果时适用。

4. 如果权利滥用行为导致侵犯他人的权利，则该人有权要求对由此造成的损失的赔偿。

5. 推定民事法律关系参加者为善意及其行为为合理。

第 11 条　民事权利的司法保护

1. 被侵犯的或被争议的民事权利的保护由法院、仲裁法院或者仲裁庭（以下简称“法院”）依照诉讼立法的规定进行案件管辖。

2. 只有在法律规定的情况下，才依照行政程序保护民事权利。依照行政程序作出的决定，可以在法院提起争议。

（经 2006 年 12 月 18 日第 231 号联邦法律修订）

第 12 条　民事权利保护的方式

民事权利保护以以下方式实现：

确认权利；

恢复原状和制止正在侵犯权利和正在产生侵犯权利之威胁的行为；

确认被争议的法律行为无效并适用无效的后果，适用自始无效法律行为的后果；

确认全体大会决议无效；

（经 2012 年 12 月 30 日第 302 号联邦法律引入）

确认国家机关或地方自治机关的文件无效；

权利的自我保护；

强制实际履行义务；

赔偿损失；

追索违约金；

补偿精神损害；

终止或变更法律关系；

法院不适用违反法律的国家机关或地方自治机关的文件；

法律规定的其他方式。

第 13 条 确认国家机关或地方自治机关的文件无效

不符合法律或其他法案并侵犯公民或法人的民事权利和法律所保护的利益的国家机关或者地方自治机关的非规范性文件，以及在法律规定情况下的规范性文件可以由法院确认为无效。

在法院确认文件无效的情况下，被侵犯的权利应当恢复或者依照本法典第 12 条规定的其他方式保护。

第 14 条 民事权利的自我保护

允许民事权利的自我保护。

自我保护的方式应当与侵害行为成比例，且不得超出为制止侵害行为所必要的限度。

第 15 条 赔偿损失

1. 其权利被侵犯的人，可以要求全额赔偿给其造成的损失，但法律或合同规定了较小范围的损失赔偿的除外。

2. 损失被理解为其权利被侵犯的人已经或将为恢复被侵害的权利所支出的花费或者对其财产的损坏 [现实损害（реальный ущерб）]，以及该人在通常的民事流转条件下如果权利没有被侵害时，所能够获得但没有取得的收益 [所失利益(упущенная выгода）]。

如果侵害权利的人因此获得了收益，则权利被侵害者有权在要求赔偿其他损失的同时，要求赔偿不少于该收益的所失利益。

第 16 条 赔偿由国家机关和地方自治机关造成的损失

国家机关和地方自治机关，或者此类机关的负责人的作为（不作为），包括颁布不符合法律或其他法案的国家机关或者地方自治机关的文件而给公民和法人造成的损失，应当由俄罗斯联邦、相应的俄罗斯联邦主体和自治市组织赔偿。

第16[1]条　补偿由于国家机关和地方自治机关的合法行为造成的损失

（经2012年12月30日第302号联邦法律引入）

在法律规定的情况下并依照法律规定的程序，由于国家机关、地方自治机关或者这些机关的负责人，以及国家授予其权力性权限的其他人的合法行为，给公民造成人身或财产的损害，或者给法人造成的财产损害，应当予以补偿。

第二分编　人

第三章　公民（自然人）

第 17 条　公民的权利能力

1. 承认所有公民享有同等的拥有民事权利和承担义务的能力（民事权利能力）。

2. 公民的民事权利能力自出生时产生并在死亡时终止。

第 18 条　民事权利的内容

公民可以拥有财产所有权；继承并遗嘱处分财产；从事经营活动和任何不为法律禁止的其他活动；独自或与其他公民和法人共同创建法人；实施任何不违反法律的法律行为，并参与债；选择住所地；拥有科学、文学和艺术作品的作者权利，发明或其他受法律保护的智力活动成果权；拥有其他财产权利和人格非财产权。

第 19 条　公民的姓名

1. 公民可以以自己的姓和名以及父称的姓名取得和行使权利与义务，但从法律或本民族的习惯中得出不同规定者除外。

在法律规定的情况下和依照法律规定的程序，公民可以使用别名（假名）。

2. 公民有权依照法律规定的程序变更自己的姓名。公民变更姓名不构成终止或者变更其以之前的姓名取得的权利和义务的理由。

公民有义务采取必要的措施将自己姓名的变更告知自己的债务人和债权人，并承担由于前述人等没有关于其姓名变更的信息所导致的后果的风险。

变更了自己姓名的公民，有权要求以自己承担费用将相应的变更载入以之前的名字所办理的文件。

3. 公民在出生时所取得的名字以及姓名的变更，应当按照为民事身份文件登记规定的程序进行登记。

4. 不允许以他人的名字取得权利和义务。

自然人的姓名及其别名，经该人同意可以由他人在创作活动、经营活动以及其他经济活动中，以排除第三人对该公民同一性误解的方式和以排除其他形式的权利滥用的方式进行使用。

（本段由 2012 年 12 月 30 日第 302 号联邦法律引入）

5. 由于侵犯姓名或别名权而给公民造成的损害，应当依照本法典赔偿。

在歪曲公民的姓名，或者在以触犯其名誉、漠视其尊严或商业信誉的方式和形式使用姓名的情况下，公民有权要求反驳、赔偿给其造成的损害，并补偿精神损害。

（本款由 2012 年 12 月 30 日第 302 号联邦法律引入）

第 20 条　公民的住所地

1. 住所地被视为是公民永久地或优先地居住的地点。告知债权人以及其他人关于自己不同住所地之信息的公民，承担由此产生的后果风险。

（经 2012 年 12 月 30 日第 302 号联邦法律修订）

2. 未满十四岁的未成年人，以及处在监护之下公民的住所地为其法定代理人——父母、收养人和监护人的住所地。

第 21 条　公民的行为能力

1. 公民以自己的行为取得和行使民事权利，为自己创设并履行民事义务的能力（民事行为能力）自其成年时即自其满十八岁时完全产生。

2. 在法律允许未满十八岁之前缔结婚姻时，不满十八周岁的公民自缔结婚姻之时，取得完全行为能力。

由缔结婚姻而取得的行为能力，即使在未满十八岁之前解除婚姻时亦完全保留。

在确认婚姻无效的情况下，法院可以作出关于未成年配偶自法院确定的时刻起丧失完全行为能力的判决。

第 22 条　不允许剥夺和限制公民权利能力与行为能力

1. 任何人不得被限制权利能力和行为能力，除非在法律规定的情况下并依照法律规定的程序。

2. 不遵守法律规定的限制公民行为能力或其从事经营活动或其他活动的权利的条件和程序将导致国家机关和其他机关规定相应限制的文件无效。

3. 公民全部或部分地放弃权利能力或行为能力，以及其他旨在限制权利能力和行为能力的法律行为，自始无效，法律允许此类法律行为的情形除外。

第 23 条　公民的经营活动

1. 公民有权不设立法人而以个体经营者的身份自进行国家登记之时起从事经营活动，但本款第二段规定的情形除外。

对某些类型的经营活动，法律可以规定公民不以个体经营者身份进行国家登记而从事该活动的条件。

（本款经 2017 年 7 月 26 日第 199 号联邦法律修订）

2. 自 2013 年 3 月 1 日起失效——2012 年 12 月 30 日第 302 号联邦法律。

3. 对公民不设立法人而从事的经营活动，相应地适用本法典调整作为商业组织的法人活动的规则，但从法律、其他法案或法律关系的本质中可以得出不同规定的除外。

4. 公民违反本条第 1 款的要求不设立法人而从事经营活动在此情况下无权援引他所签订的法律行为中他不是经营者。法院可以对该类法律行为适用本法典关于与从事经营活动有关的债之种类的规则。

5. 公民有权在农业领域中，依据集体农庄（农场）法缔结的设立农庄（农场）的协议，从事生产或者其他经营活动而不设立法人。

农庄（农场）的负责人可以是以个体经营者身份登记的公民。

（本款由 2012 年 12 月 30 日第 302 号联邦法律引入）

第 24 条　公民的财产责任

公民以属于其所有的全部财产，为自己的债务承担责任，依照法律不得追索的财产除外。

公民的不得追索的财产的清单由民事诉讼立法规定。

第 25 条　公民资不抵债（破产）

（经 2015 年 6 月 29 日第 154 号联邦法律修订）

1. 不能够满足债权人对金钱债务的请求和（或）履行强制性支付义务的公民，可以按照仲裁法院的判决确认为资不抵债（破产）。

2. 仲裁法院确认公民资不抵债（破产）的依据、程序和后果，满足债权人请求的顺序、公民资不抵债（破产）案件的程序适用方法由调整资不抵债（破产）问题的法律规定。

第 26 条　年满十四周岁未满十八周岁的未成年人的行为能力

1. 已满十四周岁未满十八周岁的未成年人，经自己的法定代理人——父母、收养人或保佐人书面同意，实施本条第 2 款规定的法律行为以外的法律行为。

该未成年人实施的法律行为，在得到其父母、收养人或者保佐人后来的书面追认的情况下也有效。

2. 已满十四周岁未满十八周岁的未成年人，有权不经父母、收养人和保佐人同意独立实施：

1）处分自己的工资、奖学金和其他收入；

2）行使科学、文学和艺术作品的著作权，以及发明或其他受法律保护的自己的智力活动成果权；

3）依照法律向信贷机构储蓄并处分；

（经 2012 年 12 月 30 日第 302 号联邦法律修订）

4）实施微小的日常法律行为和本法典第 28 条第 2 款规定的其他法律行为。

已满十六周岁的未成年人也有权依照合作社法成为合作社的成员。

3. 已满十四周岁未满十八周岁的未成年人对依照本条第 1 款和第 2 款实施的法律行为独立承担财产责任。这些未成年人对其所造成的损害，也依照本法典承担责任。

4. 在存在足够理由的情况下，法院依照父母、收养人或者保佐人的请求，或者监护与保佐机关的请求，可以限制或者剥夺已满十四周岁未满十八周岁的未成年人独立处分自己的工资、奖金以及其他收入的权利，但该未成年人依照本法典第 21 条第 2 款或第 27 条取得完全行为能力的情形除外。

第 27 条　成年宣告

1. 已满十六周岁的未成年人如果按照劳动合同工作，包括按照契约或者经父母、收养人或者保佐人同意从事经营活动的，可以被宣布为完全行为能力人。

宣告未成年人为完全行为能力人 [成年宣告（Эмансипация）]，由监护与保佐机关并决定经父母、收养人或保佐人同意而进行，而在缺乏该同意的情况下，依照法院的判决进行。

2. 父母、收养人和保佐人不对被成年宣告的未成年人的债务承担责任，特别是对所造成的损害而产生的债承担责任。

第 28 条　幼年人（малолетние）的行为能力

1. 除本条第 2 款规定的法律行为以外的法律行为由他们的父母、收养人或监护人，以他们的名义代替未满十四周岁的未成年人（幼年人）实施。

本法典第 37 条第 2 款和第 3 款规定的规则适用于未成年人的法定代理人对其财产实施的法律行为。

2. 已满六周岁不满十四周岁的幼年人有权独立实施：

（1）微小的日常法律行为；

（2）旨在无偿获得利益且不需要公证证明或者国家登记的法律行为；

（3）处分法定代理人或第三人经法定代理人同意的为特定目的或者为自由处分而提供的资金的法律行为。

3. 幼年人实施的法律行为的财产责任，包括独立实施的法律行为的财产责任，由其父母、收养人或者监护人承担，但能证明债务之违反非由他们的过错所引起的除外。前述人等依照法律也应当为幼年人所造成的损害承担责任。

第 29 条　确认公民为无行为能力人

1. 对由于精神障碍而不能够理解自己行为的意义或控制自己的行为的人，可以由法院依照民事诉讼立法规定的程序宣告为无行为能力人。对他们设立监护。

2. 监护人斟酌该公民的意见以被宣告为无行为能力人的公民的名义实施法律行为，在无法查明其意见时，考量从该公民的父母、以前的监护人、其他曾对该公民提供过服务并善意履行了自己义务的人处获得的关于其偏好的信息而实施。

（经 2012 年 12 月 30 日第 302 号联邦法律修订）

3. 在被确认为无行为能力人的公民只在其他人的帮助下才能理解自己行为的意义或控制自己行为的能力发展的情况下，法院依照本法典第 30 条第 2 款确认该公民为限制行为能力人。

在被确认为无行为能力人的公民理解自己行为的意义或控制自己行为的能力恢复的情况下，法院确认其为行为能力人。

依据法院的判决，撤销对公民设立的监护，而在确认公民为限制行为能力人时为其设定保佐。

（本款经 2012 年 12 月 30 日第 302 号联邦法律修订）

第 30 条　限制公民的行为能力

1. 由于赌博成瘾、滥用酒精饮料或者毒品而使自己的家庭处于极度困难状况的公民，可以由法院依照民事诉讼立法规定的程序限制其行为能力。对该公民设立保佐。

（经 2012 年 12 月 30 日第 302 号联邦法律修订）

他有权独立实施微小的日常法律行为。

他只能经保佐人同意后才能实施其他法律行为。但该公民对其所实施的法律行为和所造成的损害独立承担财产责任。保佐人依照本法典第 37 条规定的程序为被保佐人的利益取得和开支被法院限制行为能力公民的工资、退休金和其他收入。

（经 2012 年 12 月 30 日第 302 号联邦法律修订）

2. 由于精神障碍而只能在他人的帮助下才能理解自己行为的意义或控制自己行为的公民，可以由法院依照民事诉讼立法规定的程序限制其行为能力。对该公民设立保佐。

该公民经保佐人书面同意实施本法典第 26 条第 2 款第 1 次款和第 4 次款规定的

法律行为之外的法律行为。该公民实施的法律行为在得到保佐人事后书面追认的情况下亦为有效。该公民有权独立实施本法典第 26 条第 2 款第 1 和 4 次款规定的法律行为。

被法院依据本款规定的理由限制行为能力的公民经保佐人书面同意可以处分支付给他的赡养费、社会养老金、健康损害赔偿金以及由于供养人死亡而提供给其生活的其他付款，但本法典第 26 条第 2 款第 1 次款中规定的该公民有权独立处分的付款除外。该公民有权在保佐人规定的期限内处分上述付款。对上述款项的处分可以根据保所人的决定在前述期限届满前终止。

在存在充分理由的情况下，法院根据保佐人的申请或者监护与保值机关的申请，可以限制或剥夺该公民独立处分本法典第 26 条第 2 款第 1 次款中规定的收入的权利。

由于精神障碍导致其行为能力被限制的公民对自己依照本条所实施的法律行为独立承担财产责任，对其所造成的损害由该公民依照本法典承担责任。

（本款经由 2012 年 12 月 31 日第 302 号联邦法律修订）

3. 如果公民被限制行为能力的理由丧失，法院撤销对其行为能力的限制。依据法院的判决撤销对公民设立的保佐。

如果由于精神障碍被依照本条第 2 款限制行为能力的公民的精神状态发生变化，法院依照本法典第 29 条确认其为无行为能力人或者撤销对其行为能力的限制。

（本款经由 2012 年 12 月 30 日第 302 号联邦法律引入）

第 31 条　监护与保佐

1. 监护和保佐为保护无行为能力人或不完全行为能力公民的权利和利益而设立。监护和保佐也为教养目的而对未成年人设立。与此相应的监护人和保佐人的权利和义务由家庭立法规定。

（经 2008 年 4 月 24 日第 49 号联邦法律修订）

2. 监护人和保佐人无须特别授权在与任何人的关系中，包括在法院，保护自己的被监护人的权利和利益。

3. 在未成年人没有父母、收养人，其父母被法院剥夺了亲权，以及在此类公民由于其他原因而处于无父母监护、无保佐时，特别是当父母逃避教养和保护其权利与利益时，对未成年人设立监护和保佐。

4. 对与设立、行使和终止监护与保佐有关的且不受本法典调整的关系，适用联邦法律《监护与保佐法》，以及依照该法通过的俄罗斯联邦其他规范性法案。

（本款经由 2008 年 4 月 24 日第 49 号联邦法律引入）

第 32 条　监护

1. 对幼年人设立，也对由于精神障碍而被法院确认为无行为能力的公民设立监护。

2. 监护人依法成为被监护人的法定代理人，以监护人名义为被监护人的利益实施必要的法律行为。

第 33 条　保佐

1. 对已满十四周岁未满十八周岁的未成年人和被法院限制行为能力的公民设立保佐。

（第 1 款经由 2012 年 12 月 30 日第 302 号联邦法律修订）

2. 保佐人对被保佐公民无权独立实施的法律行为给予同意。

未成年公民和由于精神障碍而被限制行为能力的公民的保佐人协助被保佐人行使自己的权利和履行义务，并保护他们免受来自第三人一方的滥用行为。

（本款经由 2012 年 12 月 30 日第 302 号联邦法律修订）

第 34 条　监护与保佐机关

1. 监护与保佐机关是俄罗斯联邦主体的执行权力机关。地方自治机关在由俄罗斯联邦主体法律依照联邦法律授予其监护与保佐权限的情况下，也是监护与保佐机关。

监护与保佐机关对无父母监护或保佐的孩子行使监护与保佐的组织与活动问题，由本法典、《俄罗斯联邦家庭法典》、1999 年 10 月 6 日第 184 号联邦法律《关于俄罗斯联邦主体国家权力立法（代议）机关和执行机关组织一般原则法》、2003 年 10 月 6 日第 131 号联邦法律《关于俄罗斯联邦地方自治组织一般原则法》、其他联邦法律和俄罗斯联邦主体的法律规定。

（本段由 2013 年 7 月 22 日第 167 号联邦法律引入）

监护与保佐机关对被监护或保佐人的权限，由设立监护或保佐的机关承担。在被监护或被保佐人的住所地发生变更时，监护与保佐机关的权限依照联邦法律《监护与保佐法》规定的程序由被监护或被保佐人的新住所地的监护与保佐机关承担。

（本段经 2008 年 4 月 24 日第 49 号联邦法律引入）

2. 法院有义务在确认公民为无行为能力或限制其行为能力的判决生效之时起三日内就此通知公民住所地的监护与保佐机关，以便为该公民设立监护或保佐。

3. 被监护人或被保佐人住所地的监护与保佐机关，履行对监护人与保佐人活动的监督。

第 35 条　监护人与保佐人

1. 监护人或保佐人由需要监护或保佐的人住所地的监护与保佐机关自前述机关知悉有必要对公民设立监护与保佐之时起一个月内任命。在存在值得注意的情况下，监护人或保佐人也可以由监护人或保佐人住所地的监护与保佐机关任命。在一个月的时间内没有给需要监护或保佐的人任命监护人或保佐人，则监护或保佐的义务暂时由监护与保佐机关承担。

监护人或保佐人的任命，可由利害关系人在法院提出争议。

（经 2006 年 12 月 18 日第 231 号联邦法律修订）

2. 只有具有完全行为能力的成年公民，才能被任命为监护人或保佐人。被剥夺了亲权的公民，以及在设立监护或保佐时有故意犯罪危害公民生命和健康犯罪前科的公民，不得被任命为监护人和保佐人。

（经 2008 年 4 月 24 日第 49 号联邦法律修订）

3. 监护人或保佐人只能经其同意后任命。在此情况下，应当考量其道德与其他人格品质、履行监护人或保佐人义务的能力、他们与需要被监护或保佐的人之间的关系，在可能的情况下，也考量被监护或保佐人的愿望。

4. 不为处在教育组织、医疗组织、提供社会服务的组织，以及其他组织，包括为孤儿和无父母监护的孩子的组织监督之下的无行为能力或不完全行为能力公民任命监护人或保佐人。监护人或保佐人的义务履行由前述组织承担。

（本款经 2008 年 4 月 24 日第 49 号联邦法律修订）

第 36 条　监护人和保佐人履行自己的义务

1. 监护和保佐的义务无偿履行，但法律规定的情形除外。

2. 未成年公民的监护人和保佐人有义务与自己的被监护人或被保佐人共同生活。保佐人只有经监护与保佐机关同意，且在以此不会对被保佐人的教养与权利和利益保护产生不利影响的条件下，才可与年满十六周岁的被保佐人分居生活。

监护人和保佐人有义务就住所地变更通知监护与保佐机关。

3. 监护人和保佐人有义务关心自己的被监护人或被保佐人的生活供养，保障对他们的照顾和医疗，保护其权利和利益。

未成年人的监护人和保佐人应当关心他们的学习和教养。

监护人和保佐人要关注由于精神障碍而被限制行为能力的公民和由于被确认为无行为能力的公民发展（恢复）理解自己行为的意义或控制自己的行为的能力。

（本段由 2012 年 12 月 30 日第 302 号联邦法律引入）

监护人和保佐人根据被监护或保佐人的意见，而在无法查明他们的意见时，要根据从其父母、以前的监护人以及曾经给他们提供过服务且善意履行了自己义务的人处获得的关于被监护或保佐人的偏好的信息，履行自己的职能。

（本段由 2012 年 12 月 30 日第 302 号联邦法律引入）

4. 被法院限制行为能力的成年公民的保佐人不承担本条第 3 款规定的义务，但由于精神障碍被法院限制行为能力的公民的保佐人除外。

（经 2012 年 12 月 30 日第 302 号联邦法律修订）

5. 如果公民据以被确认为无行为能力或者限制行为能力人的理由丧失，则监护人或保佐人有义务向法院提出确认被监护或保佐人为限制行为能力或者完全行为能力人，并撤销对他的监护或者保佐的申请。

（经 2012 年 12 月 30 日第 302 号联邦法律修订）

如果由于精神障碍只能在他人的帮助下才能理解自己行为的意义和控制自己行为的公民据以被限制行为能力的理由发生变化，则保佐人有义务向法院提出关于撤销对被保佐人行为能力的限制，或者依照本法典第 30 条第 3 款确认其为无行为能力人的申请。

（本段经 2012 年 12 月 30 日第 302 号联邦法律引入）

第 37 条　被监护人或被保佐人（**подопечный**）的财产的处分

1. 监护人或保佐人处分被监护人或被保佐人的收入，包括所应支付给被监护或保佐人来自对其财产管理的收入，但被监护或保佐人有权独立处分的专为被监护或保佐人的利益且经监护与保佐机关预先同意的收入除外。抚养费、退休金、补助金、健康损害赔偿金和在供养人死亡的情况下所支付的损害赔偿金，以及其他支付给被监护或保佐人的生活费，除被监护或保佐人有权独立处分的收入外，应当计入监护人或保佐人依照本法典第四十五章开立的单独名义账户，由监护人或保佐人无须监护与保佐机关的预先批准而进行开支。监护人或保佐人按照联邦法律《监护与保佐法》规定的程序提交关于记入单独名义账户中款项的开支报告。监护人有权不提供计入单独名义账户中款项开支报告的情形，由联邦法律《监护与保佐法》规定。

（经 2012 年 12 月 30 日第 302 号联邦法律、2017 年 12 月 29 日第 459 号联邦法律修订）

2. 监护人未经监护与保佐机关事先批准无权实施，而保佐人未经监护与保佐机关事先批准无权同意实施包括互易或赠予、出租（租赁）无偿提供使用或抵押在内的移转被监护或保佐人财产的法律行为，会导致放弃属于被监护或保佐人权利、分割其财产或者分出其份额的法律行为，以及会导致被监护或保佐人财产减少的其他行为。

（经2012年12月30日第302号联邦法律修订）

管理被监护或保佐人财产的方式由联邦法律《监护与保佐法》规定。

（经2008年4月24日第49号联邦法律修订）

3. 监护人、保佐人及其配偶和近亲属，无权与被监护或保佐人实施法律行为，但将财产移转给被监护或保佐人作为赠与或者无偿使用，以及在被监护或保佐人与监护人或保佐人的配偶及其近亲属之间缔结法律行为或进行司法事务时代表被监护或保佐人的情形除外。

4. 监护人根据被监护或保佐人的意见，而在无法查明其意见时根据从该公民的父母、以前的监护人、曾经给该公民提供过服务并善意履行了自己义务的其他人处获得的关于其偏好的信息，处分被确认为无行为能力公民的财产。

（本款已经2012年12月30日第302号联邦法律引入）

第38条　被监护或保佐人财产的信托管理

1. 在有必要对被监护或保佐人的不动产或价值较大的动产进行经常性管理的情况下，监护和保佐机关与由该机关确定的管理人缔结对该财产进行信托管理的合同。在此情况下，监护人和保佐人保留自己对被监护或保佐人的没有移交信托管理的财产的权限。

在由管理人行使对被监护或保佐人财产的管理权限时，本法典第37条第2款和第3款规定的规则的效力适用于管理人。

2. 对被监护或保佐人财产的信托管理，依据法律为终止信托财产管理合同规定的理由而终止，以及在监护或保佐终止的情况下而终止。

第39条　免除或解除监护人和保佐人履行自己义务

1. 在将未成年人交还给其父母或其被收养的情况下，监护和保佐机关免除监护人或保佐人履行自己的义务。

在将被监护或保佐人置于教育组织、医疗组织、提供社会服务的组织，以及包括为孤儿和无父母监管的孩子设立的组织的监督之下，监护与保佐机关免除之前任命的监护人或保佐人履行自己的义务，但违背被监护或保佐人利益的除外。

（经2008年4月24日第49号联邦法律修订）

2. 监护人、保佐人可以根据他们的请求被免除自己义务之履行。

监护人或保佐人可以根据监护与保佐机关的提议，在出现被监护或保佐人的利益与监护人或保佐人的利益冲突，包括临时性利益冲突的情况下，免除自己义务的履行。

（本款经 2008 年 4 月 24 日第 49 号联邦法律修订）

3. 在监护人或保佐人不适当履行自己所承担的义务时，包括在使用监护或保佐的地位用于个人目的（в корыстных целях）或者将令被监护或保佐人处于无人监督和没有必要帮助的境地时，监护与保佐机关可以解除监护人或保佐人履行此类义务，并采取必要措施令有过错的公民承担法律规定的责任。

第 40 条 监护与保佐的终止

1. 对成年公民的监护和保佐在法院根据监护人、保佐人或监护与保佐机关的申请而作出确认被监护或保佐人为完全行为能力人或者撤销对其行为能力限制的判决时终止。

2. 在被监护的幼年人年满十四周岁时对其的监护终止，而履行监护义务的公民成为未成年人的保佐人，无须就此额外做出决定。

3. 对未成年人的保佐在被保佐人年满十八周岁时以及在其未达成年而缔结婚姻和在其他取得完全行为能力的情况（第 21 条第 2 款和第 27 条）下终止，无须做出特别决定。

第 41 条 对于具有完全行为能力成年公民的保护（Патронаж над совершеннолетними дееспособными гражданами）

1. 对由于健康状况不能独立行使和保护自己的权利、履行自己的义务的具有完全行为能力的成年公民，设立保护（Патронаж）。

2. 自发现具有完全行为能力的成年公民由于健康状况不能独立处理行使和保护自己的权利、履行自己的义务之日起一个月内，监护与保佐机关为之任命助手（Помощник）。助手经其本人书面同意且经为之设立保护的公民书面同意方可被任命。为需要为之设立保护的具有完全行为能力的成年公民履行社会服务的组织的工作人员不得被任命为该公民的助手。

3. 具有完全行为能力的成年公民的助手，为处在保护之下的公民的利益，依据与该人缔结的委托合同、财产信托管理合同或其他合同而实施行为。

4. 监护与保佐机关有义务履行对具有完全行为能力的成年公民的助手履行自己义务的监督，以及告知处在保护之下的公民关于其助手所作出的构成解除他们之间所缔结的委托合同、财产信托管理合同或其他合同的依据的违反行为。

5. 对具有完全行为能力的成年公民依照本条第 1 款规定设立的保护，自委托合同、财产信托管理合同或其他合同依据法律或合同规定的依据终止时终止。

第 42 条　确认公民为失踪人

在公民的住所地一年之内没有关于其居留地的信息，则可以依据利害关系人的申请，由法院确认该公民为失踪人。

在不能查明取得失踪人最后信息的日期，则以取得失踪人最后信息当月的下一个月第一天，而在无法查明当月月份的情况下，以下一年一月的第一天，为确认失踪期限计算的起始日。

第 43 条　确认公民为失踪人的后果

1. 被确认为失踪人的公民的财产，在有必要进行经常性管理的情况下，依据法院的判决移交给监护与保佐机关确定的人并依据与该机关缔结的信托管理合同而行事。

从该财产中供给失踪人有义务赡养的公民的生活费，并清偿失踪人的其他债务。

2. 监护与保佐机关也可以在取得失踪公民居留地信息之日起一年届满之前，为其财产指定管理人。

3. 本条没有规定的确认某人为失踪人的后果由法律规定。

第 44 条　撤销确认公民为失踪人的判决

在被确认为失踪人的公民出现或发现其居留地时，法院撤销关于确认其为失踪人的判决。依据法院判决撤销对该公民财产的管理。

第 45 条　宣告公民死亡

1. 在五年之内在公民住所地没有关于其居留地的信息，而在具有致命威胁或者有理由推定其由于特定不幸事件而死亡的情况下失踪的公民，则可以在六个月内由法院宣告其死亡。

2. 军事服役人员或者由于军事行动而失踪的其他公民，可以由法院在不早于自军事行动终结之日起两年期满宣布其死亡。

3. 宣告死亡公民的死亡日期为法院宣告其死亡的判决生效之日。在宣告由于致命威胁或者有理由推定其由于特定不幸事件而死亡情况下的失踪公民死亡时，法院可以确认该公民的死亡日期为推定其死亡的日期，并指明推定其死亡的时间。

（经 2016 年 3 月 3 日第 79 号联邦法律修订）

第 46 条　被宣告死亡公民出现的后果

1. 在被宣告死亡公民出现或发现其居留地的情况下，法院撤销宣告其死亡的判决。

2. 无论其出现的时间，公民可以要求任何人返还尚存的在该公民被宣告死亡后无偿移转给该人的财产，但本法典第 302 条第 3 款规定的情形除外。

如果能够证明，在取得财产时，他们知道被宣告死亡的公民还活着，则根据有偿法律行为取得被宣告死亡公民财产的人有义务返还该财产。在无法实物返还时，赔偿其价值。

第 47 条　公民身份文件登记

1. 以下公民身份文件，应当进行登记：

1）出生；

2）缔结婚姻；

3）解除婚姻；

4）收养儿子（收养女儿）；

5）确认父亲地位；

6）变更姓名；

7）公民死亡。

2. 公民身份文件登记，由公民身份文件记载机关通过将相应的记载载入公民身份文件登记簿（文件簿）并根据这些记载发给公民证明书。

3. 更正和修改公民身份文件记载由公民身份文件记载机关在存在充分理由以及在利害关系人之间不存在争议的情况下进行。

在利害关系人之间存在争议时，公民身份文件记载机关拒绝更正或修改，则争议由法院解决。

注销和恢复公民身份文件记载由公民身份文件记载机关依据法院判决进行。

4. 负责公民身份文件登记的机关，这些文件登记的程序，修改、恢复和注销公民身份文件记载的程序，文件册和证明书的格式，以及保存文件册的程序和期限，由公民身份文件法规定。

第四章　法人

第一节　基本规定

第 48 条　法人的概念

（经 2014 年 5 月 5 日第 99 号联邦法律修订）

1. 拥有独立财产，并以自己的财产为自己的债务负责，能够以自己的名义取得和行使民事权利并承担民事义务，能够在法院作为原告和被告的组织，为法人。

2. 法人应当在统一的国家法人登记簿中，以本法典规定的法律组织形式之一登记。

3. 国有单一制企业和自治市单一制企业，以及机构属于其设立人与对法人的财产拥有物权的法人。

社团组织（корпоративные организации）属于其参加者对法人拥有成员权的法人（第 65[1] 条）。

4. 俄罗斯联邦中央银行（俄罗斯银行）的法律地位，由俄罗斯联邦宪法和俄罗斯联邦中央银行法规定。

第 49 条　法人的权利能力

1. 法人可以拥有与其设立文件规定的活动目的相符合的民事权利（第 52 条），并承担与此活动相关的义务。

（经 2014 年 5 月 5 日第 99 号联邦法律修订）

除单一制企业和法律规定的其他类型的组织之外，商业组织可以拥有为从事任何法律不禁止的种类的活动所必要的民事权利和承担民事义务。

在法律规定的情况下，法人只有依据特别批准（许可）、在自我调整组织（саморегулируемаяй организация）中的成员地位或者自我调整组织颁发允许从事特定种类工作的证明书，才能从事特别种类的活动。

（经 2014 年 5 月 5 日第 99 号联邦法律修订）

2. 只有在法律规定的情况下并依照法律规定的程序，才能限制法人的权利。限制权利的决定，可以由法人向法院提出争议。

（经 2006 年 12 月 18 日第 231 号联邦法律修订）

3. 法人的权利能力，自其设立信息载入统一的国家法人登记簿之时起产生，自其终止信息载入前述登记簿之时起终止。

法人从事必须取得特别批准（许可）、在自我调整组织中的成员地位或者自我调整组织允许从事特定种类工作的证明书才能从事的活动的权利，自取得该批准(许可)之时起，或在其规定的期限内，以及从法人加入自我调整组织或者自我调整组织颁发允许从事特定种类工作的证明书之时起产生，而自批准（许可）的效力终止、在自我调整组织中的成员地位终止或者自我调整组织颁发的允许从事特定种类工作的证明书效力终止之时起终止。

（本款经 2014 年 5 月 5 日第 99 号联邦法律修订）

4. 法人的民事法律地位及其参与民事流转的程序（第 2 条）由本法典调整。个别法律组织形式、种类和类型的法人的民事法律地位的特殊性，以及为在特定领域从事活动而创设的法人的特殊性，由本法典、其他法律和其他法案规定。

（本款经 2014 年 5 月 5 日第 99 号联邦法律、2015 年 4 月 6 号第 80 号联邦法律引入）

5. 对俄罗斯联邦依据特别联邦法律创设的法人，在有关法人的特别联邦法律没有规定时，适用本法典关于法人的条款。

第 50 条　商业组织和非商业组织

1. 以追求获取利润作为自己活动的基本目的组织（商业组织），或不以追求利润作为自己活动的基本目的，也不在参加者之间分配所取得的利润的组织（非商业组织），均可以是法人。

2. 商业组织法人可以依照经营性合伙和公司（хозяйственные товарищества и общества）、农庄（农场）、经营性伙伴（хозяйственные партнерства）、生产合作社、国家单一制企业和自治市单一制企业的法律组织形式设立。

（本款经 2014 年 5 月 5 日第 99 号联邦法律修订）

3. 非商业组织的法人可以以下法律组织形式设立：

1）以消费者合作社，包括住宅合作社、住宅建筑合作社、车库合作社、园艺消费者合作社、园林消费者合作社和别墅消费者合作社，相互保险公司、信贷合作社、租赁基金会、农业消费者合作社；

2）社会组织，包括政党和作为法人设立的职业联合会（工会组织）、社会倡议活动机关（органы общественной самодеятельности）、区域性社会自我管理组织（территориальные общественные самоуправления）；

（经 2015 年 5 月 23 日第 133 号联邦法律修订）

2[1]）社会运动；

（本款由 2015 年 5 月 23 日第 133 号联邦法律引入）

3）协会（联合会），包括非商业性伙伴组织，自我调整组织，雇主协会，职业联合会、合作社和社会组织联合会，工商业商会；

（经 2015 年 7 月 13 日第 268 号联邦法律、2017 年 2 月 7 日第 12 号联邦法律修订）

4）不动产所有权人协会，包括住宅所有权人协会；

5）在俄罗斯联邦哥萨克社团国家登记簿中登记的哥萨克社团；

6）俄罗斯联邦土著少数民族社区；

7）基金会，包括社会基金会和慈善基金会；

8）机构，包括国家机构（国家科学院）、自治市机构和私人机构（包括社会机构）；

9）自治非商业组织；

10）宗教组织；

11）公法公司（публично-правовые компания）；

12）律师协会；

（本次款经 2015 年 7 月 13 日第 268 号联邦法律引入）

13）（作为法人的）律师事务所；

（本次款经 2015 年 7 月 13 日第 268 号联邦法律引入）

14）国家公司（государственные корпорации）；

（本次款由第 2016 年 7 月 3 日第 236 号联邦法律引入）；

15）公证人协会；

（本次款经 2017 年 2 月 7 日第 12 号联邦法律引入）

（本款经 2014 年 5 月 5 日第 99 号联邦法律修改）

4.非商业组织，如果章程有此规定，且为服务于其所建立的目的，也符合该目的，则可以从事带来收入的活动。

（本款经 2014 年 5 月 5 日第 99 号联邦法律修订）

5. 除了国库机构和私人机构外，其章程规定可从事带来收入活动的非商业组织，应当拥有为从事前述活动而言所足够的财产，其市场价值不得低于为有限责任公司规定的最低数额注册资本（第 66^2 条第 1 款）。

（本款经 2014 年 5 月 5 日第 99 号联邦法律引入）

6. 本法典的规则不适用于非商业组织从事自己基本活动的关系，以及其所参与的不属于民法调整对象的其他关系，但法律或非商业组织的章程有不同规定的除外。

（本款经 2014 年 5 月 5 日第 99 号联邦法律引入）

第 50[1] 条　设立法人的决定

（经 2014 年 5 月 5 日第 99 号联邦法律引入）

1. 法人可以依据设立人（们）关于设立法人的决定创设。

2. 在由一个人设立法人的情况下，设立法人的决定由设立人独自作出。

在由两个或以上设立人设立法人的情况下，前述决定由全体设立人一致作出。

3. 在设立法人的决定中，指明有关设立法人、批准其章程的信息，而在本法典第 52 条第 2 款规定的情况下，亦指明法人依据被授权的国家机关批准的示范章程行事、法人财产形成的程序、数额、方式和期限，选举（任命）法人机关的信息。

（经 2015 年 6 月 29 日第 209 号联邦法律修订）

在设立社团性法人的决定（第 65[1] 条）中也指明设立人就设立法人问题投票的结果，以及设立人就设立法人共同活动的程序。

在设立法人的决定中，也指明法律规定的其他信息。

4. 在创设遗产基金会（第 123.20-1 条）的情况下，设立遗产基金会的决定由公民在编制遗嘱时做出，并应包含关于在该公民身故设立遗产基金会，该公民批准遗产基金会章程，以及遗产基金会管理的条件，遗产基金会财产形成的程序、数额、方式和期限，被任命作为该基金会机关成员的人们，或确定此类人员的程序。

在公民身故，负责遗产事务的公证人向被授权的国家机关发出对遗产基金会进行国家登记的申请，并指明履行基金会独任执行机关权限的人（们）的名称或名字。

（本款经 2017 年 7 月 29 日第 259 号联邦法律引入）

第 51 条　法人的国家登记

（经 2013 年 6 月 28 日第 134 号联邦法律修订）

1. 法人应当按照法人国家登记法规定的程序在被授权的国家机关进行国家登记。

2. 国家登记资料纳入统一的国家法人登记簿，向全社会开放查阅。

善意地相信统一国家法人登记簿中的资料者有权信赖这些资料符合真实状况。法人无权对相信统一国家法人登记簿中资料的人援引因没有纳入上述登记簿的资料，以及援引包含在其中的资料不真实，但如果相应的资料是由于第三人的非法行为或其他违背法人意愿的途径而载入前述登记簿的情形除外。

（经 2014 年 5 月 5 日第 99 号联邦法律修订）

法人有义务赔偿由于没有提交、不及时提交或者提交不真实的法人资料给统一国家法人登记簿而给其他民事流转参加者造成的损失。

3. 在对法人、章程修订进行国家登记之前，或者将其他与章程变更无关的资料载入统一国家法人登记簿之前，被授权的国家机关有义务依照法律规定的程序和期限对要载入前述登记簿的资料的真实性进行审查。

4. 在法人国家登记法规定的情况下并依照法人国家登记法规定的程序，被授权的国家机关有义务就正面临的法人章程修改国家登记和正面临的将资料载入统一国家法人登记簿事先通知利害关系人。

利害关系人有权按照法人国家登记法规定的程序向被授权的国家机关，就正面临的法人章程修改国家登记或正面临的将资料载入统一国家法人登记簿提出异议。被授权的国家机关有义务审理这些异议，并按照法人国家登记法规定的程序和期限作出相应的决定。

5. 只有在法人国家登记法规定的情况下才允许拒绝对法人进行国家登记，以及拒绝将法人资料载入统一国家法人登记簿。

拒绝对法人进行国家登记和逃避法人国家登记的行为，可以在法院提出争议。

6. 在创设法人时严重违反法律，如果这些违反行为具有不可消除性质，法人国家登记可以由法院确认为无效。

载入统一国家法人登记簿的法人资料，如果该资料不真实或者被违法载入前述登记簿，可以在法院被提起争议。

7. 对因被授权国家机关的过错，由于非法拒绝法人国家登记或逃避法国家登记，将不真实的法人资料载入统一国家法人登记簿，或违反法人国家登记法规定的程序而造成的损失，应当由俄罗斯联邦国库予以赔偿。

8. 法人自相应的记载载入统一国家法人登记簿之日起，法人视为已经设立，法人的资料被认为是已经载入统一国家法人登记簿。

第 52 条　法人的设立文件

（经 2014 年 5 月 5 日第 99 号联邦法律修订）

1. 除了经营性合伙和国家公司之外，法人依据由设立人（参加者）批准的章程行为，但本条第 2 款规定的情形除外。

（经 2015 年 6 月 29 日第 209 号联邦法律、2016 年 7 月 3 日第 236 号联邦法律修订）

经营性合伙依据其设立人（们）缔结的并对之适用本法典关于法人章程的规则的设立合同行为。

国家公司依据关于该国家公司的联邦法律行为。

（该款由 2016 年 7 月 3 日联邦第 236 号联邦法律引入）

2. 法人可以依据被授权的国家机关批准的示范章程行为。关于法人依据经被授权的国家机关批准的示范章程行事的信息，在统一国家法人登记簿中指明。

经被授权的国家机关批准的示范章程，不包含关于法人名称、商号、所在地和注册资本数额的信息，此类信息在统一国家法人登记簿中指明。

（本款经 2015 年 6 月 29 日第 209 号联邦法律修订）

3. 在法律规定的情况下，机构可以依据由设立人或被授权的机关批准的用于为在特定领域内从事活动而设立的机构的统一示范章程行为。

4. 经法人的设立人（参加者）批准的法人章程，应当包含关于法人的名称、法人的法律组织形式、法人的住所地、管理法人活动的程序的信息，以及其他的法律为相应法律组织形式和种类的法人规定的信息。在非商业组织的章程中、在单一制企业的章程中以及在法律规定的情况下在其他商业组织的章程中，应当规定法人活动的对象和目的。非商业组织活动的对象和特定的目的，即使依照法律并非为强制性的，也可以由章程予以规定。

（经 2015 年 5 月 23 日第 133 号联邦法律、2015 年 6 月 29 日第 209 号联邦法律修订）

5. 法人的设立人（参加者）有权批准调整社团关系（第 2 条第 1 款）的且并非设立文件的内部规程和其他法人内部文件。

在内部规程和其他法人内部文件中，可以包含不违反法人设立文件的条款。

6. 对法人设立文件的修改，对第三人而言，自对设立文件进行国家登记之时起，而在法律规定的情况下，自就这些修改通知从事国家登记的机关之时起生效。但法人及其设立人（参加者）无权在与已经考虑到这些修改的第三人的关系中，援引这些尚未登记的情况。

第 53 条　法人的机关

1. 法人通过自己的机关依照法律、其他法案和设立文件，取得民事权利并为自己承担民事义务。

（2015 年 6 月 29 日第 210 号联邦法令修订）

法人机关的组成程序和职责由法律和设立文件规定。

设立文件可以规定，以法人名义行为的权限赋予数人共同行使或相互独立行使。关于这一点的信息，应当载入统一国家法人登记簿。

（本款经 2014 年 5 月 5 日第 99 号联邦法律修订）

2. 在本法典规定的情况下，法人可以通过自己的参加者取得民事权利和为自己承担民事义务。

（经 2014 年 5 月 5 日第 99 号联邦法律修订）

3. 依照法律、其他法案或者法人的设立文件，被授权以法人名义行事的人，应当为其所代表的法人的利益善意地和合理地行为。法人的合议制机关（监事会和其他委员会、管理委员会等）成员，也承担此种义务。

（本款经2014年5月5日第99号联邦法律修订）

4. 法人与其机关成员之间的关系由本法典和依照本法典通过的法人法调整。

第53[1]条　被授权以法人名义行事的人、法人合议制机关成员以及决定法人行为的人的责任

（经2014年5月5日第99号联邦法律引入）

1. 依照法律、其他法案或法人的设立文件，被授权以法人名义行为的人（第53条第3款）有义务按照法人的请求、为法人利益行为的设立人（参加者）的请求，赔偿由于其过错而给法人造成的损失。

依照法律、其他法案或法人设立文件，被授权以法人名义行为的人，如果被证明，他在行使自己的权利和履行自己的义务时恶意地或者不合理地行为，包括其作为（不作为）不符合通常的民事流转条件，或者通常的经营风险，将承担责任。

2. 法人的合议制机关成员也承担本条第1款规定的责任。但投票反对导致法人损害的决定的成员，或善意地行为但没参加投票的成员除外。

3. 拥有事实上决定法人行为之可能性的人，包括向在本条第1款和第2款中指明的人发布指示之可能性的人有义务为了法人的利益合理地和善意地行为，并对由于其过错而给法人造成的损失承担责任。

4. 在共同给法人造成损害的情况下，本条第1-3款指明的人有义务对损失承担连带赔偿。

5. 关于解除或限制本条第1款和第2款中指明的人实施恶意行为的责任以及在上市公司中实施恶意和不合理行为的责任的协议（第53条第3款），自始无效。

关于解除和限制本条第3款中指明的人的责任的协议，自始无效。

第53[2]条　关联关系

（经2014年5月5日第99号联邦法律引入）

如果本法典或其他法律将法律后果的产生系于人们之间存在相互关联的关系，则相互联系的关系（关联关系）存在与否，依照法律确定。

第54条　法人的名称、住所地和地址

（经2014年5月5日第99号联邦法律修订）

1. 法人拥有自己的指明其法律组织形式的名称，而在法律规定设立法人类型的可能性的情况下，只需指明该类型。非商业组织的名称和在法律规定的情况下商业组织的名称，应当包含对法人活动特点的指示。

（经 2015 年 5 月 23 日第 133 号联邦法律修订）

在法律、俄罗斯联邦总统令或者俄罗斯联邦政府文件规定的情况下，或者依据俄罗斯联邦政府规定程序颁发的许可，才允许将俄罗斯联邦或俄罗斯的官方名称，以及从该名称中派生出来的字样，用于法人的名称之中。

除了法律、俄罗斯联邦总统令以及俄罗斯联邦政府文件规定的情形之外，不得将联邦国家权力机关的全称或者是简称用于法人的名称之中。

俄罗斯联邦主体的规范性法律文件可以规定在法人名称中使用俄罗斯联邦主体官方名称的程序。

2. 法人的住所地根据其在俄罗斯联邦境内进行国家登记的地点，通过指明居民点（自治市组织）名称的方式确定。法人国家登记根据经常性活动的执行机关所在地进行，而在缺乏经常性活动的执行机关时，以其他机关或依照法律、其他法案或者设立文件被授权以法人名义行为的人的所在地确定，但法人国家登记法有不同规定的除外。

（经 2015 年 6 月 29 日第 209 号联邦法律修订）

3. 在统一国家法人登记簿中，应当指明法人在法人住所地范围内的地址。

（经 2015 年 6 月 29 日第 209 号联邦法律修订）

法人承担在按照统一国家法人登记簿中指明的地址送达但没有收到具有重大法律意义的通知的后果（第 165^1 条），以及在按照指明的地址缺乏自己的机关或代表人的风险。按照统一国家法人登记簿中指明的地址投送的通知，是视为法人已经收到，即使法人没有存在于上述地址。

在外国法人在俄罗斯境内拥有代表人时，按照该代表人的地址投送的通知，视为该外国法人已经收到。

4. 作为商业组织的法人，应当拥有商号（фирменное наименование）。

对商号的要求，由本法典和其他法律规定。对商号的权利依照本法典第七编的规则确定。

5. 法人的名称、商号和所在地在其设立文件中和统一国家法人登记簿中指明。如果法人是依据被授权的国家机关批准示范章程行事，则只需在统一国家法人登记簿中指明。

（经 2015 年 6 月 29 日第 209 号联邦法律修订）

第 55 条　法人的代表处和分支机构

（经 2014 年 5 月 5 日第 99 号联邦法律修订）

1. 法人的位于住所地之外，代表并保护法人利益的独立部分，为代表处。

2. 法人的位于法人住所地之外，履行法人的全部或者部分职能，包括代表处职能的独立部分，为分支机构。

3. 代表处和分支机构不是法人。它们根据设立它们的法人赋予的财产，并依据法人批准的条例行为。

代表处和分支机构负责人由法人任命，并依据授权委托书行为。

代表处和分支机构应当在统一国家法人登记簿中指明。

（经 2014 年 5 月 5 日第 99 号联邦法律修订）

第 56 条　法人的责任

（经 2014 年 5 月 5 日第 99 号联邦法律修订）

1. 法人以属其所有的全部财产，为自己的债务承担责任。

国库企业和机构对自己债务的责任的特殊性依照本法典第 133 条第 6 款第 3 句、第 123^{21} 条第 3 款、第 123^{22} 条第 3-6 款和第 123^{23} 条第 2 款的规则确定。宗教组织责任的特殊性依照本法典 123^{28} 条第 2 款的规则确定。

2. 法人的设立人（参加者）或者法人财产的所有权人，不对法人的债务承担责任，而法人也不为其设立人（参加者）或者所有权人的债务承担责任，本法典或其他法律有规定的情形除外。

第 57 条　法人改组

1. 法人的改组（新设合并、吸收合并、新设分立、派生分立、重组）可以按照设立人（参加者）的决定，或设立文件对此作了授权的法人机关的决定进行。

允许法人同时以本款第 1 段规定的不同形式的组合进行改组。

如果本法典或其他法律规定了一种法律组织形式的法人可以改组为另一种法律组织形式法人的可能性的话，允许两个或以上包括以不同法律组织形式设立的法人参与改组。

法律可以规定对法人改组的限制。

信贷组织、保险组织、清算组织、专门化的金融公司、专门化的项目融资公司、金融市场的职业参加者、股份制投资基金、投资基金管理公司、互利投资基金和非国有养老基金、非国有退休金基金，以及其他的非信贷性金融组织、职工股份公司（人民企业）的改组的特殊性由调整该类组织活动的法律规定。

（本款经 2014 年 5 月 5 日第 99 号联邦法律修订）

2. 在法律规定的情况下，以从一个或数个法人的构成中新设分立或派生分立形式的改组，依照被授权的国家机关的决定或者依照法院的判决进行。

如果法人的设立人（参加者）、他们授权的机关或者设立文件赋予改组权限的法人机关，未在被授权的国家机关的决定中规定的期限内进行法人改组，法院依照被授权的国家机关起诉按照法律规定的程序任命对法人的仲裁管理人，并委托仲裁管理人实施对法人的改组。自仲裁管理人被任命之时起，管理法人事务的权限转归仲裁管理人。仲裁管理人在法院代表法人、编制移交文书，并连同法人改组后所设立法人的设立文件一并移交法院审查。法院批准上述文件的裁定，构成对新设立的法人进行国家登记的依据。

（经 2014 年 5 月 5 日第 99 号联邦法律修订）

3. 在法律规定的情况下，以吸收合并或新设合并或者重组的形式进行法人改组，须经被授权的国家机关同意后方可实施。

4. 除以吸收合并的形式进行改组的情形外，法人自由于改组所设立的法人进行国家登记之时起被视为已改组。

（经 2014 年 5 月 5 日第 99 号联邦法律修订）

在以吸收其他法人加入该法人的吸收合并的方式进行法人改组时，该法人自被吸收合并的法人终止活动的记载载入统一国家法人登记簿之时起，视为已改组。

由于改组而设立的法人的国家登记（在多个法人登记的情况下，按照国家登记时间上第一个法人的国家登记）不得早于对改组决定提出申诉的相应期限届满之前（第 60^1 条第 1 款）。

（本段经 2014 年 5 月 5 日第 99 号联邦法律引入）

第 58 条　法人改组时的权利承继

1. 在法人新设合并的情况下，每一个法人的权利和义务移转给新设立的法人。

（经 2014 年 5 月 5 日第 99 号联邦法律修订）

2. 在一个法人被另一个法人吸收合并的情况下，被吸收法人的权利义务移转给后者。

（经 2014 年 5 月 5 日第 99 号联邦法律修订）

3. 在法人新设分立的情况下，其权利和义务依照移交文书移转给新设立的数个法人。

（经 2014 年 5 月 5 日第 99 号联邦法律修订）

4. 在从一个法人的构成中派生分立出一个或多个法人的情况下，被改组法人的权利和义务，按照移交文书移转给每一个派生分立的法人。

（经 2014 年 5 月 5 日第 99 号联邦法律修订）

5. 在一种法律组织形式的法人重组为另一种法律形式的法人时，被重组法人的权利和义务对第三人不发生改变，但由于改组引起的对设立人（参加人）的权利和义务发生变化的情形除外。

本法典第 60 条的规则不适用于以重组形式进行法人改组时产生的关系。

（本款经 2014 年 5 月 5 日第 99 号联邦法律修订）

第 59 条　移交文书

（经 2014 年 5 月 5 日第 99 号联邦法律修订）

1. 移交文书应当包含关于被改组法人对所有债权人和债务人的所有债权债务，包括被双方当事人争议的债权债务的权利承继条款，以及由于在移交文书编制之日后可能发生的被改组法人财产的种类、构成、价值的变化，权利和义务的产生、变更和终止而导致的权利承继的确定方式。

2. 移交文书由法人的设立人（参加人）或者作出法人改组决定的机关批准，并连同设立文件一并提交，以便对由于改组而新设立的法人进行国家登记或对已经存在的法人的设立文件进行修改。

不连同设立文件一起提交移交文书，或在移交文书中缺乏关于被改组法人的所有债权债务的权利承继条款，将会导致拒绝对由于改组而新设立的法人进行国家登记。

第 60 条　被改组法人债权人权利保障

（经 2014 年 5 月 5 日第 99 号联邦法律修改）

1. 自作出改组法人的决定之日起三个工作日内，该法人有义务就改组程序开始书面通知被授权负责进行法人国家登记的国家机关并指明改组的形式。在有两个或者更多法人参与改组的情况下，该通知由最后一个作出改组决定的或确定的改组决定的法人发出。依据该通知，被授权从事国家法人登记的国家机关，将法人处于改组进程中的记载载入统一国家法人登记簿。

被改组的法人在关于开始改组程序的记载载入统一国家法人登记簿之后，每月一次分两次在法人国家登记资料公布的大众信息传媒上公布自己改组的通知。在有两个或多个法人参与改组的情况下，改组通知由最后一个作出改组的决定，或作出确定的改组决定的法人以所有参与改组法人的名义公布。在改组的通知中，指明每一个参与改组的由于法人改组而设立的或继续活动的法人的信息、改组的形式、债权人申报自己请求权的程序和条件的描述、法律规定的其他信息。

法律可以规定被改组法人以书面形式通知债权人自己改组的义务。

2. 法人的债权人，如果其债权是在第一次法人改组通知公布之前产生的，则有权以司法程序要求债务人提前履行相应的债务，而在不可能提前履行的情况下，可以要求终止并赔偿由此造成的损失，法律或者债权人与被改组法人的协议有规定的情形除外。

提前履行债务或终止债务并赔偿损失的请求，可以由债权人在不迟于自最后一次法人改组通知公布之日后三十日内提出。

本款第 1 段规定的权利，不提供给已拥有足够担保的债权人。

在前述期限内提出的请求，应当在改组程序完成之前履行，包括在本法典第 327 条规定的情况下，将债务提存。

在自债权人提起这些请求之日起三十日内将按照本条第 4 款提供被认为是充足的担保，则债权人无权要求提前履行债务或者终止债务并要求赔偿损失。

债权人依据本款提出的请求，不构成暂时中止法人改组程序的理由。

3. 如果依照本条规则要求提前履行债务或终止债务并赔偿损失的债权人没有被给予履行，损失没有被补偿，也没有被提供足够的债务履行的担保，则拥有事实上决定被改组法人行为的权利的人（第 53^{1} 条第 3 款）、这些法人的合议制机关的成员，以及被授权以被改组法人名义行为的人（第 53 条第 3 款），如果他们以自己的作为（不作为），助长了对债权人而言上述后果的出现，则与被改组而设立的法人一道，对债权人承担连带责任，而在以分立形式改组的情况下，被改组的法人也与前述人等一起对债权人承担连带责任。

4. 向债权人提供的被改组法人债务履行的，或与债务终止有关的损失赔偿的担保，被视为已经满足：

（1）如果债权人同意接受该担保；

（2）如果债权人被提供了其信用能力不会引起合理怀疑的信贷组织的，其效力期限超过被担保债务履行期限不少于三个月的，并且附有在提供被改组法人或者已改组法人不履行债务的证据时，即根据债权人向保证人提出请求支付条件的独立不可撤销担保。

5. 如果移交文书无法确定法人债务的权利承继人，以及如果从移交文书或其他情势中得出，在改组时恶意分割被改组法人的资产和债务导致实质性的侵犯债权人的利益，则已改组法人和由改组而设立的法人就该债务承担连带责任。

第60[1]条　确认改组法人改组决定无效的后果

（经2014年5月5日第99号联邦法律引入）

1.法人改组的决定，可以按照被改组法人的参加者，以及虽然不是法人的参加者，但被法律赋予该权利的人的请求而确认为无效。

上述请求可以自关于改组程序开始的记载载入统一国家法人登记簿之后，不迟于三个月内向法院提出，但法律规定了不同期限的除外。

2.法院确认法人改组决定无效并不导致依据改组形成的法人的撤销，也不构成确认此类法人所实施的法律行为无效的理由。

3.在改组终结前法人的改组决定被确认为无效的情况下，如果由于改组而应当设立的一部分法人进行了国家登记，则权利承继只对已经登记的法人产生，而其余部分的权利义务仍保留给以前的法人。

4.恶意推动通过被法院确认为无效的改组决定的人负有义务对投票反对通过改组决定的或没有参与投票的被改组法人的参加者，以及被改组法人的债权人连带赔偿损失。依据前述决定由改组而设立的法人，与此类恶意推动作出改组决定的人承担连带责任。

如果法人改组决定是由合议制机关作出的，则投票赞成作出相应决定的该机关成员承担连带责任。

第60[2]条　社团改组不成立

（经2014年5月5日第99号联邦法律引入）

1.如果改组决定不是由被改组社团的参加者作出的情况下，以及在为通过改组设立法人的国家登记提交的文件中包含明显不真实的改组资料的情况下，法院根据投票反对通过作出改组该社团的决定的社团参加者，或者没有参与就该问题投票的社团参加者的请求，可以确认改组不成立。

2.法院确认改组不成立的判决，产生如下法律后果：

（1）恢复在改组前曾经存在的法人，同时终止由改组而设立的法人，就此在统一国家法人登记簿中作相应记载；

（2）由改组而设立的法人与善意相信权利承继的人的法律行为，对被恢复的法人保留效力，他们就该法律行为构成连带债务人和连带债权人；

（3）权利和义务的移转被确认为不成立，在此情况下，善意相信债权人权利承继的债务人所实施的为由改组而设立的法人的利益履行的提供（支付、服务等），视为为权利人而实施。如果依靠参与改组的一个法人的财产（资产）履行了参与法人改组的另一个法人的已经移转给由改组而设立的法人的义务，则对前述人等的关系适用不当得利之债的规则(第 60 章)。如果接受履行人知道或应当知道改组为非法时，则所发生的支付可以按照被依靠其财产而进行支付的人的申请提出争议。

（4）以前曾经存在的法人的参加者，被视为在改组前属于其所有的参与份额的所有者，而在该改组的过程中，法人的参加者发生更换或者终止的情况下，以前曾经存在的法人的参加者的参与份额，按照本法典第 65^2 条第 3 款规定的规则返还给他。

第 61 条　法人的清算

（经 2014 年 5 月 5 日第 99 号联邦法律修订）

1. 法人的清算导致法人的终止，且其权利和义务不按照概括权利承继程序移转给其他人。

2. 法人依照其设立人（参加者）或设立文件对此作了授权的法人机关的决定而清算，包括由于法人设立期限届满、达到法人设立的目的达成。

3. 法人依照法院的判决而清算：

1）在法人国家登记被确认为无效，包括由于在设立法人时严重违反法律且该违反行为具有不可消除性时，依据法律赋予其提起要求清算法人的权利的国家机关或者地方自治机关的起诉；

2）在法人没有获得适当的批准（许可）或者缺乏强制性地在自我调整组织中的成员地位或者由自我调整组织所颁发的依照法律所必要的允许从事特定种类的工作的证书而从事活动时，依据由法律授予其提起要求清算法人权利的国家机关或者地方自治机关的起诉；

3）法人从事法律所禁止的活动，或者违反俄罗斯联邦宪法，或其他多次或者严重违反法律或其他法案的情况下，依据由法律赋予其提起要求清算法人的权利的国家机关或地方自治机关的起诉；

4）在社会组织、社会运动慈善基金会或其他基金会、宗教组织系统性地从事违背该类组织的章程目的的活动时，依据由法律赋予其提起要求清算法人的权利的或地方自治机关的起诉；

（经 2015 年 5 月 23 日第 133 号联邦法律修订）

5）在不可能达成其所设立的目的，包括在法人所从事的活动已经成为不可能的或具有实质性困难时，依据法人的设立人（参加者）的起诉；

6）在法律规定的其他情况下。

4. 自作出法人清算的决定之时起，向债权人履行其债务的期限，视为已经到来。

5. 可依法院清算法人的判决，令其设立人（参加者）或设立文件授予清算法人权限的机关承担实施清算法人的义务。不履行法院的判决构成由仲裁管理人依靠法人的财产实施法人清算（第 62 条第 5 款）的理由。法人的资金不足以支付清算所必要的开支时，该费用由法人的设立人（参加者）连带负担（第 62 条第 2 款）。

6. 除本法典第 65 条规定的法人外，法人可依照法院的判决被确认为资不抵债(破产)，并按照资不抵债（破产）立法规定的情形和程序清算。

包含在本法典中的法人清算的一般规则，在本法典或资不抵债（破产）立法没有规定不同规则的情况下，适用于依照竞争方式进行的法人清算。

第 62 条　作出法人清算决定的人的义务

（经 2014 年 5 月 5 日第 99 号联邦法律修订）

1. 法人的设立人（参加者）或者作出法人清算决定的机关，在自作出该决定之日起三个工作日内有义务以书面形式就此告知被授权负责法人国家登记的国家机关，以便将法人处于清算程序之中的记载，载入统一国家法人登记簿，并依照法律规定程序公布作出该决定的信息。

2. 法人的设立人（参加者）无论其作出法人清算决定的理由，包括在法人实质性停止活动的情况下，均有义务依靠法人的财产实施清算法人的行为。在法人的财产不足的情况下，法人的设立人（参加人）有义务以自己连带承担费用实施上述行为。

3. 法人的设立人（参加者）或者作出法人清算决定的机关任命清算委员会（清算人），并依照法律规定清算的程序和期限。

4. 自清算委员会被任命之时起，管理法人事务的权限移转给清算委员会。清算委员会以被清算法人的名义出席法庭。清算委员会有义务为被清算法人的利益以及其债权人的利益，善意地和合理地行为。

如果清算委员会发现法人的财产不足以满足所有债权人的请求，则法人的进一步清算，只能按照资不抵债（破产）立法规定的程序进行。

5. 在法人的设立人（参加者）不履行或不适当履行清算义务的情况下，利害关系人或者被授权的国家机关有权依照司法程序要求注销法人并为之任命仲裁管理人。

6. 在缺乏法人清算所必要开支的资金，且不可能将该费用由法人的设立人（参加者）承担，因而不可能清算法人的情况下，法人应当按照法人国家登记法规定的程序从统一国家法人登记簿中删除。

第 63 条　法人清算的程序

（经 2014 年 5 月 5 日第 99 号联邦法律修订）

1. 清算委员会在公布法人国家登记资料的大众信息传媒上公布关于法人清算的

消息和债权人申报请求的程序和期限。该期限不得少于自清算通知公布之时起两个月。

清算委员会采取措施查明债权人并收取应收账款，并将法人清算的事实书面通知债权人。

2. 在债权人提交债权的期限届满之后，清算委员会编制阶段性清算资产表，包括关于被清算法人财产构成、债权人提交债权的清单、对债权人提交债权的审查结果以及关于按照生效的法院判决已经被满足的债权的清单，无论该类债权是否是由清算委员会接收的。

阶段性清算资产表由法人的设立人（参加者）或作出法人清算决定的机关批准。在法律规定的情况下，阶段性清算资产表根据被授权的国家机关的同意而批准。

3. 在提起法人资不抵债（破产）案件的情况下，依照本款规则进行的清算终止，并且清算委员会就此通知其所知悉的所有债权人。在提起资不抵债（破产）案件而终止法人清算的情况下，债权人的请求依照资不抵债（破产）立法规定的程序审查。

4. 如果被清算的法人（除机构外）的货币资金不足以满足债权人的请求，清算委员会拍卖依照法律允许提出追索的法人财产，但（根据经批准的阶段性清算资产表）价值不超过 20 万卢布的不需要进行拍卖而出售的客体除外。

被清算时，法人的财产不足以满足债权人的请求，或存在破产的法人破产指征的情况下，如果该法人可以被认定为资不抵债（破产）的，清算委员会有义务向仲裁法院提出法人的破产申请。

5. 向被清算法人的债权人支付的款项由清算委员会依照本法典第 64 条规定的顺序规则自阶段性清算资产表被批准之日起按照阶段性清算资产表进行。

6. 在与债权人进行结算之后，清算委员会编制清算资产表，由法人的设立人（参加者）或作出法人清算决定的机关批准。在法律规定的情况下，清算资产表根据被授权的国家机关的同意而批准。

7. 在本法典规定机构或者国库企业的财产所有权人在被清算机构或者国库企业依照法律可以提出追索的财产不足时，对该机构或该企业的债务承担补充责任的情况下，债权人有权向法院提起诉讼，要求以该机构或或者该企业的财产所有权人承担对剩余部分债权的满足。

8. 在满足债权人的请求之后，剩余的法人财产移交给对该财产拥有物权或对法人拥有社团权的其设立人（参加者），但其他法律文件或者法人代表的设立文件有不同规定的除外。在设立人（参加人）之间就物应当移交给谁产生争议的情况下，该物由清算委员会进行拍卖。如果本法典或其他法律没有不同规定，在非商业组织清算时，满足债权人请求之后的剩余财产，依照非商业组织章程用于其被设立所要达成的目的和（或）慈善目的。

9. 自关于法人终止的信息依照法人国家登记法规定的程序，载入统一国家法人登记簿之后，法人清算视为完成，而法人视为终止。

第 64 条　对被清算法人债权人请求的满足

（经 2014 年 5 月 5 日第 99 号联邦法律修订）

1. 在法人清算时，清偿了为进行清算所必须支付的日常费用之后，按照如下顺序满足债权人的请求：

（经 2014 年 5 月 5 日第 99 号联邦法律修订）

第一顺序通过将相应的定期支付资本化满足被清算法人对由于损害其生命或健康而承担责任的公民的请求，超出由于破坏、损坏基本建筑物客体，在进行基本建筑客体建设时违反安全要求，违反建筑物、构筑物安全使用保障要求而造成的损害赔偿之外的补偿；

（经 2006 年 1 月 3 日第 6 号联邦法律、2011 年 11 月 28 日第 337 号联邦法律、2015 年 6 月 29 日第 186 号联邦法律修订）

第二顺序进行与按照劳动合同正在工作或按照劳动合同曾经工作过的人支付遣散费和劳动报酬的结算，以及支付智力活动成果作者报酬的结算；

（经 2006 年 1 月 3 日第 6 号联邦法律、2006 年 12 月 18 日第 231 号联邦法律修订）

第三顺序进行关于对预算或非预算基金的强制支付的结算；

（经 2006 年 1 月 3 日第 6 号联邦法律修订）

第四顺序进行与其他债权人的结算；

（经 2006 年 1 月 3 日第 6 号联邦法律修订）

（本段失效——2006 年 1 月 3 日第 6 号联邦法律）

在对吸收公民资金的银行进行清算时，也以第一顺序满足作为按照与其缔结了银行储蓄或银行账户合同的银行债权人的公民的请求，但与公民从事经营活动或其他职业活动有关的合同在基本应收账款和应付利息部分除外，从事存款强制保险组织的与按公民银行储蓄保险法而支付的储蓄赔偿有关的请求，和俄罗斯银行由于依照法律按照公民银行储蓄而履行支付有关的请求。

（经 2014 年 5 月 5 日第 99 号联邦法律修订）

债权人要求赔偿所失利益形式的损失，包括为不履行或不适当履行强制支付义务而追索的违约金（罚款、罚金）的请求，在满足第一、第二、第三和第四顺序的债权人的请求之后予以满足。

（本段由 2014 年 5 月 5 日第 99 号联邦法律引入）

2. 每一顺序债权人的请求在前一顺序债权人的请求被完全满足后予以满足，但由被清算法人的财产抵押予以担保之债的债权人的请求除外。

由被清算法人的财产抵押所担保之债的债权人的请求，依靠从抵押物出售获取的资金优先于其他债权人予以满足，但其请求权在相应抵押合同缔结之前产生的第一和第二顺序债权人之债除外。

未依靠抵押物出售所获取的资金予以满足的以被清算法人财产抵押担保之债的债权人的请求，纳入第四顺序债权人的请求之构成予以满足。

（本款经 2006 年 1 月 3 日第 6 号联邦法律修订）

3. 在被清算法人财产不足的情况下，如果该法人在本法典规定的情况下不能被确认为资不抵债（破产），则该法人的财产在相应顺序的债权人之间，按照应当予以满足的请求的数额之比例进行分配，但法律有不同规定的除外。

（本款经 2014 年 5 月 5 日第 99 号联邦法律修订）

4. 失效——2018 年 5 月 23 日第 116 号联邦法律

5. 自 2014 年 9 月 1 日起失效——2014 年 5 月 5 日第 99 号联邦法律

5^1. 在法人清算时视为已经予以清偿：

（1）由于被清算法人的财产不足而没有被清偿的和依照根据本法典第 65 条规定的情况下被清算法人不能被确认为资不抵债（破产）时由承担补充责任的人的财产也未能予以满足的债权人请求；

（2）未被清算委员会确认的请求，如果债权人也没有依据该请求向法院提起诉讼的话；

（3）由法院判决拒绝予以满足的债权人的请求。

（本款经 2014 年 5 月 5 日第 99 号联邦法律引入）

5^2. 在发现已经被从统一国家法人登记簿中注销的被清算法人的财产的情况下，包括由于确认该法人资不抵债（破产）时，利害关系人或者被授权的国家机关有权向法院提出将被发现的财产在对此拥有权利的人们之间进行分配程序的请求。被清算法人对第三人的请求，包括因违反债权人请求满足顺序导致利害关系人没有获得完全履行而产生的请求，也属于前述财产。在此情况下，法院指定仲裁管理人承担分配所发现的被清算法人财产的义务。

指定分配所发现的被清算法人财产的程序的申请，可以在自法人终止的信息载入统一国家法人登记簿之日起五年内提出。分配所发现的被清算法人财产的程序可以在存在为履行该程序所足够的资金和将所发现的财产在利害关系人之间进行分配的可能性时指定。分配所发现的被清算法人的财产的程序，按照本法典关于法人清算的规则进行。

（本款由 2014 年 5 月 5 日第 99 号联邦法律引入）

6. 自 2014 年 9 月 1 日失效——2014 年 5 月 5 日第 99 号联邦法律

第 64[1] 条　保护被清算法人债权人的权利

（经 2014 年 5 月 5 日第 99 号联邦法律引入）

1. 在清算委员会拒绝满足债权人的请求或者逃避审查其请求的情况下，债权人在法人清算资产报告批准之前有权向法院提起诉讼，要求满足其对被清算法人的请求。在法院满足债权人诉讼的情况下所判决款项的支付，依照本条第 64 条规定的顺序程序进行。

2. 清算委员会的成员（清算人）依照被清算法人的设立人（参加者）的请求或者按照债权人的请求有义务按照本法典第 53[1] 条规定的程序和理由赔偿他们给被清算法人的设立人（参加者）或者债权人所造成的损失。

第 64[2] 条　未活动法人（недействующее юридическое лицо）的终止

（经 2014 年 5 月 5 日第 99 号联邦法律引入）

1. 在自将其从统一国家法人登记簿中注销之前十二个月内没有提交俄罗斯联邦税费立法规定的报告文件，也没有使用任何一个银行账户进行业务活动的法人（未活动法人），视为事实上终止了自己的活动，并应当按照从国家法人登记法规定的程序从统一国家法人登记簿中注销。

2. 将未活动法人从统一国家法人登记簿中注销，导致本法典和其他法律针对被清算的法人所规定的法律后果。

3. 将未活动法人从统一国家法人登记簿中注销并不妨碍本条本法典第 53[1] 条规定的人承担责任。

第 65 条　法人资不抵债（破产）

1. 除国库企业、机构、政党和宗教组织以外的法人，可以依照法院判决确认为资不抵债（破产）。如果规定其设立的联邦法律允许，国家社团（Государственная корпорация）或国有公司（государственная компания）可以确认为资不抵债（破产）。即使规定基金会设立和活动的法律有规定的话，基金会也不得被确认为资不抵债（破产）。公法公司（Публично-правовая компания）不得确认为资不抵债（破产）。

（经 2006 年 1 月 3 日第 6 号联邦法律、2007 年 12 月 1 日第 318 号联邦法律、2008 年 5 月 13 日第 68 号联邦法律、2009 年 7 月 17 日第 145 号联邦法律、2016 年

7月3日第236号联邦法律修订）

法院确认法人为破产，导致法人的清算。

2. 失效——2006年1月3日第6号联邦法律

3. 法院确认法人资不抵债（破产）的理由、该法人清算的程序以及满足债权人请求的顺序由资不抵债（破产）法规定。

（本款经2006年1月3日第6号联邦法律修订）

第65[1]条　社团性法人与单一制法人

（经2014年5月5日第99号联邦法律引入）

1. 法人的设立人（参加者）拥有对法人的参与权（成员地位）且依照本法典第65[3]条第1款组成其最高机关的法人为社团法人（社团）（Корпоративные юридические лица，корпорация）。经营性合伙和公司、农场（农庄）、经营性伙伴（хозяйственные партнерства）、生产合作社和消费者合作社、社会组织、社会运动、协会（联合会）、公证人协会、不动产所有权人协会、载入俄罗斯联邦哥萨克社团国家登记簿的哥萨克社团，以及俄罗斯联邦土著少数民族社区属于社团性法人。

（经2015年5月23日第133号联邦法律、2017年2月7日第12号联邦法律修订）。

其设立人不成为其参加者，也不获得成员权的法人是单一制法人。国家单一制企业和自治市单一制企业、基金会、机构、自治非商业组织、国家社团（государственные корпорации）、公法公司属于单一制法人（унитарные юридические лица）。

（经2016年7月3日第236号联邦法律修订）

2. 由于参与社团性组织，其参加者获得对他们所设立的法人的社团（成员）权利和义务，但本法典规定的情形除外的。

第65[2]条　社团参加者的权利和义务

（经2014年5月5日第99号联邦法律修订）

1. 社团法人的参加者（参加者、成员、股东等）有权：

参与社团法人事务的管理，但本法典第84条第2款规定的情形除外；

在法律和社团法人的设立文件规定的情况下，依照法律和社团法人设立文件规定的程序，获取关于社团法人活动的信息，并了解其会计文件和其他文件；

在法律规定的情况下，按照法律规定的程序，对社团法人机关作出的能够引起民事法律后果的决定提起申诉；

以社团法人的名义行为行为（第182条第1款），要求赔偿给社团法人造成的损失（第 53[1] 条）；

以社团法人的名义行为（第 182 条第 1 款），对依据本法典第 174 条规定的或者个别法律组织形式的社团法人法规定的理由而实施的法律行为提起争议，并要求对之适用法律行为无效的后果，并适用社团法人自始无效法律行为的后果。

社团法人的参加者，也拥有法律或者社团法人设立文件规定的其他权利。

2. 要求赔偿给法人造成的损失（第 53[1] 条）或者要求确认社团法人的法律行为无效或适用法律行为无效后果的社团法人参加者或者社团的法人，应当采取合理措施及时通知社团法人的其他参加者，并且在相应的情况下通知社团法人关于自己意欲向法院提出此类请求的意图，以及向他们提供对案件有关系的其他信息。通知关于向法院提起诉讼的意图的程序，可以由社团法人法和社团法人的设立文件规定。

没有按照诉讼立法规定的程序参与要求赔偿给社团法人造成的损失之诉（第 53[1] 条）或者参与要求确认社团法人实施的法律行为无效，或要求适用法律行为无效之后果之诉的社团法人的参加者，在后来无权向法院提起同等要求，但法院认为该起诉的理由值得尊重的除外。

3. 如果本法典没有不同规定，则非因自己的意志，而是由于其他参加者或者第三人实施非法行为，导致其丧失对社团法人的参与权的商业性社团法人的参加者，有权要求将已经移转给其他人的参与份额返还给他，并要求给予由法院确定的公平补偿，并可要求对其丧失份额有过错的人赔偿损失。如果这将会导致对其他参与人的参与权的不公平剥夺，或者会导致极端消极的社会后果和其他重大公共性后果的，法院可以拒绝返还参与份额。在此情况下由导致其参与份额丧失的过错人向非由于自己意愿而丧失社团法人参与权的人支付法院确定的公平补偿。

4. 社团法人的参加者有义务：

按照本法、其他法律或者社团法人设立文件规定的程序、方式和期限，参与形成必要数额的社团法人的财产；

不得泄露社团法人活动的保密信息；

参与作出如果没有这些决定则社团法人依法将不能继续存在的社团法人的决定，如果该参与对作出该类决定为必要时；

不实施明显会导致给社团法人造成损害的行为；

不实施会导致达成设立社团法人的目的极为困难或者根本不可能的行为（不作为）。

社团法人的参加者们也承担法律或者社团法人的设立文件规定的其他义务。

第 65[3] 条　社团法人中的管理

（经 2014 年 5 月 5 日第 99 号联邦法律引入）

1. 社团法人的最高机关为全体参加者大会。

在参加者人数超过 100 人的非商业性社团法人和生产性合作社中，其最高机关为由章程依法规定的代表大会、大会或者其他代议制（合议制）机关。该机关的职责和其作出决定的程序，由本法典、其他法律和社团法人的章程规定。

（经 2015 年 5 月 23 日第 133 号联邦法律修订）

2. 在本法典或者其他法律没有不同规定，以下属于社团法人最高机关的专属职责：

确定社团法人活动的优先方向，社团法人财产的构成与使用原则；

批准和变更社团法人的章程；

确定接受加入社团法人参加者构成和将其从社团法人参加者名单中删除的程序，但是法律规定了该程序的情形除外；

社团法人其他机关的组成以及提前终止它们的权限，如果社团法人的章程没有依照法律将该权限归属为社团法人的其他合议制机关的职责的话；

批准社团法人的年度报告和会计（资产负债）报告，如果社团法人的章程没有依照法律将该权限归入社团法人的其他合议制机关的职责的话；

作出社团法人的关于设立其他法人、社团法人参与其他法人、设立社团法人的分支机构，以及开办社团法人的代表处的决定，但经营性社团的章程依照经营性社团法将就前述问题作出该类决定归入社团法人的其他合议制机关的职责的情形除外；

作出关于社团法人改组和清算的决定，作出关于任命清算委员会（清算人）的决定和批准清算资产表的决定；

选择社团法人的审计委员会（审计师）和任命审计组织或者个体审计人。

法律和社团法人的章程将就其他问题作出决定的权限归入社团法人的最高机关的专属职责。

本法典和其他法律归之于社团法人最高机关专属职责的问题，不得由最高机关移转给社团法人的其他机关作出决定，但本法典或者其他法律有不同规定的除外。

3. 在社团法人中设立独任制执行机关（经理、总经理、主席等），社团法人的章程可以规定由数人共同行动代表独任制执行机关的权限，或者设立相互独立行动的数个独任制执行机关（第 53 条第 1 款第 3 段）。作为独任制执行机关的既可以是自然人，也可以是法人。

在本法典、其他法律或者社团法人章程规定的情况下，在社团法人中设立合议制执行机关［管理委员会、理事会（дирекция）等］。

就不属于最高机关职责的问题和依照本条第 4 款设立的合议制管理机关的职责的问题作出决定，属于在本款中指明的社团法人机关的职责。

4. 在本法典、其他法律或者社团法人章程规定的情况下，可以在社团法人中设置与本条第 3 款指明的执行机关并行的，监督社团法人执行机关的活动并履行法律或者社团法人章程承担的其他职能的合议制管理机关（监事会或者其他委员会）。履行社团法人独任制执行机关权限的人和社团法人合议制执行机关的成员们不得超过社团法人合议制管理机关构成的三分之一，也不得作为它们的主席。

社团法人的合议制管理机关的成员们有权获取关于社团法人活动的信息，并了解社团法人的会计文件和其他文件，要求赔偿给社团法人造成的损失（第 53^1 条），对社团法人依据本法典第 174 条或者个别法律组织形式的社团法人法规定的依据实施的法律行为提出争议并要求适用法律行为无效的后果，也可以按照本法典第 65^2 条第 2 款规定的程序要求适用社团法人自始无效法律行为的无效后果。

第 65^2 条　社团参加者的权利和义务

（经 2014 年 5 月 5 日第 99 号联邦法律修订）

1. 社团法人的参加者（参加者、成员、股东等）有权：

参与社团法人事务的管理，但本法典第 84 条第 2 款规定的情形除外；

在法律和社团法人的设立文件规定的情况下，依照法律和社团法人设立文件规定的程序，获取关于社团法人活动的信息，并了解其会计文件和其他文件；

在法律规定的情况下，按照法律规定的程序，对社团法人机关作出的能够引起民事法律后果的决定提起申诉；

以社团法人的名义行为行为（第 182 条第 1 款），要求赔偿给社团法人造成的损失（第 53^1 条）；

以社团法人的名义行为（第 182 条第 1 款），对依据本法典第 174 条规定的或者个别法律组织形式的社团法人法规定的理由而实施的法律行为提起争议，并要求对之适用法律行为无效的后果，并适用社团法人自始无效法律行为的后果。

社团法人的参加者也拥有法律或者社团法人设立文件规定的其他权利。

2. 要求赔偿给法人造成的损失（第 53^1 条）或者要求确认社团法人的法律行为无效或适用法律行为无效后果的社团法人参加者或者社团法人，应当采取合理措施及时通知社团法人的其他参加者，并且在相应的情况下通知社团法人关于自己意欲向法院提出此类请求的意图，以及向他们提供对案件有关系的其他信息。通知关于向法院提起诉讼的意图的程序，可以由社团法人法和社团法人的设立文件规定。

没有按照诉讼立法规定的程序参与要求赔偿给社团法人造成的损失之诉（第53[1]条）或者参与要求确认社团法人实施的法律行为无效，或要求适用法律行为无效之后果之诉的社团法人的参加者，在后来无权向法院提起同等要求，但法院认为该起诉的理由值得尊重的除外。

3. 如果本法典没有不同规定，则非因自己的意志，而是由于其他参加者或者第三人实施非法行为，导致其丧失对社团法人的参与权的商业性社团法人的参加者，有权要求将已经移转给其他人的参与份额返还给他，并要求给予由法院确定的公平补偿，并可要求对其丧失份额有过错的人赔偿损失。如果这将会导致对其他参与人的参与权的不公平剥夺，或者会导致极端消极的社会后果和其他公共性重大后果的，法院可以拒绝返还参与份额。在此情况下由导致其参与份额丧失的过错人向非由于自己意愿而丧失社团法人参与权的人支付法院确定的公平补偿。

4. 社团法人的参加者有义务：

按照本法、其他法律或者社团法人设立文件规定的程序、方式和期限，参与形成必要数额的社团法人的财产；

不得泄露社团法人活动的保密信息；

参与作出如果没有这些决定则社团法人依法将不能继续存在的社团法人的决定，如果该参与对作出该类决定为必要时；

不实施明显会导致给社团法人造成损害的行为；

不实施会导致达成设立社团法人的目的极为困难，或者根本不可能的行为（不作为）。

社团法人的参加者们也承担法律或者社团法人的设立文件规定的其他义务。

第65[3]条　社团法人中的管理

（经2014年5月5日第99号联邦法律引入）

1. 社团法人的最高机关为全体参加者大会。

在参加者人数超过100人的非商业性社团法人和生产性合作社中，其最高机关为由章程依法规定的代表大会、大会或者其他代议制的（合议制）机关。该机关的职责和其作出决定的程序，由本法典、其他法律和社团法人的章程规定。

（经2015年5月23日第133号联邦法律修订）

2. 在本法典或者其他法律没有不同规定，以下属于社团法人最高机关的专属职责：

确定社团法人活动的优先方向，社团法人财产的构成与使用原则；

批准和变更社团法人的章程；

确定接受加入社团法人参加者构成和将其从社团法人参加者名单中删除的程序，但是法律规定了该程序的情形除外；

社团法人其他机关的组成以及提前终止它们的权限，如果社团法人的章程没有依照法律将该权限归属为社团法人的其他合议制机关的职责的话；

批准社团法人的年度报告和会计（资产负债）报告，如果社团法人的章程没有依照法律将该权限归属于社团法人的其他合议制机关的职责的话；

作出社团法人的关于设立其他法人、社团法人参与其他法人、设立社团法人的分支机构，以及开办社团法人的代表处的决定，但经营性社团的章程依照经营性社团法将就前述问题作出该类决定归入社团法人的其他合议制机关的职责的情形除外；

作出关于社团法人改组和清算的决定，作出关于任命清算委员会（清算人）的决定和批准清算资产表的决定；

选择社团法人的审计委员会（审计师）和任命审计组织或者个体审计人。

法律和社团法人的章程将就其他问题作出决定的权限归入社团法人的最高机关的专属职责。

本法典和其他法律归入社团法人最高机关专属职责的问题，不得由最高机关移转给社团法人的其他机关作出决定，但本法典或者其他法律有不同规定的除外。

3. 在社团法人中设立独任制执行机关（经理、总经理、主席等），社团法人的章程可以规定由数人共同行动代表独任制执行机关的权限，或者设立相互独立行动的数个独任制执行机关（第 53 条第 1 款第 3 段）。作为独任制执行机关的既可以是自然人，也可以是法人。

在本法典、其他法律或者社团法人章程规定的情况下，在社团法人中设立合议制执行机关 [管理委员会、理事会（дирекция）等]。

就不属于最高机关职责的问题和依照本条第 4 款设立的合议制管理机关的职责的问题作出决定，属于在本款中指明的社团法人机关的职责。

4. 在本法典、其他法律或者社团法人章程规定的情况下，可以在社团法人中设置与本条第 3 款指明的执行机关并行的，监督社团法人执行机关的活动并履行法律或者社团法人章程承担的其他职能的合议制管理机关（监事会或者其他委员会）。履行社团法人独任制执行机关权限的人和社团法人合议制执行机关的成员们不得超过社团法人合议制管理机关构成的三分之一，也不得作为它们的主席。

社团法人的合议制管理机关的成员们有权获取关于社团法人活动的信息，并了解社团法人的会计文件和其他文件，要求赔偿给社团法人造成的损失（第53[1]条），对社团法人依据本法典第174条或者个别法律组织形式的社团法人法规定的依据实施的法律行为提出争议并要求适用法律行为无效的后果，也可以按照本法典第65[2]条第2款规定的程序要求适用社团法人自始无效法律行为的无效后果。

第二节　商业性社团法人组织

1. 关于经营性合伙与社团的一般规定

（经2014年5月5日第99号联邦法律修订）

第66条　经营性合伙与公司的基本规定

（经2014年5月5日第99号联邦法律修订）

1. 其注册（储备）资本被划分为设立人（参加者）的份额（出资）社团性商业组织，是经营性合伙与公司。依靠设立人（参加者）出资所形成的，以及经营性合伙或公司在活动的过程中所产生和取得的财产，属于经营性合伙或公司拥有所有权。

经营性公司参加者权限的范围，根据其在公司注册资本中的比例确定。非上市经营性公司参加者权限的不同范围，可以由公司章程规定，以及在将该合同存在的信息和其所规定的公司参加者权限范围信息载入统一国家法人登记簿的条件下，由社团法人合同（корпоративный договор）规定。

2. 在本法典规定的情况下，经营性公司可以由一人设立，该人将成为该经营性公司的唯一参加者。

经营性公司不得作为唯一参加者而拥有由一人设立的其他经营性公司，但本法典或者其他法律有不同规定的除外。

3. 经营性合伙可以无限合伙或者有限合伙（康曼达合伙）[товарищество на вере（коммандитное товарищество）] 法律组织形式设立。

4. 经营性公司可以以股份公司或者有限责任公司的法律组织形式设立。

5. 无限合伙的参加者和有限合伙中的无限合伙人，可以是个体经营者和商业组织。

经营性公司的参加者和有限合伙人的出资者（вкладчик），可以是公民和法人以及公法组织（публично-правовые образования）（第125条）。

6. 国家机关和地方自治机关无权以自己的名义参与经营性合伙和公司。

经机构财产的所有权人批准，机构可以成为经营性公司的参加者和有限合伙的出资人，但法律有不同规定的除外。

法律可以禁止或者限制某些类别的人参与经营性合伙和公司。

经营性合伙和公司可以是其他经营性合伙和公司的设立人（参加者），但法律规定的情形除外。

7. 信贷组织、保险组织、清算组织（клиринговые организаций）、专门化金融公司、专门化项目融资公司、有价证券市场的职业参加者、股份投资基金、投资基金管理公司、相互式投资基金和互助式非国有退休基金、非国有养老基金和其他非信贷性金融组织、雇员股份公司（人民企业）的法律地位的特殊性，以及其参加者的权利和义务，由调整该类组织活动的法律规定。

第 66[1] 条　对经营性合伙或者公司的财产的出资

（经 2014 年 5 月 5 日第 99 号联邦法律修订）

1. 经营性合伙或者公司的参加人对合伙或者公司的财产出资可以是货币资金、物、在其他经营性合伙和公司注册（储备）资本中的份额（股票）、国债和地方债券。应当经货币估价的专有权、其他知识权利和许可使用合同的权利也可以成为该类出资，但法律有不同规定的除外。

2. 法律或者经营性合伙或公司的设立文件可以规定本条第 1 款中指明的不得作为用以支付经营性合伙或者公司的注册（储备）资本份额的财产的种类。

第 66[2] 条　关于经营性公司注册资本的基本规定

（经 2014 年 5 月 5 日第 99 号联邦法律引入）

1. 经营性公司注册资本的最低数额，由经营性公司法规定。

从事银行、保险或者其他应当经特许的活动的经营性公司，以及使用开放（公开）认购自己股票的股份公司的注册资本最低数额，由规定前述经营性公司的法律地位之特殊性的法律规定。

2. 在以货币支付经营性公司注册资本时，应当交付以不低于最低注册资本数额的货币资金款项交付。

对经营性公司注册资本的非货币出资的货币估价，应当由独立的估价师进行。经营性公司的参加者无权确定非货币出资超出独立评估师确定的估价数额的货币估价。

3. 在不以货币资金而以公司参加者的其他财产交付有限责任公司注册资本份额

时，则在公司财产不足时公司的股东和独立评估师就交付注册资本财产的估价所超出的数额范围内，在自公司国家登记之时起或自相应的变更载入公司章程之时起五年内，对有限责任公司的债务承担连带责任。不以货币资金而以其他财产交付股份公司注册资本时，履行该支付的股东和独立估价师在公司财产不足时在独立评估师对交付注册资本财产估价所超出数额范围内，对股份公司的债务在自公司国家登记之时起或者自相应变更载入公司章程之时起五年内承担补充责任。

本款关于公司参加者和独立估价师责任的规则，不适用于依照私有化法通过国家或者自治市单一制企业私有化方式设立的经营性公司。

4. 如果经营性公司法没有不同规定的话，经营性公司的设立人有义务在公司国家登记之前缴纳不低于四分之三的公司注册资本，而剩余部分的公司注册资本，应当在自公司活动的第一年内交付。

在如果依照法律允许经营性公司无须预缴 3/4 的注册资本而进行国家登记的情况下，公司参加者就公司注册资本完全交纳之前所产生的债务承担补充责任。

第 66^3 条　上市公司和非上市公司

（经 2014 年 5 月 5 日第 99 号联邦法律引入）

1. 上市公司是指其股票和其可转换为股票的有价证券（通过开放认购）公开销售或者按照有价证券法规定的条件公开流通的股份公司。上市公司的规则也适用于其章程和商号名称包含指明该公司为上市公司的股份公司。

2. 不符合本条第 1 款规定的特征的有限责任公司和股份公司，为非上市公司。

3. 依照非上市公司参加者（设立人）全体同意作出的决定，公司章程可以纳入以下条款：

（1）关于将由法律归入经营性公司参加者全体大会职责的问题，提交公司合议制管理机关（коллегиальный орган управления общества）（第 65^3 条第 4 款）或者公司合议制执行机关（коллегиальный　исполнительный орган общества）的审议，但以下问题除外：

修改经营性公司章程，批准新版本章程；

经营性公司改组或者清算；

确定公司合议制管理机关（第 65^3 条第 4 款）和合议制执行机关（如果其设立属于经营性公司参加者全体大会职责的话）的数量构成，其成员选举和提前终止其权限；

确定所公布的股票和由该类股票所赋予权利的数量、名义价值、类别（类型）；

不按照其参加者的股份的比例或者依靠接受第三人为该公司参加者而增加有限

责任公司注册资本；

批准经营性公司的不属于设立文件的内部规程或者其他内部文件（第 52 条第 5 款）；

（2）关于将公司合议制执行机关的职能完全或者部分合并到公司合议制管理机关（第 65^3 条第 4 款），或者如果合议制执行机关的职能由上述合议制管理机关履行的话，拒绝设立合议制执行机关；

（3）关于将公司合议制执行机关的职能移交给公司独任制执行机关；

（4）关于公司审计委员会空缺或者仅在公司章程规定的情况下专门设立审计委员会；

（5）关于与法律和其他法律文件设定的程序不同的经营性公司参加者全体大会的召集、准备和进行程序，作出决定的程序，其条件为此类变更不得剥夺参加者对非上市公司全体大会的参与权和获取关于非上市公司信息的权利；

（6）关于与法律和其他法律文件规定的对公司合议制管理机关（第 65^3 条第 4 款）或者公司的合议制执行机关的数量构成、设立程序和会议进行的程序的要求不同的要求；

（7）关于行使有限责任公司注册资本中份额或部分份额的优先购买权或者取得股份公司发行的股票或可转换为股票的有价证券的优先权的程序，以及一个有限责任公司参加者可以取得的公司注册资本中的最大参与份额；

（8）将依照本法典或者股份公司法不属于全体股东大会职责的问题归之于全体股东大会的职责；

（9）经营性公司法规定情况下的其他条款。

4. 在本条第 3 款规定的条款依照本法典或者其他法律不属于应当强制性纳入非上市经营性公司章程条款的情况下，它们应当由该公司全体参加者作为当事人的社团法人合同规定。

第 67 条　经营性合伙和公司参加者的权利与义务

（经 2014 年 5 月 5 日第 99 号联邦法律修订）

1. 经营性合伙或者公司的参加者，在享有本法典第 65^2 条第 1 款为社团性法人参加者规定的权利之外，还有权：

参与对非作为其参加者的合伙或者公司的利润的分配；

在合伙或者公司清算的情况下取得与债权人结算之后所剩余财产的部分或者其价值；

要求依照司法程序在向合伙或者公司的其他参加者支付其份额的有效价值后将其从合伙或者公司（上市股份公司除外）中除名，如果该参加者以自己的行为（不作为）对合伙或者公司造成实质性损害，或者以其他方式严重阻碍了公司活动和达成为其所设立的目的，包括严重违反法律或者合伙或公司的设立文件规定的自己的义务。放弃该权利或者限制该权利者自始无效。

经营性合伙或者公司的参加者也拥有本法典、经营性公司法、合伙或者公司的设立文件规定的其他权利。

2. 经营性合伙或者公司的参加者在承担本法典第 65^{2} 条第 4 款为社团性法人参加者规定的义务的同时，还有义务按照经营性合伙或者公司的设立文件规定的程序、数额和方式，交纳其作为参加者对合伙或者公司的注册（储备）资本的出资，以及对经营性合伙或者公司的其他财产的出资。

经营性合伙和公司的参加者们，也可以承担法律和其设立文件规定的其他义务。

第 67^{1} 条　经营性合伙和公司中管理与监督的特殊性

（经 2014 年 5 月 5 日第 99 号联邦法律引入）

1. 无限合伙和有限合伙中的管理，依照本法典第 71 条和第 84 条规定的程序进行。

2. 除本法典第 65^{3} 条第 2 款指明的问题外，以下属于经营性公司参加者全体大会的专属：

（1）修改公司注册资本数额，但经营性公司法有不同规定的除外；

（2）作出将公司独任制执行机关的权限移转给其他经营性公司（管理组织）或者个体经营者（管理人）的决定，以及认可该管理组织或者该管理人和与该管理人管理组织或者管理人的合同条款，如果公司章程将就前述问题的决定归入公司合议制管理机关的职权（第 65^{3} 条第 4 款）的除外；

（3）分配公司的利润和损失。

3. 全体经营性公司参加者全体大会作出的决定和在作出该决定时出席的公司参加者的构成：

（1）对上市股份公司而言，由履行负责该公司股东名册的事务和履行计票委员会职能的人确认；

（2）对非上市股份公司而言，通过公证证明或者负有履行该公司股东名册事务并履行计票委员会职能的人证明；

（3）对有限责任公司而言，通过公证证明，如果该公司章程或者公司参加者全体一致作出的公司参加者全体大会决定，没有规定其他方式（由全体参加者或者部分参加者签署备忘录；使用能够确定地查明作出决定的事实的技术设备；不违反法律的其他方式）。

4. 有限责任公司为审查和确认年度会计（财务）报告的正确性有权，而在法律规定的情况下，则有义务每年度聘请与公司或者其参加者没有财产利益关联的审计师（外部）。该审计也可以按照任一公司参加者的请求而进行。

5. 股份公司为审查和确认年度会计（财务）报告的正确性，应当每年度聘请与公司或者参加者没有财产利益关联的审计师。

在法律、章程规定的情况下，并依照法律、章程规定的程序，股份公司会计（财务）报告审计应当按照其在股份公司注册资本中所占份额总数超过 10% 及其以上的股东的请求进行。

第 67^2 条　社团契约（**Корпоративный договор**）

（经 2014 年 5 月 5 日第 99 号联邦法律引入）

1. 经营性公司的参加者或者其中的数人，有权在相互之间缔结关于行使自己的社团性法人权利的社团契约（行使有限责任公司参加者权利合同、股东协议），依照该契约，他们有义务以特定的方式行使这些权利，或者有义务不行使（放弃）这些权利，包括以特定的方式在公司参加者全体大会上投票，一致地作出管理公司的其他行为，按照特定的价格或者在特定的情势来临时购买或者转让其在注册资本中的份额（股票）或者在特定的情势来临之前不得转让份额（股票）。

（本款经 2015 年 6 月 29 日第 210 号联邦法律修订）

2. 社团契约不得令参加者承担按照公司机关的指示进行投票，确定公司机关的构成和职权的义务。

违背本款第 1 段规则的社团契约条款自始无效。

3. 社团契约以书面形式通过编制一份由各方当事人签署的文件的形式缔结。

4. 缔结了社团契约的经营性公司的参加者，有义务将缔结社团契约的事实通知公司，在此情况下社团契约的内容不需披露。在不履行该义务的情况下，非作为社团契约当事人的公司参加者，有权要求赔偿给他们所造成的损失。

关于上市股份公司股东缔结社团契约的信息，应当按照股份公司法规定的范围，并依照股份公司法规定的程序和条件进行披露。

如果法律没有不同规定，非上市公司参加者缔结的社团契约的内容的信息不得披露，构成保密信息。

5. 社团契约不得为没有以当事人身份参与的人创设义务。

6. 在经营性公司的所有参加者都是社团契约的当事人的条件下，经营性公司的机关作出相应决定时，违反社团契约可以构成依照该契约当事人的起诉确认经营性公司机关决定无效的理由。

依照本款确认，经营性公司机关的决定无效本身并不导致经营性公司依据该决定而与第三人实施的法律行为无效。

只有法律行为的另一方当事人知道或者应当知道社团契约规定的限制的情况下，社团契约当事人违反该契约缔结的法律行为才可以由法院依照社团契约参加者的起诉确认为无效。

7. 社团契约的当事人无权援引社团契约由于违背经营性公司章程的条款而无效。

8. 社团契约当事人之一在经营性公司注册资本中的份额（股票）的权利终止，并不导致对社团契约其他当事人的效力的终止，但该契约有不同规定的除外。

9. 公司的债权人和其他第三人可以与经营性公司的参加者们缔结合同，根据该合同，后者为了保障该类第三人的受法律保护的利益之目的，有义务以特定的方式行使自己的社团法人权利，或者不行使（放弃）该权利，包括以特定的方式在公司参加者全体大会上投票，一致地履行其他公司管理行为，以特定的价格或者在特定的情势来临时购买或者转让其在注册资本中的份额（股票）或者特定的情势来临之前不得转让份额（股票）。该契约相应地适用社团契约的规则。

10. 关于社团契约的规则相应地也适用于设立经营性公司的协议，但法律有不同规定或者从该协议当事人关系的本质中可以得出不同规定的除外。

第 67[3] 条，子公司（Дочернее хозяйственное общество）

（经 2014 年 5 月 5 日第 99 号联邦法律引入）

1. 如果其他经营性合伙或者公司（母合伙或者母公司）依照其在该公司注册资本中的优势参与，或者依照他们相互之间所缔结的合同，或者由于其他方式，而拥有确定该公司所做出的决定的可能性，则该经营性公司为子公司。

2. 子公司不为母经营性合伙或者公司的债务负责。

母经营性合伙或者公司与子公司就子公司为履行母经营性公司或合伙的指令，或者经其同意而缔结的法律行为承担连带责任（第 401 条第 3 款），但如果该同意之必要性为自公司和（或）者母公司的章程所规定，则母经营性合伙或者公司就同意法律行为问题在子公司参加者全体大会上投票的情形，以及经营性公司管理机关对法律行为表示同意的情形除外。

（经 2015 年 6 月 29 日第 210 号联邦法律修订）

在子公司由于母经营性合伙或者公司的过错而资不抵债（破产）的情况下，母经营性合伙或者公司对子公司的债务承担补充责任。

3. 子公司的参加者（股东），有权要求母经营性合伙或者公司赔偿由于其行为或者不作为而给子公司造成的损失（第 1064 条）。

第 68 条　经营性合伙和公司的重组（**Преобразование хозяйственных товариществ и обществ**）

1. 一种类型的经营性合伙和公司可以按照本法典和经营性公司法规定的程序依照参加者全体大会的决定，重组为另一种类型的经营性合伙和公司，或者重组为生产性合作社。

（经 2014 年 5 月 5 日第 99 号联邦法律修订）

2. 在合伙重组为公司的情况下，每一个已经成为公司参加者（股东）的无限合伙人，在两年内以自己的全部财产对从合伙转为公司的债务承担补充责任。以前的合伙人将属于其所有的份额（股票）转让并不免除其该责任。本款中陈述的规则，相应地适用于合伙重组为生产性合作社的情形。

3. 经营性合伙和公司，不得重组为非商业性组织，以及重组为单一制商业组织。

（本款经 2014 年 5 月 5 日第 99 号联邦法律引入）

2. 无限合伙

第 69 条　无限合伙的基本规定

1. 其参加者（无限合伙人）依照他们相互之间缔结的合同以合伙名义从事经营活动，并以属于他们的财产对合伙债务承担责任的合伙，为无限合伙。

2. 一个人只能成为一个无限合伙的参加者。

3. 无限合伙的商号应当要么包含全体参加者的名字（名称）和“无限合伙”的字样，要么包含一个或数个参加者的名字（名称）并加上“和群体”的字样以及“无限合伙”的字样。

第 70 条　无限合伙的设立合同

1. 无限合伙依据设立合同设立和行为。设立合同由所有参加者签署。

2. 无限合伙设立合同，除本法典第 52 条第 2 款指明的信息外，还应当包含关于合伙储备资本的数额和构成的条款，关于每一个参加者在储备资本中份额的数额及其变更程序的条款，关于交付出资的数额、构成、期限和方式的条款，关于参加者违反出资义务所承担的责任的条款。

第 71 条　无限合伙的管理

1. 无限合伙活动的管理由全体合伙人以一致同意的方式进行。合伙设立合同可以规定依照合伙人多数投票作出决定的情形。

2. 每一个无限合伙的参加者拥有一票，但设立合同做出不同的确定参加者投票数量的程序的除外。

3. 每一位合伙参加者，无论是否被授权从事合伙事务，均有权获得关于合伙活动的所有信息，并了解合伙事务进行的所有文件。放弃该权利或者对该权利的限制，包括按照合伙参加者的协议进行的放弃或者限制，自始无效。

（经 2014 年 5 月 5 日第 99 号联邦法律修订）

第 72 条　合伙事务的处理

1. 每一个无限合伙的参加者，均有权以合伙的名义行为，但设立文件规定所有参加者共同处理事务，或者委托数个参加者处理事务的除外。

在由全体合伙参加者共同处理合伙事务的情况下，为实施每个法律行为均需要所有合伙参加者的同意。

如果合伙事务的处理由其参加者委托给一个或者数个参加者，则剩余的参加者以合伙名义实施法律行为，应当拥有来自承担合伙事务处理的参加者的委托授权书。

在与第三人的关系中，合伙无权援引设立合同限制合伙参加者权限的条款，但当合伙证明，第三人在实施法律行为时已经知道或者明显应当知道合伙参加者缺乏以合伙名义行为的权利的情形除外。

2. 已经被授予给一个或者数个参加者的处理合伙事务的权限，可以由法院依据一个或者数个其他合伙参加者的请求，在存在重大理由的情况下，特别是由于被授予权限的人（们）严重违反自己的义务或者被发现没有能力合理处理事务时终止。依据法院判决对合伙的设立合同进行必要的修改。

第 73 条　无限合伙参加者的义务

1. 无限合伙参加者有义务按照设立合同的条款参与合伙的活动。

2. 无限合伙的参加者有义务在合伙国家登记之前交付不少于一半的自己对合伙储备资本的出资。剩余的部分应当由参加者在设立合同规定的期限内交付。在不履行前述义务的情况下，参加者有义务向合伙支付没有交付部分的出资 10% 的年利息，并赔偿造成的损失，如果设立合同没有规定其他后果的话。

（经 2014 年 5 月 5 日第 99 号联邦法律修订）

3. 无限合伙的参加者未经其他参加者同意，无权以自己名义为了自己的利益，或者为了第三人的利益实施与构成合伙活动内容相同的法律行为。

在违反该规则的情况下，合伙有权按照自己的选择要求该参加者赔偿给合伙造成的损失，或者将所有从该法律行为获得的利益移交给合伙。

第 74 条　无限合伙利润与损失的分配

1. 无限合伙的利润和损失，在其参加者之间按照其在储备资本中份额的比例进行分配，但设立文件或者其他参加者的协议有不同规定的，不允许关于排除某一合伙参加者分享利润或者承担损失的协议。

2. 如果由于合伙遭受的损失导致其净资产的价值低于储备资本的数额，则合伙所取得的利润在其净资产的价值没有超过储备资本的数额之前，不得在参加者之间进行分配。

第 75 条　无限合伙参加者就合伙债务的责任

1. 无限合伙的参加者以自己的财产对合伙的债务承担补充责任。

2. 非作为设立人的无限合伙的参加者就其加入合伙之前所产生的债务与其他参加者等同承担责任。

退出合伙的参加者，就其退出之前所产生的合伙债务，和其他参加者等同在自其退出合伙当年的合伙活动报告被批准之日起两年内承担责任。

3. 合伙参加者关于限制或者排斥本条规定的责任的协议，自始无效。

第 76 条　无限合伙参加者构成的变更

1. 在任何一位无限合伙参加者退出或者死亡，某一无限合伙参加者被确认为失踪人、无行为能力或者限制行为能力，或者资不抵债（破产），某个参加者依照法院判决开始改组程序，参与合伙的法人被清算或者某一参加者的债权人对该参加者在储备资本中相应份额的财产部分提出追索，则如果合伙设立合同或者剩余参加者的协议对此有规定的情况下，合伙可以继续活动。

2. 无限合伙的参加者有权依照司法程序要求按照剩余参加者全体一致的决定，并在存在重大理由时，特别是由于某一参加者严重违反自己的义务或者被发现没有能力合理处理事务时将该参加者从合伙中除名。

第 77 条　参加者退出无限合伙（**Выход участника из полного товарищества**）

1. 无限合伙的参加者有权在提出拒绝参与合伙的申请后，退出合伙。

拒绝参与没有指明期限而设立的无限合伙应当由参加者不少于自事实上退出合伙之前六个月提出申请。提前拒绝参与规定确定期限而设立的无限合伙只有在依据可尊重的理由时才得允许。

2. 合伙参加者之间的放弃退出合伙的权利的协议自始无效。

第 78 条 参加者退出无限合伙的后果

1. 向退出无限合伙的参加者支付与参加者在储备资本中份额相应的合伙的部分财产的价值，但设立文件有不同规定的除外。根据退出参加者与剩余参加者的协议，该部分财产的价值的支付可以交付财产实物替代。

结算给退出参加者的合伙财产部分，或者其价值根据在其退出时所编制的资产负债表确定，但本法典第 80 条规定的情形除外。

2. 在无限合伙的某一参加者死亡的情况下，只有经过其他参加者同意，他的继承人才可以加入无限合伙。

作为参与无限合伙的被改组法人的权利承继者的法人，经其他参加者同意后，有权加入合伙，但合伙设立文件有不同规定的除外。

与不加入合伙的继承人（权利承继人）的结算，依照本条第 1 款进行。无限合伙的参加者的继承人（权利承继人），在移转给其的退出的合伙参加者财产的范围内，就依据本法典第 75 条第 2 款本由退出的合伙参者所负责的合伙债务向第三人承担责任。

3. 如果某一参加者退出合伙，则剩余参加者在合伙储备资本中的份额相应予以增加，但设立文件或者参加者的其他协议有不同规定的除外。

第 79 条 参加者在无限合伙储备资本份额的移转

无限合伙的参加者，经剩余参加者同意，有权将自己在储备资本中的份额或其部分移转给其他合伙参加者或者第三人。

在将份额（部分份额）移转给他人时，全部或者相应部分的属于将自己份额（部分份额）移转的参加者的权利，移转该他人。接受份额（部分份额）移转的人按照本法典第 75 条第 2 款第 1 段规定的程序，对合伙的债务承担责任。

合伙的参加者将全部份额移转给他人，终止其对合伙的参与，并引起本法典第 75 条第 2 款规定的后果。

第 80 条 对参加者在无限合伙储备资本中的份额提出追索

依据参加者自己的债务而对参加者在无限合伙储备资本中的份额提出追索，只有在该参加者的其他财产不足以清偿债务时才允许。参加者的债权人有权要求无限合伙分割与债务人在储备资本中的份额相应的合伙的部分财产，以便对该财产提出追索。应当分割的合伙的部分财产或者其价值根据在债权人提出分割请求时所编制的资产负债表确定。

对与无限合伙参加者在储备资本中相应份额提出追索终止参加者对合伙的参与，并引起本法典第 75 条第 2 款第 2 段规定的后果。

第 81 条　无限合伙的清算

无限合伙依据本法典第 61 条指明的理由，以及在合伙中只剩下唯一的参加者时进行清算。该参加者有权在自己成为合伙的唯一参加者之时起六个月内按照本法典规定的程序将该合伙重组为经营性公司。

在本法典第 76 条第 1 款规定的情况下，如果合伙的设立文件或者剩余参加者的协议没有规定合伙继续自己的活动，则无限合伙也进行清算。

3. 有限合伙（Товарищество на вере）

第 82 条　有限合伙的基本规定

1. 在该合伙中，除了以合伙名义从事经营活动并且以自己的财产为合伙债务承担责任的参加者（无限合伙人）之外，还存在一位或者数位仅在自己出资款项范围内对与合伙活动有关的损失承担风险且不参与合伙所从事的经营活动的参加者——出资人（有限合伙人），该合伙为有限合伙（康曼达合伙）。

2. 参与有限合伙的无限合伙人的地位和他们对合伙债务的责任，根据本法典关于无限合伙参加者的规则确定。

3. 一个人只能在一个有限合伙中成为无限合伙人。

无限合伙的参加者不能成为有限合伙中的无限合伙人。

有限合伙中的无限合伙人不能成为无限合伙中的参加者。

有限合伙中有限合伙人的数目不应超过二十个。在相反的情况下，该无限合伙应当在一年内重组为经营性公司，而在该期限届满后，如果有限合伙人的数目没有减少至前述最大界限，则应按照司法程序进行清算。

（本段经 2014 年 5 月 5 日第 99 号联邦法律修订）

4. 有限合伙的商号应当，或者要么是包含所有无限合伙人的名字（名称）和“有限合伙”或“康曼达合伙”的字样，要么是不少于一位无限合伙人的名字（名称）加上“及其群体”的字样和“有限合伙”或“康曼达合伙”的字样。

在合伙的商号中包含了出资人的名字，则该出资人即成为无限合伙人。

5. 本法典关于无限合伙的规则在不违背本法典关于有限合伙的规则的范围内适用于有限合伙。

第 83 条　有限合伙的设立合同

1. 有限合伙依据设立合同设立和行为。设立合同由全体无限合伙人签署。

2. 有限合伙的设立合同，除本法典第 52 条第 2 款指明的信息外，还应当包含关于合伙储备资本的数额和构成的条款，关于每一个无限合伙人在储备资本中份额的数额及其变更程序的条款，关于他们履行出资的数额、构成、期限和交付出资的程序的条款，以及违反交付出资义务的责任的条件，关于出资人交付出资总额的条款。

第 84 条　有限合伙的管理及其事务处理

1. 有限合伙活动的管理由无限合伙人进行。管理和处理合伙事务的程序由无限合伙人按照本法典关于无限合伙的规则规定。

2. 出资人无权参与有限合伙管理和事务处理，非依照委托授权书无权代表有限合伙。他们无权对无限合伙人管理和处理合伙事务的行为提出争议。

第 85 条　有限合伙出资人的权利与义务

1. 有限合伙出资人有义务向储备资本交付出资。所交付的出资由合伙发给出资人的证明书予以证明。

2. 有限合伙的出资人有权：

（1）按照设立文件规定的程序获得按照其在储备资本中的份额计算的合伙的部分利润；

（2）了解合伙的年度报告和资产负债表；

（3）按照设立文件规定的程序在财务年度终结时退出合伙并获得自己的出资；

（4）将自己在储备资本中的份额或者其部分移转给其他出资人或者第三人。出资人享有在本法典第 93 条第 2 款规定的条件和程序下优先于第三人的份额（部分份额）购买权。出资人将全部份额移转给他人，终止其对合伙的参与。

有限合伙的设立文件可以规定出资人的其他权利。

第 86 条　有限合伙的清算

1. 有限合伙在所有参与的出资人退出的情况下进行清算。但无限合伙人有权将有限合伙重组为无限合伙以替代清算。

有限合伙也可以按照无限合伙清算的理由（第 81 条）进行清算。但如果其中还剩余至少一位无限合伙人和一位出资人，则有限合伙予以保留。

2. 在有限合伙进行清算的情况下，包括在破产的情况下，出资人享有对无限合伙人的从满足合伙债权人的请求之后所剩余的合伙财产中取回出资的优先权。

此后所剩余的合伙财产，在无限合伙人和出资人之间，按照他们在合伙储备资本中的份额比例进行分配，但设立文件或者无限合伙人与出资人之间的协议规定了不同程序的除外。

3[1]. 农庄（农场）

（经 2012 年 12 月 30 日第 302 号联邦法律引入）

第 86[1] 条　农庄（农场）

1. 在农业领域不设立法人而从事共同活动的公民有权依据创立农庄（农场）的协议（第 23 条）设立法人——农庄（农场）。

公民依据成员地位为了在农业领域中基于农庄（农场）成员们的亲身参与和财产投入的联合而进行共同的生产活动或者其他经营活动的自愿组织为依照本条作为法人而设立的农庄（农场）。

2. 农庄（农场）的财产属于其拥有所有权。

3. 一个公民只能成为一个作为法人设立的农庄（农场）的成员。

4. 在农庄（农场）的债权人对其所拥有的地块提出追索的情况下，地块应当为了依法有权按照目的性用途继续使用地块的人的利益而拍卖。

作为法人设立的农庄（农场）的成员对农庄（农场）的债务承担补充责任。

5. 作为法人设立的农庄（农场）的法律地位的特殊性由法律规定。

4. 有限责任公司

第 87 条　责任公司的基本规定

1. 其注册资本划分为份额的经营性公司为有限责任公司。有限责任公司的成员不对有限责任公司的债务负责，仅在属其所有的份额的价值范围内对与公司活动有关的损失承担风险。

（经 2014 年 5 月 5 日第 99 号联邦法律修订）

未完全交付份额出资的公司参加者在每个参加者应交付而未交付的份额部分价值范围内对公司的债务承担补充责任。

（本款经 2008 年 12 月 30 日第 312 号联邦法律修订）

2. 有限责任公司的商号应当包含公司名称和“有限责任”字样。

3. 有限责任公司的法律地位以及参加者的权利和义务，由本法典和有限责任公司法规定。

（本段自 2014 年 9 月 1 日起失效——2014 年 5 月 5 日第 99 号联邦法律）

第 88 条　有限责任公司的参加者

1. 有限责任公司参加者的人数不应当超过五十人。在相反的情况下，有限责任公司应当在一年之内改组为股份公司，在该期限届满公司的参加者人数没有降低到前述最大限额，则应当依照司法程序进行清算。

（本款经 2014 年 5 月 5 日第 99 号联邦法律修订）

2. 有限责任公司可以由一人设立，或者可以由一人构成，包括由于改组而设立的情况下。

（本段自 2014 年 9 月 1 日起失效——2014 年 5 月 5 日第 99 号联邦法律）

（本段经 2008 年 12 月 30 日第 312 号联邦法律修订）

第 89 条　有限责任公司的设立及其章程

（名称经 2014 年 5 月 5 日第 99 号联邦法律修订）

1. 有限责任公司的设立者相互之间缔结关于设立有限责任公司的合同，规定他们进行设立公司的共同活动的程序、注册资本的数额、公司注册资本中份额的数额和有限责任公司法规定的其他条款。

设立有限责任公司的合同以书面形式缔结。

2. 有限责任公司的设立人对有限责任公司国家登记之前所产生的与有限责任公司设立有关的债务承担连带责任。

有限责任公司只有在公司参加者全体大会事后追认公司设立者的行为的情况下才对与公司设立有关的公司设立人的债务承担责任。公司就公司设立人的该类债务的责任数额可以由有限责任公司法予以限制。

3. 有限责任公司的设立文件为其章程。

有限责任公司章程应当包含关于公司商号以及其所在地、注册资本数额（但本法典第 52 条第 2 款规定的情形除外）、公司机关的构成和职责、公司机关作出决定的程序（包括关于由全体一致或者合格大多数票才能作出决定的问题）的信息，以及有限责任公司法规定的其他信息。

（经 2014 年 5 月 5 日第 99 号联邦法律、2015 年 6 月 29 日第 209 号联邦法律修订）

4. 实施其他设立有限责任公司的行为的程序由有限责任公司法规定。

（经 2008 年 12 月 30 日第 312 号联邦法律修订）

第 90 条　有限责任公司的注册资本

1. 有限责任公司的注册资本（第 66^2 条）由参加者份额的名义价值构成。

（本款经 2014 年 5 月 5 日第 99 号联邦法律修订）

2. 不允许免除有限责任公司参加者交付公司注册资本份额的义务。

在有限责任公司法规定的情况下，在增加注册资本时才允许通过抵消对公司的请求的方式交付有限责任公司注册资本。

（本款经 2009 年 12 月 27 日第 352 号联邦法律修订）

3. 有限责任公司注册资本由其参加者在有限责任公司法规定的期限内并依照有限责任公司法规定的程序交付。

公司参加者违反交付公司注册资本的期限和程序的后果，由有限责任公司法规定。

（本款经 2014 年 5 月 5 日第 129 号联邦法律修订）

4. 在第二个或者每个下一财务年度终结时，有限责任公司的净资产价值低于其注册资本，则公司有义务依照有限责任公司法规定的程序，并在有限责任公司法规定的期限内将净资产价值增加至注册资本的数额，或者按照规定程序对注册资本的减少进行登记。如果公司前述资产的价值少于法律规定的注册资本的最低限额，则公司应当进行清算。

（本款经 2014 年 5 月 5 日第 99 号联邦法律修订）

5. 在通知公司的所有债权人之后才允许减少有限责任公司注册资本。在此情况下，公司的债权人有权要求提前终止或者履行相应的公司债务并赔偿损失。

依照有限责任公司的法律组织形式设立的信贷组织和非信贷金融组织的债权人的权利和义务也由调整该类组织活动的法律规定。

（本款经 2014 年 5 月 5 日第 99 号联邦法律修订）

6. 在全额支付全部份额之后才允许增加公司注册资本。

（本款经 2014 年 5 月 5 日第 99 号联邦法律修订）

第 91 条　自 2014 年 9 月 1 日起失效。——2014 年 5 月 5 日第 99 号联邦法律。

第 92 条　有限责任公司的改组和清算

1. 有限责任公司可以按照其参加者全体一致同意的决定自愿进行改组或者清算。

本法典和其他法律规定公司改组和清算的其他理由，以及其改组和清算的程序。

2. 有限责任公司有权重组为股份公司、经营性合伙或者生产合作社。

（经 2008 年 12 月 30 日第 312 号联邦法律、2014 年 5 月 5 日第 99 号联邦法律修订）

第 93 条　有限责任公司注册资本中份额向他人移转

（经 2008 年 12 月 30 日第 312 号联邦法律修订）

1. 有限责任公司注册资本中公司参加者的份额或者部分份额，依据法律行为或者按照权利承继程序，或者依照考虑本法典和有限责任公司法规定的特殊性的其他法律依据向他人移转。

2. 允许遵守有限责任公司法规定的要求，以其他方式向第三人出售，或者转让有限责任公司注册资本中的份额或者部分份额，但公司章程禁止的除外。

公司的参加者享有购买公司参加者的份额或者部分份额的优先权。行使优先权的程序和公司参加者可以行使前述权利的期限，由有限责任公司法和公司章程规定。公司章程也可以规定，如果公司的其他参加者不行使公司注册资本中份额或部分份额的优先购买权，公司对公司参加者份额或者部分份额享有优先购买权。

3. 如果公司章程禁止将属于公司参加者的份额或者部分份额移转给第三人，而且公司的其他参加者放弃取得该份额或者部分份额，或者在公司章程规定必须取得同意的条件下，而没有取得对将份额或者部分份额转让给公司参加者或者第三人的同意，则公司有义务按照公司参加者的请求购买属于该参加者的份额或者部分份额。

（经 2014 年 5 月 5 日第 99 号联邦法律修订）

4. 在全额支付份额之前，有限责任公司参加者的份额，只能在已经支付的部分内转让。

5. 在有限责任公司自己取得参加者的份额或者部分份额的情况下，有限责任公司有义务按照有限责任公司法或者和章程规定的期限和程序，将该份额或者部分份额出售给其他参加者或者第三人，或者依照本法典第 90 条第 4 款和第 5 款减少自己的注册资本。

6. 公司注册资本中的份额移转给作为公司参加者的公民的继承人和法人的权利承继人，但有限责任公司章程有不同规定的除外。公司章程可以规定，只有经过公司剩余参加者的同意，公司注册资本中的份额才能移转给作为公司参加者的公民的继承人和法人的权利承继人，将属于被清算法人的份额移转给对法人财产享有物权或者对该法人享有债权的设立人（参加者）。拒绝同意转让份额将导致公司有义务按照有限责任公司法和公司章程规定的程序和条件向前述人等支付份额的实际价值，或者交付符合该价值的实物。

7. 有限责任公司参加者的份额向他人移转将引起该参加者对公司参与的终止。

第 94 条　有限责任公司的参加者退出公司

（经 2014 年 5 月 5 日第 99 号联邦法律修订）

1. 有限责任公司的参加者无须其他参加者或者公司同意，而通过以下方式退出公司：

（1）提交退出公司的申请，如果公司章程规定了该种可能性的话；

（2）在本法典第 93 条第 3 款和有限责任公司法规定的情况下，向公司提出由公司购买份额的请求。

（经 2018 年 5 月 23 日第 116 号联邦法律修订）

2. 在有限责任公司参加者提出退出公司的申请，或者在本条第 1 款规定的情况下提出要求公司购买属于其所有的份额时，份额自公司收到相应的通知（请求）之时起移转给公司。应当向参加者支付注册资本中份额的真实价值，或者经其同意应当按照有限责任公司法和公司章程规定的程序方式和期限向其交付符合该价值的实物财产。

5. 补充责任公司（第 95 条）

本段自 2014 年 9 月 1 日起失效——2014 年 5 月 5 日第 99 号联邦法律

6. 股份公司

第 96 条　股份公司的基本规定

1. 其注册资本划分为特定数量的股票的经营性公司为股份公司。股份公司的参加者（股东）不对股份公司的债务承担责任，在属于其所有的股票的价值范围内对于公司活动有关的损失承担风险。

（经 2014 年 5 月 5 日第 99 号联邦法律修订）

没有全额支付股票价款的股东，在没有支付的属于其所有的股票价值部分范围内，对公司股份公司的债务承担连带责任。

2. 股份公司的商号应当包含其名称并指明公司是股份公司。

3. 股份公司的法律地位和股东的权利与义务，依照本法典和股份公司法规定。

通过国有企业和自治市企业私有化方式设立的股份公司的法律地位的特殊性，也由关于该类企业私有化的法律和其他法律文件规定。

（本段经 1999 年 7 月 8 日第 138 号联邦法律引入，经 2014 年 5 月 5 日第 99 号联邦法律修订）

第 97 条　上市股份公司

1. 上市股份公司（第 66^3 条第 1 款）有义务提交关于包含指明该公司为上市股份公司的公司商号信息以便载入统一的国家法人登记簿。

股份公司有权提交关于包含指明该公司为上市股份公司的公司商号信息，以便载入统一的国家法人登记簿。

股份公司自其关于指明该公司为上市股份公司的公司商号信息载入统一的国家法人登记簿之日起，取得（通过开放认购）公开发行股票和在有价证券法规定的条件下公开流通的可转换为公司股票的有价证券。

2. 非上市股份公司取得上市公司的地位（本条第 1 款）导致违背本法典、股份公司法和有价证券法规定的上市股份公司规则的章程条款和内部文件无效。

3. 在上市股份公司中设立公司合议制管理机关（第 65^3 条第 4 款），其成员人数不得少于五个。前述合议制管理机关的组成程序和职责，由股份公司法和上市股份公司章程规定。

4. 办理上市股份公司股东名册的义务和计票委员会职能的履行由取得法定许可的组织进行。

5. 在上市股份公司中不得限制属于一个股东的股票的数量、其票面价值总额以及赋予一个股东的最大投票数量。上市股份公司的章程不得规定转让该公司股票必须取得某人的同意。不得赋予任何人购买上市股份公司股票的优先权，但本法典第 100 条第 3 款规定的情形除外。

上市股份公司的章程不得将依照本法典和股份公司法不属于股东全体大会专属职责的问题归之于股东全体大会的专属职责。

6. 上市股份公司有义务公开披露法律规定的信息。

7. 股份公司法和有价证券法规定对上市股份公司的设立活动以及终止的额外要求。

第 98 条　股份公司的设立

（经 2014 年 5 月 5 日第 99 号联邦法律修订）

1. 股份公司的设立人相互之间缔结规定他们从事设立公司的共同活动的程序、公司注册资本数额、所发行的股票的类别和发行的方式，以及股份公司法规定的其他条件的合同。

设立股份公司的合同以书面形式通过编制一份由当事人签署的文件而缔结。

（经 2014 年 5 月 5 日第 99 号联邦法律修订）

2. 股份公司的设立人对在公司登记之前所产生的债务承担连带责任。

只有在经股东全体大会对他们行为的事后追认的情况下，公司才对与设立公司有关的设立人的债务承担责任。

3. 股份公司的设立文件为经设立人批准的公司章程。

股份公司的章程应当包含关于公司的商号和所在地的信息，关于公司所发行股票的类别的条件，关于股票的票面价值和数量，关于公司注册资本的数额、股东的权利、公司机关的构成和职责和它们作出决定的程序，包括对就其作出决定需要一致同意或者合格大多数票的问题。在股份公司章程中还应当包含法律规定的其他信息。

（经 2014 年 5 月 5 日第 99 号联邦法律修订）

4. 由股份公司法规定实施设立股份公司的其他行为的程序，包括设立人大会的职责。

5. 国有企业和自治市企业私有化设立股份公司的特殊性，由关于这些企业私有化的法律和其他法律文件规定。

6. 股份公司可以由一人设立，或者在一个股东购买了公司的所有股票的情况下由一人构成。该信息应当载入统一的国家法人登记簿。

股份公司不得作为唯一的参加者拥有由一人构成的其他经营性公司，但法律有不同规定的除外。

（本款经 2014 年 5 月 5 日第 99 号联邦法律修订）

第 99 条　股份公司的注册资本

1. 股份公司的注册资本由股东所购买的公司股票的票面价值构成。

（本段自 2014 年 9 月 1 日起失效——2014 年 5 月 5 日第 99 号联邦法律）

2. 不允许免除股东支付公司股票价款的义务。

只有在股份公司法规定的情况下，才允许以抵消对公司的请求的方式支付公司所发行的补充股票的价款。

（本款经由 2009 年 12 月 27 日第 352 号联邦法律修订）

3. 不允许在全额支付注册资本之前公开认购股份公司股票。在股份公司的设立进程中，股份公司的所有股票应当在设立人之间进行分配。

4. 在第二年或者每下一个财务年度终结时，股份公司的净资产价值低于其注册资本，则公司有义务依照股份公司法规定的程序和期限，增加净资产价值至注册资本的数额，或者依照规定程序对注册资本的减少进行登记。如果上述公司上述资产的价值低于法律规定的最低注册资本数额，公司应当进行清算。

（本款经 2014 年 5 月 5 日第 99 号联邦法律修订）

5. 法律和非上市公司的章程可以规定对属于一个股东的股票数量、股票票面价值总额或者最大投票数量的限制。

（本款经 2014 年 5 月 5 日第 99 号联邦法律修订）

第 100 条　增加股份公司注册资本

1. 股份公司有权依照股份公司法通过增加股票票面价值或者发行补充股票的方式增加注册资本。

（本款经 2014 年 5 月 5 日 99 号联邦法律修订）

2. 在全额交纳股份公司注册资本后才允许增加股份公司注册资本。

（本款经 2009 年 12 月 27 日第 352 号联邦法律修订）

3. 在股份公司法规定的情况下并依照股份公司法规定的程序，可以向股东和拥有可转换为公司股票的有价证券的人赋予购买公司补充发行的股票或者可转换为股票的有价证券的优先权利。

（本款经 2014 年 5 月 5 日第 99 号联邦法律修订）

第 101 条　减少股份公司注册资本

1. 股份公司有权依照股份公司法通过降低股票的票面价值或者购买部分股票以缩减股票总数的方式降低注册资本。

（本段经 2014 年 5 月 5 日第 99 号联邦法律修订）

只有在依照股份公司法规定的程序通知所有公司债权人之后才允许减少公司注册资本。在公司减少注册资本或者减低公司净资产价值的情况下债权人的权利由股份公司法规定。

（本段经由 2009 年 12 月 27 日第 352 号联邦法律修订）

以股份公司的法律组织形式设立的信贷组织和非信贷金融组织债权人的权利与义务，也可以由调整各类组织活动的法律规定。

（本段经 2014 年 5 月 5 日第 99 号联邦法律修订）

2. 如果公司章程中规定该种可能性的话，则允许通过购买和注销部分股票的方式减少股份公司注册资本。

第 102 条　对股份公司发行有价证券和支付股息的限制

1. 股份公司注册资本总额中的优先股份额不得超过 25%。在此情况下，上市股份公司无权发行其票面价值低于普通股票面价值的优先股。

（本款经 2014 年 5 月 5 日第 99 号联邦法律修订）

2. 本款自 2014 年 9 月 1 日起失效——2014 年 5 月 5 日第 99 号联邦法律

3. 股份公司无权宣布并支付股息：

在完全支付全部注册资本之前；

如果股份公司净资产的价值低于其注册资本和储备金，或者由于支付股息将会低于注册资本和储备金的数额；

在股份公司法规定的其他情况下。

（本段经 2014 年 5 月 5 日第 99 号联邦法律引入）

第 103 条 本条自 2014 年 9 月 1 日起失效——2014 年 5 月 5 日第 99 号联邦法律

第 104 条 股份公司的改组和清算

1. 股份公司可以按照股东全体大会的决定，自愿改组或者清算。

法律规定股份公司改组和清算的其他理由与程序。

（本段经 2014 年 5 月 5 日第 99 号联邦法律修订）

2. 股份公司有权重组为有限责任公司、经营性合伙或者生产合作社。

（本款经 2014 年 5 月 5 日第 99 号联邦法律修订）

7. 子公司和依附公司（第 105–106 条）

自 2014 年 9 月 1 日起失效——2014 年 5 月 5 日第 99 号联邦法律

8. 生产合作社

（经由 2014 年 5 月 5 日第 99 号联邦法律引入）

第 106[1] 条 生产合作社的概念

1. 公民基于成员地位为从事依靠他们亲自参与劳动或者其他参与，并由成员（参加者）投入财产性股金的共同生产经营活动或者其他经营活动（生产，加工，工艺、农业或和其他产品的销售，完成工作，贸易，日常服务，提供其他服务）的自愿组织，为生产合作社 [阿尔泰里（артель）]。法律和生产合作社的章程可以规定法人参与生产合作社的活动。生产合作社是社团性的商业组织。

2. 生产合作社的成员在生产合作社法和合作社章程规定的范围内，并按照规定的程序对合作社的债务承担补充责任。

第 106[2] 条 设立生产合作社和章程

1. 生产合作社的设立文件为经合作社成员全体大会批准的章程。

2. 生产合作社的章程应当包含关于合作社商号和所在地的信息，关于合作社成员股金数额、合作社成员交付股金的构成和程序的条款，和关于合作社成员违反缴纳股金之债的责任，关于合作社成员在合作社活动中劳动参与的特点和方式，以及违反以亲身劳动参与合作社活动义务的责任，关于合作社利润和亏损的分配程序、合作社成员对合作社债务承担补充责任的条件，合作社机关的构成和职责，以及它们作出决定的程序，包括就需要全体一致同意或者合格大多数票决问题的决定程序。

3. 生产合作社的商号，应当包含它的名称和“生产合作社”字样或者“阿尔泰里”的字样。

4. 合作社成员的人数不得少于五人。

第 106^3 条　生产合作社的财产

生产合作社所拥有的财产依照合作社的章程，划分为成员的股金。

合作社的章程可以规定属于特定部分的合作社财产构成用于章程规定的目的不可分基金。

形成可分基金的决定，由合作社成员全体一致同意决定作出，但合作社章程有不同规定的除外。

2. 生产合作社的成员有义务在合作社登记前交付不少于 10% 的股金，而剩余部分在自合作社国家登记之时起一年内交付。

3. 生产合作社的利润依照他们的劳动参与在成员中分配，但生产合作社法和合作社的章程规定了不同程序的除外。

依照该程序分配在合作社清算后且满足其债权人的请求之后所剩余的财产。

第 106^4 条　生产合作社管理的特殊性

1. 生产合作社的执行机关是其主席和合作社管理委员会，如果法律或者合作社章程规定了该组织的话。

2. 生产合作社管理委员会的成员和合作社的主席，只能是合作社的成员。

3. 一个生产合作社的成员在全体大会作出决定时拥有一票。

第 106^5 条　生产合作社中成员地位的终止以及股金的移转

1. 生产合作社的成员有权按照自己的意愿退出合作社。在此情况下，应当向该成员支付股金的价值或者交付与该股金价值相符的财产，以及合作社章程规定的其他给付。

向退出成员支付股金价值和交付其他财产在财务年度终结且合作社会计（财务）报告被批准之后进行，但合作社章程有不同规定的除外。

2. 生产合作社的成员，在不履行或不适当履行合作社章程赋予的义务的情况下，以及在法律和合作社章程规定的其他情况下可以依照全体大会的决定被从合作社中除名。

合作社管理委员会的成员可以依照全体大会的决定由于在类似合作社中拥有成员地位而被除名。

被从合作社中除名的成员拥有依照本条第1款取得股金和合作社章程规定的其他支付的权利。

3. 生产合作社的成员有权将自己的股金或者其部分移转给合作社的其他成员，但合作社章程有不同规定的除外。

将股金或者其部分移转给非合作社成员的公民，只有经过合作社成员全体大会同意后方才许可。在此情况下合作社的其他成员享有对该股金或者其部分的优先购买权。

4. 在生产合作社成员去世的情况下，其继承人可以被接纳为合作社成员，但合作社章程有不同规定的除外。在相反的情况下，合作社向继承人支付死亡生产合作社成员的股金的价值。

5. 依据合作社成员的债务对合作社成员的股金提起追索，只有在该成员的其他财产依照法律和生产合作社章程规定的程序不足以清偿该类债务的情况下才允许。不得依照合作社成员的债务，而对合作社的不可分割的基金提出追索。

第106^{6}条　生产合作社的重组

生产合作社按照成员已全体一致做出的决定，可以重组为经营性合伙或者公司。

第三节　生产合作社（第107-112条）

自2014年9月1日起失效——2014年5月5日第99号联邦法律

第四节　国有单一制企业和自治市单一制企业

第113条　关于单一制企业的基本规定

（经2014年5月5日第99号联邦法律修订）

1. 对所有权人划拨给它的财产不享有所有权的商业组织为单一制企业。单一制企业的财产属于不可分财产，并且不得按照投资（份额、股金）进行分配，包括在企业的员工之间进行分配。

国有企业和自治市企业以单一制企业的法律组织形式进行活动。

在国有和自治市单一制企业法规定的情况下，并依照其规定的程序，可以国有财产或者自治市财产设立单一制国库企业（国库企业）。

2. 国有单一制企业或者自治市单一制企业的财产为国家所有或者自治市所有。该企业享有经营权和（或者）业务管理权。

单一制企业对划拨给它的财产的权利，依照本法典以及国有和单一自治市单一制企业法确定。

3. 单一制企业的设立文件为经过被授权的国家机关或者地方自治机关批准的单一制企业章程，但法律有不同规定的除外。

单一制企业的章程应当包含关于其企业名称和所在地、活动的对象与目的信息。非国库企业的单一制企业的章程还应当包含关于单一制企业注册基金数额的信息。

4. 单一制企业的商号应当指明其财产所有权人。国库企业的商号除此之外还应当指明该企业属于国库企业。

5. 企业的负责人是单一制企业的机关，由被所有权人授权的机关任命并向其负责，但法律有不同规定的除外。

6. 单一制企业以其所属的全部财产，为自己的债务承担责任。

单一制企业不为其财产所有权人的债务承担责任。

单一制企业财产的所有权人，除国库企业的财产的所有权人外，不为自己的单一制企业的债务负责。国库企业财产的所有权人在国库企业的财产不足时对该企业的债务承担补充责任。

7. 单一制企业的法律地位由本法典与国有和自治市单一制企业法规定。

8. 单一制企业可以依照国有和自治市单一制企业法和私有化法进行改组。

第 114 条　单一制企业的设立及其注册基金

（经 2014 年 5 月 5 日第 99 号联邦法律修订）

1. 单一制企业以公法组织（第 125 条）的名义依照被授权的国家机关或者地方自治机关的决定设立。

2. 单一制企业注册资金的最低数额由国有和自治市单一制企业法规定。

3. 单一制企业注册基金的形成方式由国有和自治市单一制企业法规定。

4. 在财务年度终结时，单一制企业的净资产价值低于注册基金，则被授权建立此类企业的机关有义务按照规定程序降低注册基金。如果净资产价值低于法律规定的数额，则单一制企业可以依照法院的判决进行清算。

5. 在作出减少注册基金决定的情况下，单一制企业有义务就此书面通知自己的债权人。

单一制企业的债权人有权要求终止或者提前履行该企业作为债务人的债务，并赔偿损失。

第 115 条　自 2014 年 9 月 1 日失效——2014 年 5 月 5 日第 99 号联邦法律

第五节　非商业组织（第 116-123 条）

自 2014 年 9 月 1 日起失效——2014 年 5 月 5 日第 99 号联邦法律

第六节　非商业型社团组织

（经 2014 年 5 月 5 日第 99 号联邦法律引入）

1. 非商业性社团组织的一般规定

第 123[1] 条　关于非商业性社团组织的基本规定

1. 不以追求利润作为自己活动的根本目的，也不将取得的利润在参加者之间分配（第 50 条第 1 款和第 65[1] 条），其设立人（参加者）取得对法人的参与（成员地位）权，并依照本法典第 65[3] 条第 1 款，组建其最高机关的法人，为非商业性社团组织。

2. 非商业性社团组织以消费者合作社、社会组织、联合会（协会）、公证人公会、不动产所有权人协会、载入俄罗斯联邦哥萨克社团国家登记簿的哥萨克社团，以及俄罗斯联邦土著少数民族公社（第 50 条第 3 款）。

（本款经 2017 年 2 月 7 日第 12 号联邦法律修订）

3. 非商业性社团组织依照设立人在全体（设立）大会、会议、代表大会等作出的设立人决定而设立。前述机关批准相应非商业性社团组织的章程并组成其机关。

4. 非商业性社团组织是自己财产的所有权人。

5. 非商业性社团组织的章程可以规定，关于社团法人设立其他法人的决定，以及社团法人参与其他法人，设立分支机构，开办社团法人代表处的决定由社团法人的合议制机关作出。

2. 消费者合作社

第 123^2 条　关于消费者合作社的基本规定

1. 基于成员地位的为了满足他们的物质需求和其他需求通过成员财产性股金集合而进行的公民或公民和法人的自愿联合组织，为消费者合作社。

（本款经 2016 年 5 月 23 日第 146 号联邦法律修订）

2. 消费者合作社的章程应当包含关于合作社名称和所在地以及活动的对象与目的信息，关于合作社成员的股金的数额、合作社成员交付股金的构成和方式，以及关于他们违反交付股金之债的责任，关于合作社机关的构成和职责和他们作出决定的程序，包括就其决定需要全体一致同意或者合格大多数票才能做出决定的问题，合作社成员承担所产生的亏损的程序的条款。

消费者合作社的名称应当包含对其活动的根本目的指明以及“合作社”字样。互助式保险社团的名称，应当包含“消费者社团”的字样。

3. 消费者合作社根据自己成员的决定，可以重组为社会组织、联合会（协会）、自主非商业组织或者基金。住宅合作社或者住宅建筑合作社依照自己成员的决定，只能重组为不动产所有权人协会。互助式保险社团依照自己成员的决定，只能重组为经营性公司——保险组织。

（本款经 2016 年 5 月 23 日第 146 号联邦法律修订）

第 123^3 条　消费者合作社成员交纳补充性会费的义务

1. 消费合作社的成员有义务自每年资产负债表批准之后三个月内，通过交付补充会费的方式清偿所形成的亏损。在不履行该义务的情况下，合作社可以依照债权人的请求按照司法程序进行清算。

2. 消费合作社的成员对合作社的债务在每个合作社成员应交付而未交付的补充性会费部分范围内承担连带责任。

3. 社会组织

第 123^4 条　关于社会组织的基本规定

1. 依照法定程序在利益一致的基础上，为了满足精神需求或者其他非物质需求，为了代表和保护共同利益并达至不违背法律的其他目的而联合起来的公民的自愿组织，为社会组织。

2. 社会组织是自己财产的所有权人。社会组织的参加者（成员）不保留对移转给社会组织所有的财产的财产性权利，包括对会费。

社会组织的参加者（成员）不对其作为成员而加入其中的组织的债务承担责任，而组织也不对自己成员的债务承担责任。

3. 社会组织可以依照本法典规定的程序联合成为联合会（协会）。

4. 社会组织按照自己参加者（成员）的决定可以重组为联合会（协会）、自主非商业性组织或者基金。

第 123^5 条　社会组织的设立人和章程

1. 社会组织设立人的数量不得少于三个。

2. 社会组织的章程应当包含关于其名称和所在地，其活动的对象与目的信息，以及关于加入（接受）和退出社会组织的程序，组织机关的构成和职责以及它们作出决定的程序的条款，包括需要全体一致同意或者合格大多数票决问题做出决定的程序，关于组织的参加者（成员）的财产性权利和义务，以及关于组织清算后剩余财产的分配程序的条款。

第 123^6 条　社会组织参加者（成员）的权利和义务

1. 社会组织的参加者（成员）依照组织章程规定的程序，行使本法典第 65^2 条第 1 款规定的社团权利。他也有权与组织的其他参加者（成员）平等地无偿地享有由组织所提供的服务。

2. 社会组织的参加者（成员）在承担本法典 65^2 条第 4 款为社团法人的参加者规定的义务的同时，还承担支付组织章程规定的会费和其他财产性费用的义务。

社会组织的参加者（成员）按照自己的意愿，有权在任何时候退出他所参加的组织。

3. 在社会组织中的成员地位不得转让。行使社会组织参加者（成员）的权利不得移转给其他人。

第 123^7 条　社会组织中管理的特殊性

1. 除法典第 65^3 条第 2 款中指明的问题外，作出关于社会组织的参加者（成员）的会费和其他财产性费用的数额和交付程序的决定，也属于社会组织最高机关的专属职责。

2. 在社会组织中设立独任制执行机关（主席、总裁等），也可以组建常设的合议制执行机关（委员会、管理委员会、主席团等）。

依照社会组织成员全体大会的决定，社会组织机关的权限，可以在该机关严重违反自己的义务、被发现无能力适当处理事务，或者在存在重大事由的情况下提前终止。

3[1]. 社会运动

（本段经 2015 年 5 月 23 日第 133 号联邦法律引入）

第 123^{7-1} 条　社会运动

（经 2015 年 5 月 23 日第 133 号联邦法律引入）

1. 追求社会运动参加者所坚持的社会的、政治的和其他社会公益目的由参加者构成的组织，为社会运动。

2. 本法典关于非商业组织的条款适用于社会运动，但 1995 年 5 月 19 日第 82 号联邦法律《社会组织法》有不同规定的除外。

4. 联合会与协会

第 123^{8} 条　关于联合会（协会）的基本规定

1. 依据自愿的成员地位或者在法律规定情况下的强制性成员地位，并为代表和保护共同利益，包括共同职业利益，为达到社会公益目的以及其他不违背法律且具有非商业性质的目的法人和（或）公民的联合为联合会（协会）。

特别是拥有以协调其经营活动、代表和保护共同的财产利益为目的的人的联合，不以保护自己成员的劳动权利和利益为目的的公民的职业联合，与他们参与劳动关系无关的公民的职业联合（评估师，创造性职业的人们的联合，以及其他的联合），自我调整组织以及他们的联合以联合会（协会）的法律组织形式设立。

（本段经 2015 年 7 月 13 日第 268 号联邦法律、2017 年 2 月 7 日第 12 号联邦法律修订）

2. 联合会（协会）是自己财产的所有权人。联合会（协会）以自己的全部财产为自己的债务承担责任，但法律对某些种类的联合会。（协会）有不同规定的除外。

联合会（协会）不为自己成员的债务承担责任，但法律有不同规定的除外。

联合会（协会）的成员不为联合会（协会）的债务承担责任，但法律或者联合会（协会）的章程规定了其成员的补充责任的情形除外。

4. 联合会（协会）按照自己成员的决定，可以重组为社会组织、自主非商业组织或者基金。

5. 某些种类的联合会（协会）法律地位的特殊性由法律规定。

第 123^{9} 条　联合会（协会）的设立人和联合会（协会）的章程

1. 联合会（协会）的设立人人数不得少于两个。规定个别种类的联合会（协会）法律地位及特殊性的法律可以设定对该类联合会（协会）的设立人最低人数的其他要求。

2. 联合会（协会）的章程应当包含关于其名称和所在地，其活动的对象和目的信息，关于加入（接受）和退出联合会（协会）的程序的条款，关于联合会（协会）机关的构成与职责以及它们作出决定的程序，包括就需要全体一致同意或者合格大多数票决问题的决定程序，关于联合会（协会）成员的财产性权利和义务，关于联合会（协会）清算之后剩余财产的分配程序的信息。

第 123^{10} 条　联合会（协会）中的管理的特殊性

1. 本法典第 65^{3} 条第 2 款中指明的问题外就关于会费确定、会费数额和支付方式的程序的决定，关于联合会（协会）成员向其财产交纳补充性财产性费用，如果法律或者章程规定了此种责任的话，则成员对联合会（协会）债务承担补充责任的数额的决定也属于联合会（协会）最高机关的专属职责。

2. 在联合会（协会）设立独任制执行机关（主席、总裁等）也可以设立常任制合议制执行机关（委员会、管理委员会、主席团等）。

按照联合会（协会）最高机关的决定，联合会（协会）机关的权限可以在该机关严重违反自己的义务、被发现无能力适当处理事务或者在存在其他重大理由的情况下提前终止。

第 123^{11} 条　联合会（协会）成员的权利与义务

1. 联合会（协会）的成员依照由联合会（协会）的章程遵照法律规定的程序行使本法典第 65^{2} 条第 1 款规定的社团权利。他也有权与联合会（协会）的其他成员平等地无偿地享有所提供的服务，但法律有不同规定的除外。

联合会（协会）的成员有权按照自己的意愿在任何时候退出。

2. 联合会（协会）成员在承担本法典第 65^{2} 条第 4 款为社团法人成员规定的义务的同时，还有义务支付章程规定的会费和按照联合会（协会）的最高机关的决定向联合会（会议）的财产交付补充性财产费用。

联合会（协会）成员可以被依照联合会（协会）章程依法规定的情形和程序，从联合会（协会）中除名。

3. 在联合会（协会）中的成员地位不可转让。在联合会（协会）中的成员地位终止的后果由法律和（或者）其章程规定

5. 不动产所有权人协会

第 123[12] 条　关于不动产所有权人协会的基本规定

1.（大厦中的房屋，包括在多套住宅大厦中的房屋，或者在数个建筑物中、住宅大厦、别墅中的房屋，园林地块、园艺地块或者别墅地块）不动产所有权人，为了共同占有、使用和在法律规定的范围内处分依法属于他们共同所有或者共同使用的不动产（物），以及为了达成法律规定的其他目的而设立的自愿组织为不动产所有权人协会。

2. 不动产所有权人协会的章程，应当包含带有"不动产所有权人协会"字样的名称、所在地、活动的对象和目的、协会机关的构成和职责，以及他们作出决定的程序，包括就对其决定需要全体一致同意或者合格大多数票决问题的决定程序，以及法律规定的其他信息。

3. 不动产所有权人协会不对自己成员的债务承担责任。不动产所有权人协会的成员也不为协会的债务承担责任。

4. 不动产所有权人协会可以按照自己成员的决定，重组为消费者合作社。

第 123[13] 条　不动产所有权人协会的财产

1. 不动产所有权人协会是自己财产的所有权人。

2. 在多套住宅大厦中的共用财产，以及在园艺非商业协会、园林非商业协会和别墅非商业协会中的共用设施，属于相应不动产所有权人协会的成员按份共有，但法律有不同规定的除外。该类财产的构成和确定其在共有权中的份额的程序由法律规定。

3. 在该大厦中住宅房屋的所有权人对在多套住宅大厦中共有财产共有权的份额，作为相应非商业协会成员的地块所有权人对园艺非商业协会、园林非商业协会或者别墅等非商业协会共用设施的共有权份额，追随上述住房或者地块所有权的命运。

第 123[14] 条　不动产所有权人协会中管理的特殊性

1. 除了本法典第 65[3] 条第 2 款中指明的问题外，就规定协会成员强制支付和会费数额作出决定，也属于不动产所有权人协会最高机关的专属职责。

2. 在不动产所有权人协会中设立单一制执行机关（主席）和常设合议制执行机关（管理委员会）。

按照（第 65^3 条第 1 款）不动产所有权人协会最高机关的决定，协会常设机关的权限可以在这些机关严重违反自己的义务，被发现无能力适当处理事务或者在存在其他重大理由的情况下被提前终止。

6. 纳入俄罗斯联邦哥萨克社团国家登记簿的哥萨克社团

第 123^{15} 条　纳入俄罗斯联邦哥萨克社团国家登记簿的哥萨克社团

1. 为了保存俄罗斯哥萨克的传统生活方式、经营和文化的目的，以及为其他由 2005 年 12 月 5 日第 154 号联邦法律《俄罗斯哥萨克国家公务法》规定的目的，按照法律规定的程序，载入俄罗斯联邦哥萨克社团国家登记簿的，自愿承担国家公务或者其他公务义务公民组织为哥萨克社团（Казачье общество）。

2. 哥萨克社团可以按照自己成员的决定，重组为联合会（协会）或者自主非商业组织。

3. 本法典关于非商业组织的条款适用于纳入俄罗斯联邦哥萨克社团国家登记簿的哥萨克社团，但 2005 年 12 月 5 日第 154 号联邦法律《俄罗斯哥萨克国家公务法》有不同规定的除外。

7. 俄罗斯联邦土著少数民族社区
（Общины коренных малочисленных народовРоссийской Федерации）

第 123^{16} 条　俄罗斯联邦土著少数民族社区

1. 属于俄罗斯联邦土著少数民族，并且按照血缘和（或者）地缘特征，为了保护原生栖息地（исконная среда обитания），保存和发展传统的生活方式、经营、手工艺和文化的目的而联合起来的公民组织，为俄罗斯联邦土著少数民族社区。

2. 俄罗斯联邦土著少数民族社区的成员，在退出社区或者依照法律规定的程序对社区进行清算的情况下，拥有取得部分财产的权利，或者对该部分财产价值的补偿。

3. 俄罗斯联邦少数民族社区按照其成员的决定可以重组为联合会（协会）或者自主非商业组织。

4. 本法典关于非商业组织的条款适用于俄罗斯联邦土著少数民族社区，但法律有不同规定的除外。

8. 律师公会（Адвокатские палаты）

（本段经 2015 年 7 月 13 日第 268 号联邦法律引入）

第 123$^{16-1}$ 条　律师公会

1. 依据强制性成员地位，为了实现律师活动和律师业立法规定的目的，以俄罗斯联邦主体律师公会或者俄罗斯联邦联邦律师公会的形式设立的非商业性组织，为律师公会。

2. 俄罗斯联邦主体律师公会是一个俄罗斯联邦主体的所有律师依据强制性成员地位而设立的非商业性组织。

3. 俄罗斯联邦联邦律师公会是俄罗斯联邦主体律师公会依据强制成员地位联合而成的非商业性组织。

4. 俄罗斯联邦主体律师公会和俄罗斯联邦联邦律师公会的设立、法律地位和活动的特殊性，由律师活动和律师业立法规定。

9. 作为法人的律师组织

（经 2015 年 7 月 13 日第 268 号联邦法律引入）

第 123$^{16-2}$ 条　作为法人的律师组织

1. 律师依据律师活动和律师业立法，为了从事律师活动而设立的非商业组织，为作为法人的律师组织。

2. 作为法人的律师组织以律师委员会（коллегия адвокатов）、律师事务所（адвокатское бюро）或者法律咨询处（юридическая консультация）的形式设立。

3. 作为法人的律师组织的设立、法律地位和活动的特殊性，由律师活动与律师业立法规定。

10. 公证人公会（Нотариальные палаты）

（本段经 2017 年 2 月 7 日第 12 号联邦法律引入）

第 123$^{16-3}$ 条　公证人公会

1. 作为职业团体，基于强制成员地位的俄罗斯联邦主体公证人公会或者联邦公证人公会的形式设立，为实现公证立法规定的目的而设立的非商业组织，为公证人公会。

2. 俄罗斯联邦主体公证人公会，是基于从事私人职业的公证人的强制性成员地位的作为职业团体的非商业组织。

3. 联邦公证人公会，是基于强制性成员地位，由俄罗斯联邦主体公证人公会联合而成的非商业性组织作为职业团体的。

4. 俄罗斯联邦主体公证人公会和联邦公证人公会的设立、法律地位和活动的特殊性由公证立法规定。

第七节　非商业性单一制企业

（经 2014 年 5 月 5 日第 99 号联邦法律引入）

1. 基金

第 123^{17} 条　基金的基本规定

（2014 年 5 月 5 日第 99 号联邦法律引入）

1. 为本法典的目的，基金被理解为由公民和（或者）法人在自愿财产捐助的基础上设立的以追求慈善文化教育或者其他社会的、公益的目的，不具有成员地位的单一制非商业性组织。

2. 基金的章程应当包含关于带有“基金”字样的基金的名称，所在地，活动的对象和目的信息，关于基金的机关，包括最高合议制机关和履行对基金活动的监督的保护委员会（Попечительский совет），任命和解职基金负责人的程序，在基金清算的情况下基金财产的命运。

3. 基金不允许改组，但本条第 4 款规定的情形以及规定基金改组的理由和程序的法律规定的情形除外。

（本款经 2017 年 7 月 29 日第 259 号联邦法律修订）

4. 非国有养老基金的法律地位，包括其可能的改组的情形与程序，由本条和本法典第 123^{18} ~ 123^{20} 条考虑非国有养老基金法律规定的特殊性予以规定。

5. 遗产基金的法律地位由本条和本法典第 123^{18} ~ 123^{20} 条考虑本法典第 $123^{20\text{-}1}$ ~ $123^{20\text{-}3}$ 条规定的特殊性予以规定。

（本款经 2017 年 7 月 29 日第 259 号联邦法律引入）

第 123^{18} 条　基金的财产

（经 2014 年 5 月 5 日第 99 号联邦法律引入）

1. 设立人（们）移交给基金的财产是基金所拥有的财产。基金的设立人对其所设立的基金不拥有财产性权利，也不对基金的债务承担责任，而基金也不对自己的设立人的债务承担责任。

2. 基金将财产用于其章程规定的目的。

基金有义务每年公布自己财产使用的报告。

第 123[19] 条 基金的管理

（经 2014 年 5 月 5 日第 99 号联邦法律引入）

1. 如果法律或者其他法律文件没有不同规定，属于基金最高合议制机关的专属职责有：

（经 2015 年 3 月 8 日第 42 号联邦法律修订）

规定基金的优先活动方向、财产的形成与使用原则；

组建基金的其他机关和提前终止它们的权限；

批准基金的年度报告和年度会计（财务）报告；

作出关于基金设立经营性公司和（或者）基金参与经营性公司的决定，但基金的章程将就前述问题作出决定归之于基金的其他合议制机关职责的情形除外；

（经 2015 年 3 月 8 日第 42 号联邦法律修订）

作出关于设立基金分支机构和（或者）开办代表处的决定；

修改基金章程，但章程没有规定这种可能性的除外；

在法律规定的情况下追认基金所实施的法律行为。

法律或者基金的章程可以将就其他问题作出决定归之于基金最高合议制机关的专属职责。

2. 基金的最高合议制机关选举基金的独任制执行机关（主席、总经理等），也可以任命基金的合议制执行机关（管理委员会）或者基金的其他合议制机关，但法律和其他法律文件将上述权限归之于基金设立人的职责的除外。

（经 2015 年 3 月 8 日第 42 号联邦法律修订）

对没有纳入基金最高合议制机关的专属职责的问题作出决定，属于基金的独任制执行机关和（或者）合议制机关的职责。

（经 2015 年 3 月 8 日第 42 号联邦法律修订）

3. 被授权以基金名义行为的人，有义务按照为基金利益行事的最高合议制机关成员的要求，依照本法典第 53[1] 条赔偿他们给基金造成的损失。

4. 基金的保护委员会是基金的机关，并且履行对基金活动、基金的其他机关作出的决定并保障其履行、基金资金的使用、基金遵守法律的监督。保障基金的保护委员会在社会原则的基础上开展自己的活动。

第 213[20] 条　基金章程的修改与基金的清算

（经 2014 年 5 月 5 日第 99 号联邦法律引入）

1. 基金的章程可以由基金的最高合议制机关修改，但章程规定按照设立人的决定修改章程的可能性的除外。

在基金章程保持不变将会导致在设立基金时不可能预见的后果，而基金的最高合议制机关或者基金的设立人又不变更章程的情况下，基金章程可以依照法院根据基金的机关或者被授权对基金活动进行监督的国家机关的请求作出的判决予以变更。

2. 在以下情况下，基金只能依据法院根据利害关系人申请作出的判决，才能进行清算：

（1）基金的财产不足以实现其目的，而且获取必要财产的可能性也不现实；

（2）基金的目的不可能达到，而对基金目的的必要变更也无法进行；

（3）基金在自己的活动中偏离了章程规定的目的；

（4）在法律规定的其他情况下。

3. 在基金进行清算的情况下，满足债权人的请求之后所剩余的财产用于基金章程中指明的目的，但法律规定将该财产返还给基金的设立人的情形除外。

第 123[20-1] 条　遗产基金的设立、遗产基金管理的条件以及遗产基金的清算

[经 2017 年 7 月 29 日第 259 号联邦法律引入（经 2018 年 5 月 23 日修订）]

1. 为了履行公民的遗嘱并在其财产的基础上依照本法典规定的程序而设立的永久性或者在特定期限内依照遗产基金管理条件从事对依照继承程序而取得的该公民的财产进行管理活动的基金，为遗产基金。

2. 遗产基金应当自在自己的遗嘱中规定设立遗产基金的公民死亡之后，依照由处理遗产事务的公证人向被授权的国家机关发送的申请而设立，在该申请中需附上前述公民在生前所做成的关于设立遗产基金的决定，以及由该公民批准的基金章程，在遗产基金设立之后按照本法典第五编规定的程序开始遗嘱继承。

其条款规定了设立遗产基金的遗嘱，应当在其中包含遗嘱人关于设立遗产基金的决定、基金的章程以及遗产基金管理的条件。该遗嘱应当进行公证证明。

在公证人不履行设立遗产基金义务的情况下，遗产基金可以依据法院根据遗嘱执行人或者遗嘱基金受益人的请求所作出的判决而设立。

处理遗产事务的公证人，有义务自在其遗嘱中规定设立遗产基金的公民死亡之后继承事务开始之日起不迟于三个工作日内，向被授权国家机关提交关于对遗嘱基金进行国家登记的申请。遗产基金不得在继承开始之日起一年届满后进行登记。

如果公证人违反了在遗嘱中或者在设立遗产基金的决定中所包含的被继承人对设立遗产基金和遗产基金的管理条件的指令，则公证人设立遗产基金的行为，可以由遗产基金的受益人、遗嘱执行人或者继承人提出争议。

3. 遗产基金的财产在设立基金的情况下在履行自己的活动的过程中，以及依靠管理遗产基金财产所取得的收入形成。不允许其他人无偿将财产交付遗产基金。

在设立遗产基金或者接受遗产时，公证人有义务在关于设立遗产基金决定中指明的期限内向基金发出继承权证明书，但不得迟于本法典第 1154 条规定的期限，在公证人不履行上述义务继承遗产的情况下，遗产基金有权对公证人的不作为提出申诉。

4. 遗产基金的管理条件应当包含关于将遗产基金的全部财产或者其部分财产，包括在对那些之前尚不知道其是否能够来临的情势来临的情况下，移交给特定的第三人（以下简称“基金受益人”）或者不特定人群中的某些类别的人（以下简称“某些类别的人”）的条款。

遗产基金的管理条件（Условия управления наследственным фондом）可以规定，应当向其交付基金财产的基金受益人或者某些类别的人由基金的机关依照基金的管理条件确定。

向遗产基金的受益人或者某些类别的人交付全部遗产基金的财产或者其部分财产的程序，包括基金活动的收益的程序，应当由基金管理条件通过指明所交付财产的种类和数额或者规定包括财产权利（如财产使用权、支付由第三人向受益人或者某些种类的人所提供的工作、服务的价款的权利等）在内的财产的种类和数额、交付财产的期限或者交付财产的周期的程序，以及在其来临时进行该交付的情势。

5. 遗产基金的章程和遗产基金的管理条件在遗产基金设立后不得变更，但在遗产基金管理在原有遗产基金管理条件下由于在设立基金时绝无可能预见到的情势的产生而变为不可能时，以及在如果查明受益人为不适格的继承人（第 1117 条）而该情势在设立遗产基金时又并不为人所知的情况下，依据法院根据任一基金的机关的请求作出的判决进行变更的情形除外。

6. 遗产基金的管理条件在公证人发出本条第 2 款第 4 段中指明的申请之前告知基金机关的成员，并且只能够向受益人披露，以及在法律规定的情况下向国家权力机关和地方自治机关披露。

7. 遗产基金的清算依据本法典第 61 条第 3 款第 1~4 次款规定的理由，以及由于基金本应在该期限届满之前设立的期限到来，在遗产基金管理条件中指明的情形到来，或者不可能组建基金的机关时（第 123^{20-2} 条第 4 款），依照法院的判决进行。

在遗产基金清算之后所剩余的财产应当按照受益人对取得财产权利或者基金活动的收益的比例交给受益人。如果遗产基金的管理条件没有规定不同的分配剩余财产的规则，包括将其移交给并非为受益人的人，则在不能确定遗产基金清算后所剩余的财产应当向何人交付时，该财产依照法院的判决应当移转给俄罗斯联邦所有。

8. 遗产基金的名称应当包含“遗产基金”的字样。

第 123^{20-2} 条　遗产基金的管理

（经 2017 年 7 月 29 日第 259 号联邦法律修订）

1. 自然人或者法人均可作为遗产基金的独任制执行机关或者遗产基金合议制机关的成员。遗产基金的受益人不得作为基金的独任制执行机关或者遗产基金的合议制执行机关的成员。

2. 在遗产基金章程规定的情况下，在遗产基金中设立最高合议制机关和保护委员会。基金的受益人可以进入遗产基金最高合议制机关的构成之中。

3. 在由公证人向被授权的国家机关发送第 123^{20-1} 条第 2 款第 4 段中指明的遗产基金国家登记申请之前，公证人应当向基金设立决定中指明的人，或者被依照基金设立决定规定的程序规定的人，提出进入基金机关构成的建议。在前述人等同意进入基金的机关构成的情况下，公证人将他们的资料发送给被授权的国家机关。在基金设立决定中指明的人拒绝进入基金机关的构成，并且在不可能依照基金设立决定组建基金机关的情况下，公证人无权向被授权的国家机关发送关于设立遗产基金的申请。

4. 变更遗产基金合议制机关的成员和履行遗产基金独任制执行机关权限的人，依照基金规定的程序进行。遗产基金的章程可以规定确定基金合议制机关成员和履行遗产基金独任制执行机关权限的人的程序，在他们退出的情况下包括从特定的名单中补充指定前述人等。

在自组建遗产基金机关的必要性产生之日起一年内（在合议制基金的合议制机关中缺乏法定人数、缺乏独任制执行机关），该类机关没有被组建，则基金应当按照受益人或者被授权国家机关的要求进行清算（第 123^{20-1} 条第 7 款）。在前述期限届满之前，（在存在该机关的情况下）遗产基金的独任制执行机关继续依照遗产基金管理条件从事遗产基金的活动。

5. 遗产基金的管理条件可以规定，向履行基金独任制执行机关权限的人、基金保护委员会的成员或者基金的其他机关的成员履行自己义务的报酬的支付方式和数额。

6. 基金的章程可以规定实施章程中规定的法律行为，必须取得基金的最高合议制机关或者其他基金机关的同意。

7. 对遗产基金活动的审计依据遗产基金管理条件规定的理由，以及按照受益人依据本法典第123[20-3]条第5款规定的程序提出的请求进行。

8. 遗产基金的独任制执行机关有义务保存按照规定程序进行登记的基金章程和对基金章程的修改与补充，关于设立基金的决定，证明基金对其财产的权利的文件，包含遗产基金管理条件的文件，年度报告，会计报表文件，会计（财务）报告文件，基金的合议制机关的会议纪要，估价师的报告，基金的计票委员会（票人）、基金的审计师国家和地方自治市财务监督机关的结论，司法机关就与基金管理有关的纠纷的文件，本法典、基金章程和基金遗产基金管理条件规定的其他文件。

基金的章程可以规定按照公证立法规定的规则，在公证人处保存本款第1段规定的文件。

9. 遗产基金的财产使用报告不得公开，但遗产基金管理条件规定的情形除外。

第123[20-3]条　遗产基金受益人的权利

（经2017年7月29日第259号联邦法律引入）

1. 遗产基金受益人有权依照遗产基金的管理条件，取得全部或者部分基金的财产，以及本条规定的其他权利。基金受益人的权利不得转让，不得依据受益人的债务被提起追索。违反本规则实施的法律行为自始无效。

2. 遗产基金受益人可以是任何受民事立法调整关系的参加者，但商业组织除外。

3. 作为遗产基金受益人的公民的权利不按照继承移转。作为受益人的法人的权利在其改组的情况下终止，但在重组的情形下如果遗产基金管理条件没有规定在其重组时该受益人的权利终止的除外。

在作为受益人的公民死亡后，或者作为受益人的法人被清算后在受益人依照公证形式向遗产基金提出放弃取得财产的权利的申请的情况下，新的受益人依照遗产管理基金的条件确定，特别是他们可以通过补充指定的方式确定。

4. 在遗产基金章程规定的情况下，受益人有权向遗产基金了解和取得关于基金活动的信息。

5. 遗产基金的受益人有权要求由他选定的审计师对基金的活动进行审计。在进行该项审计时审计师服务的费用由提出进行该审计的遗产基金受益人承担。基金受益人对审计师服务费用的支付可以按照保护委员会的决定由基金的资金予以赔偿。

6. 在违反遗产基金管理条件导致受益人产生损失的情况下，受益人有权要求赔偿，但遗产基金没有规定了该权利的除外。

7. 受益人不对遗产基金的债务承担责任，基金也不对受益人的债务承担责任。

2. 机构（Учреждения）

（经 2014 年 5 月 5 日第 99 号联邦法律引入）

第 123^{21} 条　关于机构的基本规定

（经 2014 年 5 月 5 日第 99 号联邦法律引入）

1. 由所有权人为了从事管理、社会——文化或者其他非商业性职能而设立的单一制非商业性组织，为机构（Учреждения）。

设立人是其所设立机构的财产的所有权人。机构依照本法典的规定对所有权人划拨给机构的财产和机构依据其他理由而取得的财产享有业务管理权。

2. 机构可以由公民或者法人（私人机构）或者相应的俄罗斯联邦、俄罗斯联邦主体、自治市组织（国家机构自治市机构）设立。

在设立机构时不允许数人共同参与设立。

3. 机构以属于其支配的货币资金以及在法律规定情况下的其他财产，为自己的债务承担责任。在前述货币资金或者财产不足时，相应财产的所有权人在本法典第 123^{22} 条第 4~6 款和第 123^{23} 条第 2 款规定的情况下对机构的债务承担补充责任。

4. 机构的设立人任命作为机构机关的负责人。在法律规定的情况下并依照法律规定的程序，国家机构或者自治市机构的负责人可以由其合议制机关选举并经设立人批准。

依照设立人的决定可以在机构中设立向设立人负责的合议制机关。机构的合议制机关的职责、建立的程序和作出决定的程序，由法律和机构的章程规定。

第 123^{22} 条　国家机构和自治市机构

（经 2014 年 5 月 5 日第 99 号联邦法律引入）

1. 国家机构（Государственное учреждение）或者自治市机构（муниципальное учреждение）可以是国库机构（казенное учреждение）、预算机构（бюджетное учреждение）和自主机构（автономное учреждение）。

2. 国家机构和自治市机构活动的财务保障程序由法律规定。

3. 国家机构和自治市机构不对自己财产的所有权人的债务负责。

4. 国库机构以处于其所支配中的货币资金，对自己的债务负责。在货币资金不足的情况下，国库机构财产的所有权人对国库机构的债务承担补充责任。

5. 预算机构以其对之享有业务管理权的全部财产，包括依靠从带来收益的活动中获取的收入而购置的财产，为自己的债务承担责任，但由该财产所有权人划拨给预算机构的和预算机构依靠其财产所有权人划拨的资金而购置的特别珍贵的动产，以及不论以何种理由进入预算机构的业务管理之中的和无论依靠何种资金所购买的不动产除外。

对预算机构的与给公民造成损害有关的债务，在可以依照本款第 1 段提出追索的机构财产不足的情况下，由预算机构财产的所有权人承担补充责任。

6. 自主机构以处于其业务管理权范围内的所有财产，对自己的债务承担责任，但该财产的所有权人划拨给自主机构的或者自主机构依靠该财产所有权人拨付的资金而购买的不动产和特别珍贵的动产除外。

对自主机构的与给公民造成损害有关的债务在依照本款第 1 段可以提出追诉的机构财产不足的情况下，由自主机构财产的所有权人承担补充责任。

自主机构有义务每年公布自己活动的报告和划拨给它的财产的使用报告。

7. 国家机构或者自治市机构可以在法律规定的情况下重组为其他法律组织形式的非商业性组织。

8. 某些类别的国家机构和自治市机构的法律地位的特殊性由法律规定。

第 123^{23} 条　私人机构

（2014 年 5 月 5 日第 99 号联邦法律引入）

1. 私人机构由其财产的所有权人全部或部分提供资金。

2. 私人机构以属于其支配的货币资金对自己的债务承担责任。在前述货币资金不足的情况下，私人机构的财产所有权人对私人机构的债务承担补充责任。

3. 私人机构可以由设立人重组为非商业组织或者基金。

3. 自主非商业组织

（经 2014 年 5 月 5 日第 99 号联邦法律引入）

第 123^{24} 条　关于自主非商业组织的基本规定

（经 2014 年 5 月 5 日第 99 号联邦法律引入）

1. 不具有成员地位，依据公民和（或者）法人的财产捐助，为了在教育、健康保护、文化、科学和其他非商业活动领域内提供服务的目的而设立的单一制非商业性组织，为自主非商业性组织。

自主非商业性组织可以由一人设立（可以拥有一个设立人）。

2. 自主非商业性组织的章程，应当包含“自主非商业性组织”字样的名称，所在地及活动的对象和目的，自主非商业性组织的机关的构成、组成方式和职责以及法律规定的其他信息。

3. 设立人移交给自主非商业组织的财产，属于自主非商业性组织所有。自主非商业性组织的设立人对移交给该组织所有的财产不保留权利。

设立人不为其所设立的自主非商业性组织的债务承担责任，而自主非商业性组织也不对自己的设立人的债务承担责任。

4. 自主非商业性组织的设立人在与他人同等的条件下利用自主非商业组织的服务。

5. 自主非商业性组织在为从事经营性活动而设立经营性公司或者参与经营性公司的条件下才有权从事为达成其设立的目的所必要的并且符合该目的的经营性活动。

6. 一个人可以按照自己的意愿退出自主非商业性组织设立人的构成。

按照自主非商业性组织设立人全体一致通过的决定，可以接受新人加入设立人的构成。

7. 自主非商业性组织依照自己设立人的决定可以重组为基金。

8. 在不受本法典调整的部分，自主非商业性组织的法律地位，以及涉及设立人的权利和义务由法律规定。

第 123^{25} 条　自主非商业性组织的管理

（由 2014 年 5 月 5 日第 99 号联邦法律修订）

1. 自主非商业性组织的活动的管理由其设立人按照经设立人批准的章程所规定的程序进行。

2. 按照自主非商业性组织的设立人（们）的决定，可以在自主非商业性组织中设立常设性的（多个）合议制机关，其职责由自主非商业性组织的章程规定。

3. 自主非商业性组织的设立人（们）任命自主非商业性组织的独任制执行机关（主席、总经理等）。可以任命一位作为设立人的公民为自主非商业性组织的独任制执行机关。

4. 宗教组织

（由 2014 年 5 月 5 日第 99 号联邦法律引入）

第 123^{26} 条　关于宗教组织的基本规定

（由 2014 年 5 月 5 日第 99 号联邦法律引入）

1. 永久性且依照合法依据居住在俄罗斯联邦境内的俄罗斯联邦公民或其他人，为了共同的信仰和传播信仰而形成的，依照法律规定的程序作为法人登记的自愿团体（地方宗教组织），这些组织的联合（中央宗教组织），以及前述团体依照良心自由与宗教团体法为了共同信仰和传播信仰而设立的组织，和（或者）由前述团体设立的领导机关或者协调机关，为宗教组织。

2. 宗教组织的民法地位由本法典和良心自由与宗教团体法规定。在良心自由与宗教团体法以及其他法律没有不同规定时，本法典的规定适用于宗教组织。

宗教组织依照自己的章程和不违背法律的内部决议行为。

宗教组织机关的设立程序以及其职责，这些机关作出决定的程序，以及宗教组织和进入其机关构成的人之间的关系，由宗教组织的章程和内部决议依照良心自由与宗教团体法规定。

（本款经 2015 年 4 月 6 日第 80 号联邦法律修订）

3. 宗教组织不得重组为其他法律组织形式的法人。

第 123^{27} 条　宗教组织的设立人和章程

（由 2014 年 5 月 5 日第 99 号联邦法律引入）

1. 地方宗教组织由不少于十位作为设立人的公民，中央宗教组织由不少于三个地方宗教组织或者其他中央宗教组织，依照良心自由和与宗教团体法设立。

2. 宗教组织的设立文件为经其设立人或者中央宗教组织批准的章程。

宗教组织的章程应当包含关于其类型、名称和所在地，其活动的对象和目的，其机关的构成、职责和它们作出决定的程序，关于形成宗教组织财产的来源，关于财产的使用方向和宗教组织清算后所剩余财产的分配程序，以及良心自由和与宗教团体法规定的其他信息。

3. 宗教组织的设立人（们）可以由宗教组织的章程和内部决议依照良心自由与宗教团体法规定的程序履行该宗教组织的管理机关的职能或者合议制管理机关成员的职能。

第 213[28] 条　宗教组织的财产

（经 2014 年 5 月 5 日第 99 号联邦法律修订）

1. 宗教组织是其所属财产的所有权人，包括依靠自有资金购买和建造的财产，奉献给宗教组织的财产或者由它们依照法律规定的其他理由而取得的财产。

2. 对属于宗教组织的礼拜用财产不得依照宗教组织债权人的请求，提出追索。该类财产的清单按照良心自由与宗教团体法规定的程序确定。

3. 宗教组织的设立人不保留其移交给该组织所有的财产的财产性权利。

4. 宗教组织的设立人不对该类组织的债务承担责任，而该类组织也不对自己设立人的债务承担责任。

第五章　俄罗斯联邦、俄罗斯联邦主体、自治市组织参与民事立法调整的关系

第 124 条　作为民法主体的俄罗斯联邦、俄罗斯联邦主体、自治市组织

1. 俄罗斯联邦，俄罗斯联邦主体：共和国、边疆区、州、直辖市、自治州、自治区，以及城市和乡村居民点和其他自治市组织在受民事立法调整的关系中与作为该类关系的其他参加者的公民和法人具有同等地位。

2. 如果不能从法律或者该类主体的特殊性中得出不同规定，则规定法人参与受民事立法调整的关系的规范适用于本条第 1 款中指明的民法主体。

第 125 条　俄罗斯联邦、俄罗斯联邦主体、自治市组织参与受民事立法调整的关系的程序

1. 国家权力机关在规定该类机关地位的文件规定的自己职责范围内，可以俄罗斯联邦和俄罗斯联邦主体的名义，以自己的行为取得和行使财产性权利和人身非财产权利和义务，出席法庭。

2. 地方自治机关在规定该类机关地位的文件所确定的职责范围内，以自治市组织的名义，以自己的行为取得和行使本条第 1 款规定的权利和义务。

3. 国家机关、地方自治机关以及法人和公民，可以依照特别委托在联邦法律、俄罗斯联邦总统令和俄罗斯联邦政府决议、俄罗斯联邦主体和自治市组织的规范性文件规定的条件下，并依照其规定的程序，代表俄罗斯联邦、俄罗斯联邦主体和自治市组织。

第 126 条　对俄罗斯联邦、俄罗斯联邦主体、自治市组织债务的责任

1. 俄罗斯联邦、俄罗斯联邦主体、自治市组织，以属于其所有的财产，对自己的债务承担责任，但以经营权或者业务管理权划拨给它们设立的法人的财产，以及只能为国家所有或者自治市所有的财产除外。

在法律规定的情况下，允许对国家所有或者自治市所有的土地和其他自然资源提出追索。

2. 俄罗斯联邦、俄罗斯联邦主体、自治市组织所设立的法人，不对俄罗斯联邦、俄罗斯联邦主体、自治市组织的债务承担责任。

3. 俄罗斯联邦、俄罗斯联邦主体、自治市组织不对它们所设立的法人的债务承担责任，但法律规定的情形除外。

4. 俄罗斯联邦不对俄罗斯联邦主体和自治市组织的债务承担责任。

5. 俄罗斯联邦主体自治市组织不相互对各自的债务承担责任，也不对俄罗斯联邦的债务承担责任。

6. 本条第 2~5 款的规则不适用于俄罗斯联邦对俄罗斯联邦主体、自治市组织或者其他法人的债务承担担保（保证），或者前述主体对俄罗斯联邦的债务承担担保（保证）的情形。

第 127 条　俄罗斯联邦和俄罗斯联邦主体在受民事立法调整的有外国法人、公民和国家参与的关系中责任的特殊性

俄罗斯联邦和俄罗斯联邦主体在受民事立法调整的有外国法人、公民和国家参与的关系中的责任的特殊性，由国家和国有财产豁免法规定。

第三分编　民事权利客体

第六章　一般规定

第 128 条　民事权利的客体

（经 2013 年 7 月 2 日第 142 号联邦法律修订）

包括现金和文件化的有价证券在内的物，包括无体化的货币资金和非文件化的有价证券在内的其他财产，财产权利；工作成果和服务的提供；受保护的智力活动成果和与智力活动成果等同的个别化手段（知识财产）；非物质利益，为民事权利的客体。

第 129 条　民事权利客体的流转能力

1. 民事权利的客体可以自由转让或者按照概括权利承继的方式（继承、法人改组）或者其他方式从一个人移转给另一个人，但限制流通的民事权利客体除外。

（经 2013 年 7 月 2 日第 142 号联邦法律修订）

2. 法律或者按照法律规定的程序可以引入对民事权利客体流转能力的限制，特别是可以规定只能属于特定的流转参加者的民事权利客体的种类，或者只有经过特别批准才允许对之实施法律行为。

（本款经 2013 年 7 月 2 日第 142 号联邦法律修订）

3. 土地和其他自然资源，只能在土地和其他自然资源法允许流转的范围内，以其他方式转让或者从一个人移转给另一个人。

4. 智力活动成果和与之等同的个别化手段（第 1225 条）不得转让或者以其他方式从一个人移转给另一个人。但是对该类成果和手段的权利，以及在其中体现了相应成果或者手段的物质载体，可以在本法典规定的情况下并依照本法典规定的程序转让或者以其他方式从一个人移转给另一个人。

（本款经 2006 年 12 月 18 日第 231 号联邦法律引入）

第 130 条　不可动物与可动物（**Недвижимые и движимые вещи**）

1. 地块、地下资源地块和所有与土地牢固连接，也就是非对其用途造成不合比例的损害否则不可能移动的客体，包括建筑物、构筑物、在建工程客体，为不可动物（不可动财产，不动产）。

（经 2004 年 12 月 30 日第 213 号联邦法律、2006 年 6 月 3 日第 73 号联邦法律、2006 年 12 月 4 日第 201 号联邦法律修订）

应当进行国家登记的气垫船和海船、内河航运船舶也属于不可动物。法律可以将其他财产归之于不可动物。

（经 2015 年 7 月 13 日第 216 号联邦法律修订）

住宅和非居住用房屋，以及用于存放交通工具的建筑物或构筑物的部分 [车位（машино-места）]，如果该房屋的边界和该建筑物或构筑物的部分的边界，依照国家地籍登记立法规定的程序进行了描述，也属于不可动物。

（本段经 2016 年 7 月 3 日第 315 号联邦法律引入）

2. 不属于不动产的物，包括货币和有价证券，属于动产。除在法律中规定的情形外，对可动物的权利不需要登记。

第 131 条　不动产国家登记（Государственная регистрация недвижимости）

1. 不可动物的所有权和他物权，对这些权利的限制，这些权利的产生、移转和终止，应当由负责不动产权利及其法律行为国家登记的机关在统一的国家登记簿中进行国家登记。应当登记的有：所有权、经营权、业务管理权、终生可继承占有权、永久使用权、不动产抵押、役权，以及在本法典和其他法律规定的情况下的其他权利。

（经 2004 年 6 月 29 日第 58 号联邦法律修订）

2. 在法律规定的情况下在进行国家登记的同时还可以对某些种类的不动产进行专门的登记（специальная регистрация）或者造册（учет）。

3. 负责不动产权利及其法律行为国家登记的机关，有义务按照权利拥有者的申请通过颁发关于已经登记的权利或者法律行为的文件，或者通过在提交登记的文件上实施签注的方式证明已经完成的登记。

4. 负责不动产权利及其法律行为国家登记的机关，有义务向任何人提供关于所实施的登记，以及所登记的权利的信息。

信息可以在任何一个负责不动产登记的机关中予以提供，无论登记的实施地在何处。

5. 自 2013 年 10 月 1 日起失效——2013 年 7 月 2 日第 142 号联邦法律。

6. 不动产权利国家登记的程序和拒绝对此类权利进行登记的理由，由不动产权利登记法依照本法典规定。

（本款经 2013 年 7 月 2 日第 142 号联邦法律修订）

第 132 条　企业（Предприятие）

1. 为从事经营活动而使用的财产综合体是作为权利客体的企业。

作为财产综合体的整个企业被视为不动产。

2. 企业的整体或者其部分可以作为抵押、租赁和其他与物权的设定、变更和终止有关的法律行为的客体。

所有种类的被预定用于企业活动的财产，包括地块、建筑物、构筑物、设备、器具、原料、产品、请求权、债务，以及对将企业、产品、工作和服务予以特定化的标志（商业标记、商标、服务标记）的权利和其他专有权均可纳入作为财产综合体的企业的构成，但法律或者合同有不同规定的除外。

（经 2006 年 12 月 18 日第 231 号联邦法律修订）

第 133 条　不可分物（Неделимые вещи）

（经 2013 年 7 月 2 日第 142 号联邦法律修订）

1. 除非对物造成破坏、损坏或者改变其用途，否则不可能进行实物分割并且在流转中作为物权的统一客体的物，为不可分物，包括在该物拥有构成部分的情况下。

2. 不可分物的一些构成部分被另一些构成部分所替换，在此情况下物的实质性特征仍然保留，则并不导致产生其他的物。

3. 如果法律或者法院的文件没有规定从物中分离出其构成部分的可能性，包括在为单独出售的目的时，则只能对不可分物整体提出追索。

4. 对不可分物所有权的份额的关系由第 16 章的规则、本法典第 1168 条调整。

第 133 条　统一的不动产综合体（Единый недвижимый комплекс）

（经 2013 年 7 月 2 日第 142 号联邦法律引入）

统一的不动产综合体——由统一的用途所联结起来的建筑物、构筑物和在物理上或技术上不可分离的，或者是位于同一地块上的其他物的总和，包括（铁路、输电线路、输水管道和其他的）管线客体，在统一的不动产权利国家登记簿中已经登记了对前述设施整体作为一个不可动物的所有权，则为作为统一客体参与流转的不可动物。

关于不可分物的规则，适用于统一的不动产综合体。

第 134 条　复合物（Сложные вещи）

（经 2013 年 7 月 2 日第 142 号联邦法律修订）

如果不同的物由于按照共同的用途而使用的方式联合起来（复合物），则就复合物所实施的法律行为的效力及于所有进入该复合物的物，但法律行为的条件有不同规定的除外。

第 135 条　主物（Главная вещь）和从物（принадлежность）

注定为其他的主要的物服务并且与该物具有共同用途的物（从物），追随主物的命运，但合同有不同规定的除外。

第 136 条　孳息、产品和收益

（经 2013 年 7 月 2 日第 142 号联邦法律修订）

无论何人使用该物而从物的使用中所收获的孳息、产品、收益均属于物的所有权人，但法律、其他法律文件、合同有不同规定，或者从关系的本质中可以得出不同规定的除外。

第 137 条　动物

在法律或者其他法律文件没有不同规定时，关于财产的一般规则适用于动物。

在行使权利时不允许违背人道原则（принципы гуманности）残酷对待动物。

第 138 条　自 2008 年 1 月 1 日起失效——2006 年 12 月 18 日第 231 号联邦法律

第 139 条　自 2008 年 1 月 1 日起失效——2006 年 12 月 18 日第 231 号联邦法律

第 140 条　金钱（货币）

1. 卢布为法定货币，在俄罗斯联邦全境内必须按照面值接受。

俄罗斯联邦境内的支付通过现金结算和非现金结算的方式进行。

2. 在俄罗斯联邦境内使用外国货币的情形、程序和条件，由法律或者按照法律规定的程序确定。

第 141 条　货币价值

用货币价值确认的财产的种类和对该类财产实施法律行为的程序，由货币调整和货币监督法规定。

对货币价值的权利在俄罗斯联邦依据一般的理由进行保护。

（经 2013 年 7 月 2 日第 142 号联邦法律修订）

第七章　有价证券

（经 2013 年 7 月 2 日第 142 号联邦法律修订）

第一节　一般规定

第 142 条　有价证券

1. 有价证券是指符合法律规定的要求，证明其行使或者移转只有在出示该类文件的条件下才可能的债权和其他权利的文件（文件化有价证券）。

在依照法律的要求发行有价证券的人的发行决定或者其他文件中保证的，其行使和移转只有遵守将这些权利按照本法典第 149 条的规则进行登记时才有可能的债权和其他权利（无纸化有价证券）也被视为有价证券。

2. 有价证券是指股票、汇票、抵押证书、互助式投资基金的投资股金、提单、债券、支票，和其他在法律中被以此身份指称的和被依照法律规定的程序承认的有价证券。

在法律规定的情况下发行或者交付有价证券，应当进行国家登记。

第 143 条　有价证券的种类

1. 纸质有价证券，可以是不记名的（不记名有价证券）、指示的和记名的。

2. 不记名有价证券，是指该有价证券占有人被视为有权要求履行该有价证券的人的文件化有价证券。

3. 指示有价证券，是指有价证券被以其名义发给或者是从第一占有人按照不间断的背书而移转给该占有人，被视为有权按照有价证券要求履行该有价证券的人的文件化有价证券。

4. 记名有价证券，是指以下所述人等之一被视为有权依照有价证券要求履行有价证券的文件化有价证券：

（1）在义务人或者被委托的并具有相应资质的人所主持的登记簿中，被指明为权利拥有者的有价证券的持有人。法律可以规定将该登记移转给具有相应资质的人的义务；

（2）有价证券的占有人，如果有价证券是以其名义发给的或者是从第一占有人依照不间断的通过在有价证券上实施记名移转签注或者依照对请求权让与（债权让与）规定的规则而以其他形式实施的请求权让与（债权让与）而移转给他的。

5. 在法律规定的情况下只允许发行或者交付无记名有价证券。

法律可以排除发行或者交付作为记名的或者指示的有价证券的特定文件化有价证券的可能性。

6. 如果本法典法律没有不同规定，或者不能从对无纸化有价证券对权利的保护的特殊性中得出不同规定，则对该类有价证券适用关于依照登记簿确定其权利拥有者的记名文件化有价证券的规则。

第二节　文件化有价证券

第 143[1] 条　对文件化有价证券的要求

1. 对文件化有价证券的必备要素、形式要求和对文件化有价证券的其他要求，由法律或者依照法律规定的程序确定。

2. 在文件中缺乏文件化有价证券的必备要素、不符合规定的形式和其他要求时，文件不是有价证券，但保留作为书面证据的效力。

第 144 条　按照文件化有价证券的履行

1. 向本法典第 143 条第 2~4 款规定的人（有价证券的占有人）履行，视为按照文件化有价证券的适当履行。

2. 如果按照有文件化有价证券承担履行责任的人知道其对之所作履行的有价证券的占有人不是有价证券权利的适当拥有者，则他有义务赔偿给有价证券权利拥有者造成的损失。

第 145 条　依据文件化有价证券的抗辩

1. 对按照文件化有价证券履行承担责任的人，只有权对有价证券占有人的请求提出源自于有价证券或者基于这些人之间的关系的抗辩。

制作文件化有价证券的人，即使在文件是非出于其意愿而进入流通的情况下，也要按照有价证券承担责任。

本款规定的关于限制抗辩的规则，不适用于有价证券的占有人在取得有价证券时知道或者应当知道缺乏有价证券所证明的权利产生的依据，包括该依据无效，或者之前的有价证券占有人缺乏权利，包括权利产生的依据无效，以及在如果有价证券的占有人不是善意取得者（第 147[1] 条）的情形。

2. 按照指示有价证券履行的责任人无权援引其他责任人对按照该有价证券履行的抗辩。

3. 针对要求按照文件化有价证券履行的请求，被指明为按照有价证券履行的责任人的人可以提出与该有价证券是被伪造的，或者与该有价证券签名事实的争议（伪造有价证券）有关的抗辩。

第 146 条　文件化有价证券所证明的权利的移转

1. 所有由文件化有价证券证明的权利随同对文件化有价证券的权利的移转全部移转。

2. 无记名有价证券所证明的权利，通过由实施转让的人将有价证券交付给取得人的方式移转给取得者。

在法律规定的情况下，并依据法律规定的理由，无记名有价证券所证明的权利，无论其是否交付，均可以移转给其他人。

3. 指示有价证券所证明的权利，通过在其上实施移转签注——背书的有价证券交付方式移转给取得人。如果本法典或者法律没有不同规定，对指示有价证券的移转适用汇票和普通票据法规定的票据移转规则。

4. 记名文件化有价证券所证明的权利，通过由实施转让的人在记名文件化有价证券上实施移转签注，或者依照为请求权让与（债权让与）规定的规则的其他形式的方式移转给取得人。

本法典第 24 章第 1 节的规范，适用于按照请求权让与（债权让与）的程序移转记名文件化有价证券所证明的权利，但本章规则、其他法律有不同规定，或者从相应的有价证券的本质中可以得出不同规定的除外。

5. 在不履行将指示文件化证券或记名文件化有价证券交付之债的情况下，取得人有权要求从有价证券的现时占有人处取回，但在有价证券上通过实施转让的人的背书或者移转签注已经将有价证券的权利移转给他人的情形除外。

6. 不履行实施背书或者在指示文件化有价证券或记名文件化有价证券中实施移转签注之债的情况下，对指示或者记名文件化有价证券的权利的移转，按照取得人的请求依据法院的判决通过由负责履行司法判决的人以在有价证券上签注的方式移转，该签注具有背书或者移转签注的效力。

7. 由指示有价证券或者记名有价证券所证明的权利按照与合同移转不同的理由

移转给他人，通过在法律规定的情况下和依据法律规定的理由取得对有价证券的权利的方式进行。

8. 对指示有价证券或者记名有价证券权利的移转的证明：

（1）在继承的情况下，通过公证人在该有价证券上的签注证明，该签注具有与前手权利持有人的背书或者移转签注同等的效力；

（2）在对该类有价证券提出追索而出售该类有价证券的情况下，通过被授权出售该类有价证券占有人的财产的人的签注予以证明；

（3）在其他情况下，依据法院的判决由负责履行司法判决的人的签注予以证明。

9. 在对记名文件化有价证券的权利进行了造册的情况下，权利自关于权利移转签注的记载载入登记簿时，转给有价证券中指明的人。签注依据有负责按照本法典143条第4款进行登记的人在场时由当事人实施的移交文书，或者依据由任一当事人向负责登记的人提交的经公证证明的移转文书而载入。

10. 在依照本法典第143条第4款负责登记的人逃避将权利移转的签注载入登记簿时，对以其名义实施了文件移转行为的人可以依照司法程序要求将相应的签注载入登记簿。

第147条　对文件化有价证券所证明权利的有效性的责任

1. 将文件化有价证券移转的人对有价证券所证明的权利的无效承担责任，但法律有不同规定的除外。

移转文件化有价证券的人在存在相应的事先约定以及在法律规定的其他情况下对有价证券之债的履行承担责任。

2. 发现伪造或者变造有价证券的占有人有权要求将有价证券移转给他的人履行该有价证券之债，并赔偿损失。

第147[1]条　向善意取得人追索文件化有价证券的特殊性

1. 向他人的非法占有追索文件化有价证券，依照本法典关于从他人的非法占有中追索物的规则，并考虑本条规定的特殊性进行。

2. 在有价证券从其占有中脱离时为合法占有人的人，拥有从他人的非法占有中追索文件化有价证券的权利。

3. 不得向善意取得人追索无论是证明了何种权利的无记名有价证券，以及证明金钱请求的指示有价证券和记名有价证券。

4. 由于非法行为而丧失有价证券的有价证券权利持有人，有权要求从第三人处获得有价证券的人返还有价证券或者赔偿其市场价值，无论该第三人是善意取得人或者恶意取得人以及被确认为合法占有人，如果被向其追索有价证券的前述取得人以自己的欺诈行为或者其他非法行为导致合法占有人丧失对有价证券的权利或者作为前手占有人知道或者应当知道存在他人对有价证券的权利的。

5. 已经被从他人的非法占有中返还文件化有价证券的人，有权要求恶意占有人返还所有依据有价证券的所得并赔偿损失；要求善意占有人返还自其知道或应当知道其占有为非法时，或者自法院取得关于向其提出追索有价证券之诉的通知之时起依据有价证券的全部所得。

如果非法占有人利用有价证券所赋予的优先权取得某种财产，则被向其从他人的非法占有中返还文件化有价证券的人有权要求该占有人将其所取得的财产移交给他，其条件是按照非法占有人取得上述财产时的价格赔偿其价值，也有权要求恶意占有人赔偿损失。

第 148 条　恢复按照文件化有价证券的权利

1. 恢复被遗失的无记名有价证券的权利，由法院按照丧失有价证券的人关于确认有价证券失效并恢复按照有价证券的权利的请求，依照诉讼立法的公示催告程序（в порядке вызывного производства）进行。

2. 遗失指示有价证券的人有权就此向该有价证券的所有义务人以书面形式陈述并指明遗失的原因。

收到遗失指示有价证券的人的陈述的义务人，在他人提示有价证券的情况下，应当暂时停止向有价证券的提示人履行，并告知其关于陈述人的争议，并告知陈述人关于提示有价证券的人。在自关于遗失有价证券的人的陈述之日起三个月内，遗失有价证券的人没有向法院提出对有价证券提示人的相应请求，则义务人应当向有价证券的提示人履行。在遗失有价证券的人和提示有价证券的人之间的纠纷已由法院解决，则向司法判决为其利益作出的人履行。

在没有关于对遗失有价证券的权利的纠纷的情况下，遗失有价证券的人有权依照司法程序要求义务人履行。

3. 对依照遗失记名文件化有价证券权利的恢复，由法院依照诉讼立法关于查明具有法律意义的事实的案件的特别程序，根据遗失该有价证券人的申请而进行，在法律规定的情况下，也可以依据其他人的申请而进行。

4. 在遗失关于记名文件化有价证券占有人的登记记载的情况下，负责登记的人有义务立即就此在应当公布破产信息的大众传媒上公开该信息，并在公布信息时所指明的期限内向作为登记记载中的权利持有人的人提出提交记名有价证券的建议，并且该期限不得少于自其公布之日起三个月。

关于记名文件化有价证券占有人的登记记载，应当由负责该登记的人在自占有人提交有价证券的期限届满之日起一个月内恢复。

在负责登记的人逃避恢复登记记载的情况下，它们应当由法院依据利害关系人的起诉，按照诉讼立法规定的程序予以恢复。

5. 记名文件化有价证券的义务人和依照其委托履行有价证券权利登记的人对由于遗失登记记载或者违反恢复这些记载的程序和期限，而给该类有价证券的占有人所造成的损失承担连带责任，但证明遗失或者违反行为是由于不可抗力而发生的除外。

第 148^1 条　文件化有价证券的固定化（**Обездвижение документарных ценных бумаг**）

依据法律或者按照法律规定的程序，文件化有价证券可以固定化，也就是说将其交付依照法律有权从事文件化有价证券保管和（或者）进行有价证券权利登记的人。对固定化有价证券权利的移转和该类有价证券所证明权利的行使，由本法典第 $149\text{~}149^5$ 条调整，但法律有不同规定的除外。

第三节　无纸化有价证券

第 149 条　无纸化有价证券的一般规定

1. 发行有价证券的人以及对相应债务履行提供担保的人，为履行无纸化有价证券的责任人。应当在无纸化有价证券的发行决定中或者法律规定的发行有价证券的人的文件中指明履行无纸化有价证券的责任人。

要求义务人履行无纸化有价证券的权利，属于在登记名册中被指名作为权利持有人的人或者依照法律行使有价证券权利的其他人。

2. 对无纸化有价证券权利的登记通过由按照有价证券义务人的委托行为的人或者依据与权利持有人或依照法律行使有价证券权利的人的合同行为的人，按照账户进行记载的方式进行。此类权利的登记事务应当由获得法律规定的许可的人进行。

3. 处分，包括移转、抵押和以其他方式在无纸化有价证券上设定负担，以及对处分的限制，只能通过向负责无纸化有价证券权利登记的人提出载入相应记载的方式进行。

4. 发行无纸化有价证券的人和履行对各类有价证券权利进行登记的人，对由于违反权利登记的程序、按照账户实施业务操作的程序、遗失登记数据、提供不真实的关于登记数据的信息所造成的损失，承担连带责任，但证明违反行为是由于不可抗力而发生的除外。

履行无纸化有价证券的责任人不对依据与权利持有人或与其他依照法律行使有价证券权利的人之间的合同行事的人违反权利登记程序造成的损失承担责任。

第 149^1 条　无纸化有价证券的履行

1. 义务人向本法典第 149 条第 1 款第 2 段中指明的人所进行的履行，视为适当履行无纸化有价证券。

法律可以规定在特定的日期固定化拥有要求履行无纸化有价证券权利的人的名单的情形。向该类人等所进行的履行视为适当履行。

2. 在法律规定的情况下，向与本条第 1 款中指明的人不同的其他人履行，视为适当履行。

3. 本法典第 144 条第 2 款和第 145 条规定的规则，适用于与无纸化有价证券履行有关的关系，但违背该类有价证券的本质者除外。

第 149^2 条　无纸化有价证券权利的移转和无纸化有价证券负担的产生

1. 将无纸化有价证券的权利移转给取得人通过依据实施转让者的指令将无纸化有价证券从实施转让的账户上扣减并将其计入取得者的账户的方式进行。法律或者权利持有人与负责无纸化有价证券权利登记的人之间的合同，可以规定其他的扣减和计入有价证券的理由和条件，包括不提供其指令而从实施转让者的账户上划减有价证券的可能性。

2. 无纸化有价证券权利移转自负责无纸化有价证券权利登记的人将相应的记载载入取得者的账户时起移转给取得人。

3. 抵押，以其他方式对无纸化有价证券设定负担，以及对无纸化有价证券处分的限制，自负责登记的人将相应的关于记载抵押、设定负担或者限制的记载载入权利持有人的账户或者在法律规定的情况下载入其他人的账户之后产生。

对无纸化有价证券设定负担也可以自有价证券计入按照法律保留对设定负担的无纸化有价证券权利账户之时起产生。

载入关于无纸化有价证券抵押或者其他负担的记载，依据权利持有人的指示（抵押指令等）进行，但法律有不同规定的除外。变更负担的条件或者负担终止的记载依据权利持有人的指示在存在为其利益设定负担的人书面同意的条件下，或者在法律或权利持有人与负责无纸化有价证券权利登记的人和为其利益设定负担的人之间的协议规定的情况下，无须该指示而进行。

4. 在实施转让者或者提供有价证券债务履行担保的人逃避向从事无纸化有价证券权利登记的人提供关于进行账户操作的指示的情况下，取得人或者为其利益设定无纸化有价证券负担的人，有权依照司法程序要求在与实施转让者或者提供有价证券债务履行担保的人之间的合同规定的条件下，载入关于无有价证券权利移转或者关于其负担的记载。

在存在对同一无纸化有价证券的移转或者为其利益设定权利负担之债的人为数人时，如果移转或者权利负担的操作还没有进行，则为其利益而设定的债产生在先的人享有优先地位，如果无法查明这一点，则首先提起诉讼的人享有优先地位。

5. 依照继承方式办理无纸化有价证券权利移转，依据继承人提交的继承权证书进行（第 1162 条）。

在对无纸化有价证券提出追索而出售这些有价证券时，无纸化有价证券权利的移转，依据被授权出售权利持有人财产的人的指示进行。

依照司法判决办理无纸化有价证券权利移转，由负责权利登记的人依据法院判决或者依据负责履行司法判决的人的文件进行。

6. 负责无纸化有价证券权利登记的人逃避或者拒绝进行账户操作，可以被在法院提出争议。

第 149[3] 条　保护被侵犯的权利持有人的权利

1. 自己账户上被非法划转无纸化有价证券的权利持有人，有权要求有价证券被划入其账户的人返还同等数量的相应有价证券。

仅证明金钱请求的无纸化有价证券，和在有组织的拍卖会上取得的无纸化有价证券，无论其所证明权利的类型，均不得向善意取得人追索。

如果无纸化有价证券被从无权转让人处无偿取得，则权利持有人有权在任何情况下追索这些有价证券。

2. 如果权利持有人有权追索的无纸化有价证券被转换为其他有价证券，则权利持有人有权追索被从其账户划转的有价证券所转换而成的那些有价证券。

3. 被从其账户上非法划转无纸化有价证券的权利持有人，在存在着从相应的有组织的拍卖会上取得同类有价证券可能性的情况下，有权按照自己的选择，要求对因此所造成的损失向他承担责任的人，由其承担费用购买同类有价证券，或者要求赔偿为购买同类有价证券所必要的全部费用。

第 149[4] 条　追索无纸化有价证券的后果

1. 在按照本法典第 149[3] 条第 1 款或者第 2 款满足权利持有人关于返还无纸化有价证券请求的情况下，权利持有人对从其账户上返还有价证券给权利持有人的人，享有本法典第 147[1] 条第 5 款规定的权利。

2. 在没有权利的人行使了以无纸化有价证券所证明的参与股份公司管理的权利或者参与作出大会决定的其他权利的情况下，如果股份公司或者在作出大会决定时其意思表示具有意义的人知道或者应当知道存在关于无纸化有价证券权利的争议，并且权利持有人的投票可能会影响决定的作出的，权利持有人可以对侵犯其权利和受法律保护的利益的相应大会决定提出争议。

关于大会决定的争议之诉，可以在拥有有价证券权利的人知道或者应当知道有价证券被从其账户非法划转之日起三个月内但不得迟于自相应决定作出之日起一年提出。

如果确认决定无效将会导致给股份公司的债权人或者其他第三人造成不成比例的损害时，法院可以保留大会决定的效力。

第 149[5] 条　遗失证明对无纸化有价证券权利的登记记载之后果

1. 在遗失证明无纸化有价证券权利的登记记载的情况下，负责权利登记的人有义务立即就此在应当公布破产信息的大众信息传媒上发布信息，并向法院提出按照诉讼立法规定的程序恢复权利登记数据的请求。

恢复对无纸化有价证券权利登记数据的请求，可以由任何利害关系人提出。恢复权利登记数据依照诉讼立法规定的程序进行。在恢复无纸化有价证券权利登记数据的情况下，关于权利持有人的记载依据法院的判决载入。

关于恢复无纸化有价证券权利登记数据的信息，依据法院判决由在遗失证明无纸化有价证券权利的登记记载时负责该登记的人承担费用，在应当公布破产信息的大众信息传媒上公布以便周知。

2. 无纸化有价证券权利登记的记载自负责权利登记的人遗失登记记载时起至法院关于恢复权利登记数据的判决生效之日前不具有效力。

第八章　非物质利益及其保护

第 150 条　非物质利益

（经 2013 年 7 月 2 日第 142 号联邦法律修订）

1. 生命和健康、人格尊严、人身不可侵犯性、名誉和好名声、商誉、私生活不可侵犯性、住宅不可侵犯性、个人和家庭秘密、迁徙自由、选择居留地和住所地的自由、公民的姓名、作者地位、其他自出生或者依照法律属于公民的非物质利益，不可剥夺，也不得以其他方式移转。

2. 非物质利益，在本法典和其他法律规定的情况下，并依照它们规定的程序，依照本法典和其他法律，以及在被侵犯非物质利益或者人格非财产权利的本质和该侵犯行为的后果特征所得出的民事权利保护方式（第 12 条）的情形和范围内，予以保护。

若在公民的利益所要求的情况下，属于公民的非物质利益可以通过，特别是通过由法院确认侵犯人格非财产权利的违法行为的事实，公布法院关于违法行为的判决，以及通过制止或者禁止侵犯或者有侵犯人格非财产权利之虞的行为，或者有侵扰非物质利益或者有侵扰之虞的行为的方式，予以保护。

属于死者的非物质利益，在法律规定的情况下，并依照法律规定的程序可以由他人予以保护。

第 151 条　精神损害补偿

如果侵犯其人格非财产权利或者侵扰属于公民的非物质利益的行为，以及在法律规定的其他情况下给公民造成精神损害（身体或者精神的痛苦），法院可以判令加害人承担对上述损害的金钱补偿义务。

（经 2013 年 7 月 2 日第 142 号联邦法律修订）

在确定精神损害补偿的数额时，法院应当注意加害人的过错程度和其他值得注意的情节。法院应当考量与被致害公民的个体特殊性有关的身体和精神痛苦的程度。

（经 2013 年 7 月 2 日第 142 号联邦法律修订）

第 152 条　保护名誉尊严和声誉

（经 2013 年 7 月 2 日第 142 号联邦法律修订）

1. 如果所传播的信息不能被证明符合事实，则公民有权要求在法庭上反驳损害其名誉、尊严或者商誉的信息。反驳应当以关于公民的信息所传播的相同方式或者其他类似方式完成。

即使在公民死亡后，也允许按照利害关系人的请求保护公民的名誉尊严和声誉。

2. 在大众信息传媒上传播的损害公民的名誉、尊严或者商誉的信息，也应当在同一大众信息传媒上予以反驳。被在大众信息传媒上传播上述信息的公民有权要求在反驳的同时也在同一大众信息传媒上公布自己的答复。

3. 如果损害公民的名誉、尊严或者商誉的信息，是包含在组织的文件中，则该文件应当被替换或者撤回。

4. 在损害公民的名誉、尊严或者商誉的信息变为广泛周知并因此不可能将反驳令人众所周知时，则公民有权要求删除相应的信息，在不销毁这些物质载体复制件即不可能删除相应的信息时，也可以通过没收和销毁为民事流通目的而制作的包含前述信息的物质载体的复制件并且不给予任何补偿的方式，制止或者禁止前述信息的进一步传播。

5. 如果损害公民的名誉、尊严或者商誉的信息在传播后成为在互联网上可获取的，则公民有权要求删除相应信息，以及用保障将反驳令互联网的使用者所周知的方式反驳前述信息。

6. 除本条第 2~5 款规定的以外，在其他情况下，反驳损害公民的名誉、尊严或者商誉的信息的程序由法院确定。

7. 对加害人适用不履行司法判决的责任措施，不免除其实施法院判决规定的行为的义务。

8. 如果不可能查明传播损害公民的名誉、尊严或者商誉的信息的人，则该信息传播所针对的公民有权要求法院确认所传播的信息不符合相应的事实。

9. 损害其名誉、尊严或者商誉的信息传播所针对的公民在反驳该类信息或者公布自己的答复的同时，还有权要求赔偿损失和补偿由于传播该信息而给其造成的精神损害。

10. 本条第 1~9 款的规则，除了关于精神损害补偿的规定，可以由法院也适用于传播任何不符合事实的公民信息的情形，如果该公民证明前述信息不符合事实。由于在大众信息传媒上传播上述信息而提起请求的诉讼时效期限，为自该信息在相应的大众信息传媒上被公布之日起一年。

11. 本条关于保护公民商誉的规则，除关于精神损害补偿的规定，相应地也适用于对法人商誉的保护。

第 152^1 条　公民肖像的保护

（经由 2006 年 12 月 18 日第 231 号联邦法律引入）

1. 只有在经该公民同意后才允许公布和进一步使用公民的肖像（包括其照片，以及视频或者其中包含该公民肖像的造型艺术作品）。在公民死后，则只有经其子女和在世的配偶同意后才能使用，而在他们都不存在的情况下，需经过该公民的父母同意后才能使用。在以下情况下，不需要取得同意：

（1）为了国家利益、社会利益或者其他公共利益而使用肖像；

（2）公民的肖像是在开放供自由造访的地方或者在公开的活动（大会、代表大会、会议、音乐会、戏剧表演、体育比赛和类似的活动）上进行拍摄时而取得的，但该肖像构成使用的主要对象的情形除外；

（3）公民收费摆拍。

2. 为进行民事流通的目的而制作的以及处于流通中的包含违反本条第 1 款而取得或者利用的公民肖像的物质载体复制件，应当依照司法判决禁止流通并且不给予任何补偿而销毁。

（经 2013 年 7 月 2 日第 142 号联邦法律引入）

3. 如果违反本条第 1 款而取得或者利用的公民肖像被在互联网上传播，则公民有权要求删除该肖像，以及制止或者禁止该肖像的进一步传播。

（经 2013 年 7 月 2 日第 142 号联邦法律引入）

第 152^2 条　公民私生活的保护

（经 2013 年 7 月 2 日第 142 号联邦法律修订）

1. 如果法律没有不同规定，未经公民同意，不得收集、保存、传播和使用任何关于其私生活的信息，特别是其出身、居留地或者住所地、个人和家庭生活的信息。

为国家利益、社会利益或者其他公共利益而收集、保存、传播和使用公民私生活的信息，以及在如果公民私生活的信息已经成为公开可获取的或者是由公民本人或按照其意愿而被披露的情况下，不构成对本款第 1 段规定的规则的违反。

2. 债之当事人无权披露其在债产生和（或者）履行时所知悉在该债中作为当事人或第三人的公民的私生活信息，但协议规定了披露当事人信息的可能性的除外。

3. 在创作科学、文学和艺术作品时使用公民的私生活信息，如果该使用侵犯了公民的利益，也视为非法传播违反法律获取的关于公民私生活的信息。

4. 当违法获取的公民私生活信息包含在文件、视频或者其他物质载体中时，公民有权向法院提出删除相应信息的请求，以及在不销毁这些物质载体的复制件即不可能删除相应信息时，提出关于通过没收和销毁为进入民事流通而制作的包含相应信息的物质载体复制件并且不给予任何补偿的方式，制止或者禁止进一步使用的请求。

5. 在公民死亡的情况下给公民的子女、父母和在世配偶拥有要求以本法典第 150 条第 2 款和本条规定的方式保护公民私生活的权利。

第四分编　法律行为、大会决定、代理

（经 2013 年 5 月 7 日第 100 号联邦法律修订）

第九章　法律行为

第一节　法律行为的概念、种类和形式

第 153 条　法律行为的概念

公民和法人旨在设立、变更或者终止民事权利和义务的行为为法律行为。

第 154 条　合同与单方法律行为

1. 法律行为可以是双方的或者多方的（合同）和单方的。

2. 对于该法律行为的实施而言，依照法律、其他法律文件或者当事人的协议，以一方当事人意愿的表达为必要和已足的法律行为为单方法律行为。

3. 对缔结合同而言，必须有两个当事人（双方法律行为）或者三个或更多的当事人（多方法律行为）相互一致的意愿的表达。

第 155 条　依照单方法律行为的义务

单方法律行为为实施法律行为的人创设义务。只有在法律规定的情况下，或者在与他人的协议规定的情况下，才能够为他人创设义务。

第 156 条　对单方法律行为的法律调整

关于债和合同的一般规定，在不违背法律、法律行为的单方特点和本质的范围内，相应地适用于单方法律行为。

（经 2013 年 5 月 7 日第 100 号联邦法律修订）

第 157 条　附条件的法律行为

1. 如果当事人将权利和义务的产生系于不知道是否能够来临的情势，则法律行为附延缓条件的法律行为。

2. 如果当事人将权利和义务的终止系于不知道是否能够来临的情势，则法律行为附撤销条件的法律行为。

3. 如果条件成就对其不利的一方当事人恶意阻挠条件的成就，则条件视为已经

成就。

如果条件成就对其有利的一方当事人恶意促成条件成就，则条件视为未成就。

第 157[1] 条　对实施法律行为的同意

（经 2013 年 5 月 7 日第 100 号联邦法律引入）

1. 如果法律或者其他法律文件没有不同规定，则适用本条的规则。

2. 如果依照法律实施法律行为需要第三人的、法人机关的或者国家机关的或者地方自治机关的同意，则第三人或者相应的机关在收到寻求同意的人的请求后在合理的期间内就自己同意或者拒绝同意告知寻求同意的人或者其他利害关系人。

3. 在对实施法律行为的事先同意中，应当确定该同意所针对的实施法律行为的标的。

在事后同意（追认）情况下，应当指明该同意所针对的实施的法律行为。

4. 沉默不视为对实施法律行为的同意，但法律规定的情形除外。

第 158 条　法律行为的形式

1. 法律行为以口头或者（普通的或者公证的）书面形式实施。

2. 可以以口头方式实施的法律行为，在从某人的行为中可以明显推知其实施法律行为的意愿时，视为已经实施。

3. 在法律或者当事人的协议规定的情况下，沉默视为实施法律行为意愿的表达。

第 159 条　口头法律行为

1. 法律或者双方当事人的协议没有对之规定（普通的或者公证的）书面形式的法律行为，可以以口头形式实施。

2. 如果双方当事人的协议没有不同规定，所有在实施法律行为的同时已经被履行的法律行为，均可以口头形式实施，但是对其规定了公证形式的法律行为和不遵守普通书面形式将会导致其无效的法律行为除外。

3. 履行以书面形式缔结的合同的法律行为，可以按照双方当事人的协议，以口头形式实施，但违背法律、其他法律文件和合同的除外。

第 160 条　法律行为的书面形式

1. 书面形式的法律行为应当通过由实施法律行为的一人或者数人或经适当方式授权的数人制作一份表达其内容，并由他们签署的文件的方式实施。

双方（多方）法律行为，可以本法典第 443 条第 2 款和第 3 款规定的方式实施。

法律、其他法律文件和当事人的协议可以规定，法律行为的形式应当符合的额外要求（在特定形式的表格上实施、以盖章的方式实施等），并规定不遵守这些要求的后果。如果没有规定这些后果，则适用不遵守普通书面形式法律行为的后果（第162条第1款）。

2. 在法律、其他法律文件或者当事人协议规定的情况下，并依照其规定的程序，在实施法律行为时必须使用传真复制、借助机械复制或者其他复制设备的签名、电子签名或者亲笔签名的类似物。

（经2011年4月6日第65号联邦法律修订）

3. 如果公民由于身体缺陷、疾病或者不识字而不能亲笔签名，则按照他的请求，可以由其他公民签署法律行为，而其他公民的签名应当经公证人或者其他有权利实施该类公证行为的负责人证明，并指出实施法律行为的人不能亲笔签署法律行为的原因。

在实施本法典第185^1条第3款中指明的授权委托书时，签署授权委托书的人的签名，也可以由该不能亲笔签名的公民在其中工作的组织予以证明，或者其在疗养条件下治疗的医疗组织的管理机关证明。

（经2018年5月23日第116号联邦法律修订）

第161条　以普通书面形式实施的法律行为

1. 除需要公证证明的法律行为外，以下法律行为应当以普通书面形式实施：

1）法人相互之间和法人与公民的法律行为；

2）公民相互之间的数额超过一万卢布的法律行为，而在法律规定的情况下则无论法律行为金额的大小。

（经2013年5月7日第100号联邦法律修订）

2. 对依照本法典第159条可以以口头形式实施的法律行为不需要遵守普通书面形式。

第162条　法律行为不遵守普通书面形式的后果

1. 不遵守法律行为的普通书面形式，则剥夺一方当事人在发生纠纷的情况下援引证人证言以证明法律行为及其条款，但不剥夺其提供书面证据和其他证据的权利。

2. 在法律或者在双方当事人的协议中直接指明的情况下，不遵守法律行为的书面形式将导致法律行为无效。

3. 自2013年9月1日起失效——2013年5月7日第100号联邦法律

第163条　法律行为的公证证明

（经2013年5月7日第100号联邦法律修订）

1. 法律行为的公证证明意味着对法律行为合法性的审查，包括每一方当事人是否拥有实施法律行为的权利，并由公证人或者拥有实施该公证行为权利的人按照公证人和公证活动法规定的程序进行。

（本款经 2013 年 5 月 7 日第 100 号联邦法律修订）

2. 法律行为的公证证明必须：

1）在法律规定的情况下；

2）在双方当事人协议规定的情况下，尽管依照法律对该种法律行为并不要求这种形式。

3. 如果法律行为的公证证明依照本条第 2 款为强制性的，则不遵守法律行为的公证形式将导致其自始无效。

（本款由 2013 年 5 月 7 日第 100 号联邦法律引入）

第 164 条　法律行为的国家登记

（经 2013 年 5 月 7 日第 100 号联邦法律修订）

1. 在法律规定了法律行为的国家登记的情况下，法律行为的法律后果自其进行登记后产生。

2. 规定变更已经登记法律行为条款的法律行为，应当进行国家登记。

第 165 条　逃避法律行为公证证明或者国家登记的后果

（经 2013 年 5 月 7 日第 100 号联邦法律修订）

1. 如果一方当事人完全或部分地履行了要求公证证明的法律行为，而另一方当事人逃避对法律行为的公证证明，则法院按照履行了法律行为的当事人的请求，有权确认法律行为有效。在此情况下，不再需要随后对法律行为的公证证明。

2. 如果要求国家登记的法律行为被以适当的形式实施，但是某一当事人逃避对法律行为进行登记，则法院按照另一方当事人的请求，有权作出法律行为登记的判决。在此情况下，法律行为依照法院的判决进行登记。

3. 在本条第 1 款和第 2 款规定的情况下，无理逃避对法律行为进行公证证明或者国家登记的当事人，应当赔偿由于迟延实施登记法律行为而给另一方当事人造成的损失。

4. 在本条中指明的请求的诉讼时效期限为一年。

第 165^1 条　具有法律意义的通知

（经 2013 年 5 月 7 日第 100 号联邦法律引入）

1. 法律或者法律行为将其与对另一人的民事法律后果相连结的陈述、通告、告知、要求或者其他具有法律意义的通知，在自该类通知送达另一人或者其代理人时对该人产生此类法律后果。

即使在如果通知已经到达被发送的人（收件人）处，但是由于取决于收件人的情势而没有交在他的手里或者收件人没有了解该通知，通知也视为已经送达。

2. 如果法律或者法律行为的条款没有不同规定，或者从习惯或在双方当事人的相互关系中所形成的惯例中不能够得出不同规定，则适用本条第 1 款的规则。

第二节　法律行为无效

第 166 条　可争议法律行为与自始无效法律行为

（经 2013 年 5 月 7 日第 100 号联邦法律修订）

1. 法律行为依据法律规定的理由由法院确认其无效（可争议的法律行为）或者无论是否确认均无效（自始无效的法律行为）。

2. 确认可争议法律行为无效的请求可以由法律行为的当事人或者法律中规定的其他人提出。

可争议法律行为，如果侵犯对法律行为提出争议的人的权利或者受法律保护的利益，包括产生对个人的不利后果，可以被确认为无效。

在依照法律为了第三人的利益而对法律行为提出争议时，如果侵犯第三人的权利或者受法律保护的利益，该法律行为可以被确认为无效。

从其行为中可知其保留法律行为效力意愿的当事人，无权依据该当事人在表明自己的意愿时知道或者应当知道的理由，对法律行为提出争议。

3. 法律行为的当事人，以及在法律规定的情况下的其他人，也有权提出适用自始无效的法律行为无效后果的请求。

如果提出该请求的人对确认该法律行为无效具有受法律保护的利益，则独立于适用法律行为无效的后果，可以满足确认法律行为自始无效的请求。

4. 如果为保护公共利益和在其他法律规定的情况下所必要时，法院有权依照自己的职权适用自始无效法律行为无效的后果。

5. 如果援引法律行为无效的人恶意行为，特别是如果他的行为在缔结法律行为之后，给予他人信任法律行为有效的理由，则关于法律行为无效的陈述不具有法律意义。

第 167 条　关于法律行为无效后果的一般规定

1. 无效法律行为不产生法律后果，但与法律行为的无效性相关的后果除外，并且自其实施之时起无效。

知道或者应当知道可争议法律行为无效的理由的人，在确认该法律行为无效后，不得被视为善意行事的人。

（本段经 2013 年 5 月 7 日第 100 号联邦法律引入）

2. 在法律行为无效的情况下，任何一方当事人均有义务将依据法律行为的全部所得返还给另一方当事人，而在不可能实物返还所得（包括所得体现为对财产的使用、完成的工作或者提供的服务时）的情况下赔偿其价值，但法律规定了法律行为无效的其他的后果除外。

（经 2013 年 5 月 7 日第 100 号联邦法律修订）

3. 如果从可争议法律行为的本质中得出，法律行为只是面向将来终止，则法院在确认法律行为无效的同时，终止法律行为对于未来的效力。

（经 2013 年 5 月 7 日第 100 号联邦法律修订）

4. 如果法律行为无效后果的适用将会违背法律秩序的基础或者道德，则法院有权不适用法律行为无效的后果（本条第 2 款）。

（本款经 2013 年 5 月 7 日第 100 号联邦法律引入）

第 168 条　违反法律或者其他法律文件的要求的法律行为无效

（经 2013 年 5 月 7 日第 100 号联邦法律修订）

1. 除本条第 2 款或者其他法律规定的情形外，违反法律或者其他法律文件的要求的法律行为为可争议的法律行为，但从法律中可以得出，应当适用与法律行为无效无关的违反行为的其他后果的除外。

2. 违反法律或者其他法律文件的要求，并且在此情况下侵扰公共利益或者第三人的权利和受法律保护的利益的法律行为自始无效，但从法律中可以得出，该法律行为为可争议的法律行为，或者应当适用与法律行为无效无关的违反行为的其他后果的除外。

第 169 条　以违背法律秩序的基础或者道德的目的所实施的法律行为无效

（经 2013 年 5 月 7 日第 100 号联邦法律修订）

以明显违背法律秩序的基础或者道德的目的所实施的法律行为自始无效，并且产生本法典第 167 条规定的后果。在法律规定的情况下，法院可以将故意行为的当事人依照该法律行为的全部所得追缴作为俄罗斯联邦的收入，或者适用法律规定的其他后果。

第 170 条　虚构法律行为和伪装法律行为无效

1. 虚构的法律行为，就是只是表面上实施并无创设与之相符的法律后果的意图的法律行为，自始无效。

2. 伪装法律行为，就是意图掩盖包括在不同条件下的法律行为在内的其他法律行为而实施的法律行为，自始无效。对双方当事人真实所指的法律行为，考虑法律行为的本质和内容，适用其所属的规则。

（本款经 2013 年 5 月 7 日第 100 号联邦法律修订）

第 171 条　被确认为无行为能力公民所实施法律行为无效

1. 由于精神障碍被确认为无行为能力公民所实施的法律行为，自始无效。

该法律行为的每一方当事人均有义务将全部所得实物返还给另一方当事人，而在不可能实物返还的情况下赔偿其价值。

（经 2013 年 5 月 7 日第 100 号联邦法律修订）

如果完全行为能力当事人知道或应当知道另一方当事人为无行为能力，则完全行为能力当事人有义务在此之外赔偿另一方当事人所遭受的实际损失。

2. 为了由于精神障碍而被确认为无行为能力公民的利益，如果法律行为是为了该公民的利益而实施的，则他们所实施的法律行为，可以按照监护人的请求，由法院确认为有效。

第 172 条　未满十四周岁的未成年人实施的法律行为无效

1. 未满十四周岁的未成年人（幼年人）所实施的法律行为，自始无效。本法典第 171 条第 1 款第 2 段和第 3 段规定的规则适用于该法律行为。

2. 如果法律行为是为了幼年人的利益而实施的，为了幼年人的利益，则他们所实施的法律行为，可以依照其父母、收养人或者监护人的请求，由法院确认为无效。

3. 本条的规则不适用于幼年人有权独立实施的微小日常法律行为和依照本法典第 28 条有权独立实施的其他法律行为。

第 173 条　法人违背其活动目的而实施的法律行为无效

（经 2013 年 5 月 7 日第 100 号联邦法律修订）

法人违背其设立文件中确定限制的活动目的而实施的法律行为，如果已经证明法律行为的另一方当事人知道或者应当知道该限制的，可以依照该法人、其设立人（参加者）或者为其利益而设定限制的其他人的起诉，由法院确认为无效。

第 173[1] 条　没有依法取得必须的第三人、法人的机关或者国家机关或地方自治机关的同意而实施的法律行为无效

（经 2013 年 5 月 7 日第 100 号联邦法律引入）

1. 没有取得法律规定必须取得第三人的、法人的机关或者国家机关或地方自治机关的同意而实施的法律行为，如果法律中不能得出它自始无效或者在缺乏该同意时会产生对有权给予同意的人的法律后果，则为可争议的法律行为。该法律行为可以按照该人或者法律中规定的其他人的起诉确认为无效。

法律或者在法律规定的情况下与其同意对实施法律行为为必要的人的协议可以规定，缺乏对所实施法律行为的同意的与无效不同的其他后果。

2. 在法律没有不同规定的情况下，缺乏依照法律所必要的第三人、法人的机关或者国家机关或地方自治机关的同意而实施的可争议法律行为，如果证明知道或者应当知道在实施法律行为时缺乏必要的该人或者该机关的同意，可以被确认为无效。

3. 已经给予依照法律所必要的对实施可争议法律行为的同意的人，无权依照该人在表达同意时知道或者应当知道的理由，对法律行为提出争议。

第 174 条　代理人或者法人的机关违反行使权限的条件或者被代理人的利益或者法人的利益的后果

（经 2013 年 5 月 7 日第 100 号联邦法律修订）

1. 如果一个人实施法律行为的权限由合同或者法人分支机构或代表处的条例所限制，以及以法人名义无须委托授权书行为的法人机关的权限与在委托授权书在法律中或者与他们在实施法律行为的情形中明显可见被法人的设立文件或者调整法人活动的其他文件限制，在实施法律行为时该人或者该机关超出了这些限制，则法律行为只能在证明法律行为的另一方当事人知道或者应当知道这些限制的情况下由法院依据为其利益而设定限制的人的起诉而确认为无效。

2. 代理人或者以法人名义无须授权委托书行事的法人的机关，所实施的损害被代理人利益或者法人的利益的法律行为，可以由法院依据被代理人的起诉或者法人的起诉确认为无效，在法律规定的情况下也可以依照为其利益而被代理的其他人或者其他机关的起诉而确认为无效，如果法律行为的另一方当事人知道或者应当知道给被代理人或者法人造成明显的损害，或者存在证明代理人或者法人机关与法律行为的另一方当事人存在事先串通或者损害被代理人的利益或法人的利益的其他共同行为的情节。

第 174[1] 条　对禁止或者限制处分财产所实施的法律行为的后果

（经 2013 年 5 月 7 日第 100 号联邦法律引入）

1. 违反法律的特别是资不抵债（破产）立法的财产处分禁令或者限制而实施的法律行为，在法律行为规定对该财产的处分（第 180 条）的部分自始无效。

2. 违背依照司法程序或者其他法定程序为债权人或者其他权利人的利益，而对债务人财产施加的处分禁止而实施的法律行为，不妨碍实现前述债权人或者其他权利人由禁令所保障的权利，但如果财产的取得者不知道也不应当知道禁令的情形除外。

第 175 条　已满十四周岁未满十八周岁的未成年人实施的法律行为无效

1. 已满十四周岁未满十八周岁的未成年人，在依照本法典第 26 条需要取得同意而未经其父母、收养人或者保佐人同意所实施的法律行为，可以由法院依据父母、收养人或者保佐人的起诉确认为无效。

如果该法律行为被确认为无效，则相应地适用本法典第 171 条第 1 款第 2 段和第 3 段规定的规则。

2. 本条的规则不适用于已经具有完全行为能力的未成年人的法律行为。

第 176 条　被法院限制行为能力的公民所实施的法律行为无效

1. 由法院限制其行为能力的公民（第 30 条），未经保佐人的同意而实施的财产处分法律行为，可以依照保证人的起诉由法院确认为无效。

（经 2013 年 5 月 7 日第 100 号联邦法律修订）

如果该法律行为被确认为无效，则相应地适用本法典第 171 条第 1 款第 2 段和第 3 段规定的规则。

2. 本条的规则不适用于被限制行为能力的公民，依照本法典第 30 条有权独立实施的法律行为。

（经 2013 年 5 月 7 日第 100 号联邦法律修订）

第 177 条　不能认识自己行为的意义或者控制自己行为的公民所实施的法律行为无效

1. 尽管是具有完全行为能力，但是在实施法律行为时处于不能理解自己行为的意义或者控制自己行为状态的公民所实施的法律行为，可以依照该公民或者其权利或受法律保护的利益被所实施的法律行为所侵害的其他人的起诉，由法院确认为无效。

2. 后来被确认为无行为能力的公民实施的法律行为，如果证明在实施法律行为时公民没有能力理解自己行为的意义或者控制自己的行为，可以由法院依据其监护人的起诉被确认为无效。

后来由于精神障碍被限制行为能力的公民所实施的法律行为，如果证明在实施法律行为时公民没有能力理解自己行为的意义或者控制自己的行为，而法律行为的另一方当事人知道或者应当知道这一点，则可以依照其保佐人的起诉，由法院确认为无效。

（本段由 2013 年 5 月 7 日第 100 号联邦法律引入）

3. 如果法律行为被依据本条确认为无效，相应地适用本法典第 171 条第 1 款第 2 段和第 3 段规定的规则。

第 178 条　在重大误解影响下所实施法律行为之无效

（经 2013 年 5 月 7 日第 100 号联邦法律引入）

1. 如果误解是实质性的，以至于假如该当事人知道事物的真实状况，在合理和客观地评估情势后，不会实施该法律行为，则在误解影响下所实施的法律行为，可以依照在误解影响下实施法律行为下行为的当事人的起诉由法院确认为无效。

2. 在存在本条第 1 款规定的条件下，特别是在以下情况下误解被推定为足够实质性的：

（1）当事人所犯的明显的保留、偏离、打印错误等；

（2）当事人对法律行为的标的，特别是其在流转中被视为实质性的品质的误解；

（3）当事人对法律行为本质的误解；

（4）当事人对与之进入法律行为的人，或者与法律行为有关的人的误解；

（5）当事人对他在自己的意思表示中所提到的或者他明显以之作为实施法律行为时的出发点的情势的误解。

3. 对法律行为动机的误解，对确认法律行为无效而言，并非足够实质性的。

4. 如果另一方当事人表达了以在受误解影响行事的一方当事人作为出发点的条件下保留法律行为的效力的同意，则法律行为不得依据本条规定的理由确认为无效。在此情况下，法院在拒绝确认法律行为无效的同时，在自己的判决中指明法律行为的这些条件。

5. 如果法律行为的一方当事人在其影响下行为的误解，不能够被以通常审慎行事的人考虑法律行为的内容、所伴随的情况以及当事人的特殊性而认可的话，则法院可以拒绝确认法律行为无效。

6. 如果法律行为被作为在误解影响下所实施的而确认为无效，则对之适用本法典第 167 条规定的规则。

依照其起诉法律行为被确认为无效的当事人，有义务向另一方当事人赔偿由此而造成的实际损害，但当另一方当事人知道，或者应当知道存在误解，包括如果误解是由于取决于他的原因情况而产生的情形除外。

依照其起诉法律行为被确认为无效的当事人，如果证明误解是由于另一方当事人应负责的情况而产生的，则有权要求另一方当事人赔偿给他造成的损失。

第 179 条　在欺诈、暴力、胁迫或者其他不利情况影响下所实施的法律行为无效

（经 2013 年 5 月 7 日第 100 号联邦法律修订）

1. 在暴力或者胁迫影响下实施的法律行为，可以依照受害方的起诉，由法院确认为无效。

2. 在欺诈影响下所实施的法律行为，可以依照受害方的起诉，由法院确认为无效。

一个人对在流转条件所要求的善意的情况下应当告知的情况故意沉默也构成欺诈。

在第三人欺诈影响下受害人所实施的法律行为，可以依照受害人的起诉确认为无效，其条件为另一方当事人或者单方法律行为指向的人，知道或者应当知道存在欺诈。特别是在欺诈中有过错的第三人是一方当事人的代理人或者工作人员，或者促成了法律行为的实施，则推定该当事人知道存在欺诈。

3. 一个人由于严重情况的结合被另一方当事人利用被迫在极端不利条件下所实施的法律行为（显失公平的法律行为），可以依据受害方的起诉由法院确认为无效。

4. 如果法律行为被依据本条第 1~3 款规定的理由之一，被确认为无效，则适用本法典第 167 条规定的法律行为无效的后果。除此之外，给受害人造成的损失，由另一方当事人赔偿。法律行为标的意外损毁的风险，由法律行为的另一方当事人承担。

第 180 条　法律行为部分无效的后果

法律行为部分无效，如果能够假定法律行为即使在不纳入无效部分也可实施，则不导致其余部分无效。

第 181 条　无效法律行为的诉讼时效期限

（经 2005 年 7 月 21 日第 109 号联邦法律修订）

1. 请求适用自始无效法律行为无效的后果和请求确认该法律行为无效（第 166 条第 3 款）的诉讼时效期限为三年。前述请求的诉讼时效期间的计算从自始无效法律行为的开始履行之日起计算，而在非为法律行为当事方的人提起诉讼的情况下，自其该人知道或者应当知道法律行为开始履行之日起计算。在此情况下，诉讼时效的期间，对不是法律行为当事方的人而言，在任何情况下都不得超过自法律行为开始履行之日起十年。

（本款经 2013 年 5 月 7 日第 100 号联邦法律修订）

2. 请求确认可争议法律行为无效，并适用其无效的后果的诉讼时效期间为一年。前述请求的诉讼时效期间，在法律行为是由于暴力或者胁迫的影响下而实施（第 179 条第 1 款）时，自暴力或者胁迫终止之日起计算，或者自原告知道或者应当知道构成确认法律行为无效的理由的其他情况之日起计算。

第 9^1 章　大会决定

（经 2013 年 5 月 7 日第 100 号联邦法律引入）

第 181^1 条　基本规定

1. 如果法律或者依照法律规定的程序没有不同规定，则适用本章规定的规则。

2. 法律将民事法律后果与之相连的大会决定，对所有拥有对该大会的参与权的人（法人的参加者、所有权人、破产时的债权人和民法团体的其他参加者）以及对法律规定的或者从关系的本质中所可知的其他人，产生大会决定所指向的法律后果。

第 181^2 条　作出大会决定

1. 如果大会参加者的大多数投票赞成，并且在此情况下有不少于相应民法团体参加者总人数之百分之五十的人参加了大会，则认为大会决定已经通过。

大会决定可以通过缺席投票的方式通过。

2. 在大会日程表上存在多个问题的情况下，就每一个问题作出单独的决定，但大会参加者一致同意所规定的不同规定除外。

3. 关于通过大会决定做成书面备忘录。备忘录由主持大会的人和大会秘书签署。

4. 在关于在场投票结果的备忘录中应当指明：

（1）大会举行的日期、时间和地点；

（2）参与大会的人的信息；

（3）就日程表上的每一个问题的投票结果；

（4）计票人的信息；

（5）关于投票反对通过大会决定并要求就此载入备忘录的人的信息。

5. 在缺席投票结果的备忘录中应当指明：

（1）包含民法团体成员投票信息的文件通过之前的日期；

（2）参与投票的人的信息；

（3）就日程表上的每一个问题投票的结果；

（4）计票人的信息；

（5）签署备忘录的人的信息。

第 181^3 条　大会决定之无效

1. 大会决定依照本法典或者其他法律规定的理由，按照法院对其无效的确认（可争议决定）或者无须给予确认（自始无效决定）而无效。

无效的大会决定，如果不能从法律中得知决定自始无效，则可以被争议。

2. 如果大会决定已经公布，则关于法院确认大会决定无效的通知，应当依据法院判决，由依照诉讼立法承担诉讼费用的人承担费用，在同一出版物上通知。如果关于大会决定的信息已经载入登记簿，关于确认大会决定无效的司法文书的信息也应当载入相应的登记簿。

第 181^4 条　大会决定的可争议性

1. 大会决定可以由法院在违反法律的要求，包括在以下情况下确认为无效：

（1）实质性地影响了大会参加者的意思表示的违反召集、准备和大会进行的程序；

（2）以大会参加者名义出席的人缺乏权限；

（3）在大会进行时违反大会参加者权利平等；

（4）实质性地违反备忘录的制作规则，包括书面形式的备忘录规则（第 181^2 条第 3 款）。

2. 大会的决定，在法院作出判决之前得到了按照规定程序通过的下一次大会决定的批准，则不得由法院依据与违反作出决定的程序有关的理由确认为无效。

3. 没有参与大会或者投票反对作出被争议决定的相应的民法团体的参加者，有权在法院对大会的决定提出争议。

投票赞成作出决定或者投了弃权票的大会参加者，如果其意思表示在投票时被侵犯，有权在法院对大会决定提出争议。

4. 如果其权利被争议的决定所涉及的人的投票不可能影响决定的通过，而且大会的决定也不对该人产生实质性的不利后果，则大会的决定不得由法院确认为无效。

5. 大会的决定，可以在其权利被所通过的决定侵犯的人知道或者应当知道这一点之日起六个月内，但不得迟于自作出决定的信息成为相应民法团体参加者一般可获取的信息之日起两年内在法院被提出争议。

6. 对大会决定提出争议的人，应当书面及时通知相应民法团体的参加者关于向法院提起诉讼的意图，并向他们提供对案件有关的其他信息。没有依照诉讼立法规定的程序附和该诉讼的，包括拥有对该决定提出争议的其他理由的相应民法团体的参加者，之后无权向法院提出对争议该决定的请求，但法院认为该起诉的原因值得尊重的除外。

7. 由法院确认无效的可争议的大会决定，自其通过之时起无效。

第 181^5 条　大会决定的自始无效

如果法律没有不同规定，在以下情况下大会决定自始无效：

（1）对没有列入日程表的问题的通过，但相应民法团体的全部参加者参与了大会的情形除外；

（2）缺乏必要的法定人数而通过；

（3）就不属于大会职责的问题而通过的；

（4）违背法律秩序的基础或者道德。

第十章　代理和委托授权书

第 182 条　代理

1. 一个人（代理人）以他人（被代理人）的名义，依照基于委托授权书的权限、法律的指示或者被授权的国家机关或者地方自治机关的文件，直接为被代理人创设、变更和终止民事权利与义务。

权限也可以从代理人行为的场景（零售店的售货员、收银员等）中表现出来。

2. 尽管也为他人的利益但以自己名义行为的人，只是将他人的以适当形式表达的意愿转达的人，以及被授权就将来可能的法律行为进行谈判的人，不是他人的代理人。

（经 2013 年 5 月 7 日第 100 号联邦法律修订）

3. 代理人不得以被代理人的名义与自己实施法律行为，也不得与他同时作为代理人的其他人实施法律行为，但法律规定的情形除外。

违反本款第 1 段中规定的规则，并且没有被代理人同意而实施的法律行为，如果该法律行为侵犯了被代理人的利益，可以由法院依据被代理人的起诉确认为无效。如果没有相反证明，则推定侵犯了被代理人的利益。

（本款经 2013 年 5 月 7 日第 100 号联邦法律修订）

4. 就其本质只能亲自实施的法律行为，以及法律规定的其他法律行为不允许通过代理人实施。

第 183 条　没有被授权的人缔结的法律行为

在缺乏以他人名义行为的权限或者在超出该类权限的情况下，法律行为在后来也没有被他人（被代理人）追认，则视为实施法律行为的人以自己名义和为自己利益而缔结的。

在被代理人追认法律行为之前，另一方当事人有权通过向实施法律行为的人，或者向被代理人提出请求的方式，单方放弃该法律行为，但在实施法律行为时他已经知道或者应当知道实施法律行为的人缺乏权限或者超出权限的情形除外。

（本款经 2013 年 5 月 7 日第 100 号联邦法律修订）

2. 被代理人对法律行为的事后追认自该法律行为实施之时起对被代理人产生、变更和终止依据该法律行为的民事权利和义务。

3. 如果被代理人拒绝追认法律行为或者答复提交给被代理人的追认该法律行为

的建议没有在合理的期限内收到，则另一方当事人有权要求没有被授权的实施法律行为的人履行法律行为，或者有权按照单方程序放弃法律行为，并要求该人赔偿损失，在实施法律行为时，另一方当事人知道或者应当知道缺乏权限或者超越权限的，则损失不应当赔偿。

（本款经 2013 年 5 月 7 日第 100 号联邦法律引入）

第 184 条　商事代理

（经 2013 年 5 月 7 日第 100 号联邦法律修订）

1. 经常性地并且独立地以经营者的名义在他们缔结经营活动领域中的合同时进行代理的人，为商事代理人。

2. 经当事人同意以及在法律规定的情况下，允许同时作为不同当事人的商事代理人。如果商事代理人是在有组织的拍卖会上活动，则如果没有相反证据，即推定被代理人同意该代理人同时作为其他当事人或者其他多个当事人的代理人。

3. 在某些经营活动领域中商事代理的特殊性，由法律和其他法律文件规定。

第 185 条　委托授权书的一般规定

（经 2013 年 5 月 7 日第 100 号联邦法律修订）

1. 由一个人发给另一个人或者多个人的为了在第三人面前从事代理活动的书面授权，为委托授权书。

2. 以幼年人的名义（第 28 条）和无行为能力公民的名义（第 29 条）的委托授权书，由其法定代理人发给。

3. 对由代理人实施法律行为的书面授权，可以由被代理人直接提交给相应的第三人，第三人有权查明被代理人的身份并就此在证明代理人权限的文件上签注。

由代理人取得公民在银行的存款、将货币资金存入储蓄账户、实施银行账户业务，包括从其银行账户上提取资金，以及在通信组织取得发给公民的信件的书面授权，可以由被代理人发给银行或者通信组织。

4. 本法典关于授权委托书的规则也适用于代理人的权限包含在合同中的情形，包括在代理人和被代理人之间的合同、被代理人和第三人之间的合同，以及在大会决定中，但法律有不同规定或者违背关系的本质者除外。

5. 在向数个代理人发出委托授权书的情况下，在委托授权书中没有规定代理人的共同代理权限，则每一委托代理人均拥有授权委托书中指明的权限。

6. 本条的规则相应地也适用于委托授权书发给共同的数人的情形。

第185[1]条　委托授权书的证明

（经2013年5月7日第100号联邦法律引入）

1. 对实施需要公证形式的法律行为的委托授权书，提交对权利或者法律行为进行国家登记申请的委托授权书，以及对处分在国家登记簿中登记的权利的委托授权书，应当经公证证明，但法律规定的情形除外。

2. 与公证证明的委托授权书等同：

（1）处在医院、疗养院和其他军事医疗机构治疗的军事服役人员和其他人员经该机构的长官、负责医疗部门的副职证明的委托授权书，而在他们都缺位的情况下，由主治医生或者值班医生证明的委托授权书；

（2）在部队、连队、机构和军校部署地点，没有公证事务所和其他能够实施公证行为的机构的，则军事服役人员以及工作人员、工作人员的家庭成员和军事服役人员的家庭成员经该部队、连队、机构或者学校的司令官（长官）证明的授权委托书；

（3）处在被剥夺自由地点的人经相应剥夺自由地点的负责人证明的委托授权书；

（4）生活在固定的社会服务组织中的具有完全行为能力的成年公民由该组织的管理当局，或者相应的居民社会服务机关的负责人（其副职）证明的委托授权书。

（第4次款经2017年3月28日第39号联邦法律修订）

3. 领取工资或其他与劳动关系有关的给付，取得作者和发明者报酬、退休金、补助金和奖金以及取得除了重要的邮件外的邮件的委托授权书，可以由委托人工作或者学习的组织予以证明，以及在其住院接受治疗的医疗机构的管理当局予以证明。

4. 以法人名义发给的委托授权书，由其负责人或者依照法律和设立文件被授权的其他人签名。

第186条　委托授权书的期限

1. 在委托授权书中没有指明其效力期限，则自委托授权书实施之日起一年内有效。

（经2013年5月7日第100号联邦法律修订）

其中没有指明实施日期的委托授权书自始无效。

2. 经公证人证明的用于在境外实施行为并且没有包含其效力期限的指示的委托授权书，在颁发委托授权书的人撤销委托授权书之前保持效力。

第187条　转委托

（经2013年5月7日第100号联邦法律修订。）

1. 被发给委托授权书的人，应当亲自实施他被授权的那些行为。如果委托授权书就此做了授权，以及如果为保护发出委托授权书的人的利益的情势所迫，而且委托授权书也不禁止转委托的，则该人可以将被授权实施的行为转授他人实施。

2. 将权限转授他人的人，应当在合理期限内就此告知发出委托授权书的人，并向其报告关于权限所转授的人的必要信息。不履行该义务，将导致转授权限的人将其所转受权限的人的行为作为自己的行为承担责任。

3. 依照转委托程序发出的委托授权书，应当经公证证明。

对依照转委托程序所发出的委托授权书的公证证明规则，不适用于法人、法人的分支机构和代表处的负责人依照转委托程序所发出的委托授权书。

4. 依照转委托程序所发出的委托授权书的效力期限，不得超过所依据的委托授权书的效力期限。

5. 在本法典第 185[1] 条第 3 款规定的情况下，不允许转委托。

6. 如果委托授权书中没有其他规定，或者法律没有不同规定，将权限依照转委托程序转授予他人的代理人不丧失相应的权限。

7. 在最初的委托授权书中没有不同规定，或者法律没有不同规定，由于转委托而取得权限的人，不得将这些权限转授予他人 [再转委托（последующее передоверие）]。

第 188 条 委托授权书的终止

1. 委托授权书的效力，在以下情况下终止：

（1）委托授权书的期限届满；

（2）发出委托授权书的人，或者共同发出委托授权书的数人之一，撤销委托授权书，在此情况下，委托授权书的撤销以与委托授权书的发出相同的方式，或者以公证形式实施；

（经 2016 年 7 月 3 日第 332 号联邦法律修订）

（3）被发给委托授权书的人放弃权限；

（4）委托授权书发出或者发给的法人终止，包括由于新设分立、新设合并或者吸收合并入其他法人而终止；

（5）发出委托授权书的公民死亡、被确认为无行为能力、限制行为能力或者失踪人；

（6）被发给委托授权书的公民死亡、被确认为无行为能力、限制行为能力或者失踪的人；

（7）对被代理人或者代理人实施破产程序，在该程序下相应的人员丧失独立发出委托授权书的权利。

（本款经 2013 年 5 月 7 日第 100 号联邦法律修订）

2. 被发给委托授权书的人可以在任何时候放弃权限，而发出委托授权书的人可以撤销委托委托授权书或者转委托，但本法典第 188^{1} 条规定的情形除外。放弃该权利的协议自始无效。

（本款经 2013 年 5 月 7 日第 100 号联邦法律修订）

3. 转委托随着委托授权书效力的终止而丧失效力。

第 188^{1} 条　不可撤销的委托授权书

（经 2013 年 5 月 7 日第 100 号联邦法律引入）

1. 为了履行或者担保履行被代理人对代理人的或者代理人以其名义或为其利益而行事的人与经营活动有关的债，被代理人可以在发给代理人的委托授权书中指明，该委托授权书不得在其效力期限届满前撤销，或者只能在委托授权书中规定的情况下撤销（不可撤销的委托授权书）。

该委托授权书，在任何情况下，可以在委托授权书为其履行或担保履行而发出的该债终止之后，和在代理人滥用自己权限的情况下以及存在明显的证明可能进行该滥用的情节的情况下在任何时候予以撤销。

2. 不可撤销的委托授权书，应当经公证证明，并且包含直接的对依照本条第 1 款限制其撤销可能性的指示。

3. 如果委托授权书中没有不同规定的话，则被发给不可撤销委托授权书的人不得将授权他实施的行为转授予他人。

第 189 条　委托授权书终止的后果

1. 发出并在后来撤销委托授权书的人，有义务就撤销通知其所发给委托授权书的人，以及其所知道的委托授权书之颁发用以在其面前从事代理活动的第三人 . 该义务，在委托授权书依据本法典第 188 条第 1 款第 4 次款和第 5 次款规定的理由而终止的情况下，也由发出委托授权书的人的权利承继人承担。

（经 2013 年 5 月 7 日第 100 号联邦法律修订）

以公证形式实施的撤销委托授权书的信息，由公证人按照公证立法规定的程序，载入其以电子形式办理的公证行为登记簿。前述信息由联邦公证人公会，通过电子通讯信息网络“互联网”提供给不限定范围的人。

（经 2016 年 7 月 3 日第 332 号联邦法律修订）

以普通书面形式实施的撤销委托授权书的信息，可以在公布破产信息的官方出版物上公布。在此情况下，在撤销委托授权书的申请上的签名，应当经公证证明。

（本段经 2016 年 7 月 3 日第 332 号联邦法律引入）

如果第三人没有被提前告知委托授权书的撤销，则自关于撤销委托授权书的信息载入公证行为登记簿后下一日起，视为被告知以公证形式实施的撤销委托授权书，而以普通书面的形式实施的委托授权书撤销，则自在公布破产信息的官方出版物上公布该信息之日起一个月届满后，被视为告知以普通书面形式实施的委托授权书撤销。

（本段经 2016 年 7 月 3 日第 332 号联邦法律引入）

2. 如果向第三人出示了其所不知道也不应当知道已经终止的委托授权书，则由于其权限被终止的人的行为而取得的权利和义务，对被代理人以及其权利承继人，保留效力。

（本款经 2013 年 5 月 7 日第 100 号联邦法律引入）

3. 在委托授权书效力终止时，委托授权书所被发给的人，或者其权利承继人，有义务立即返还委托授权书。

第五分编　期限、诉讼时效

第十一章　期限的计算

第 190 条　期限的确定

法律、其他法律文件、法律行为规定的或者法院指定的期限，以公历日期，或者以年、月、周、日或小时计算的期间确定。

期限，也可以指明应当必然到来的事件的方式确定。

第 191 条　以一期间确定的期限的开始

以期间确定的期限的起算，自公历日期或者用以确定期限开始的事件到来后下一日开始。

第 192 条　以期间确定的期限的届满

1. 以年计算的期限，在期限的最后一年相应的月和日届满。

对以半年确定的期限，适用以月计算的期限的规则。

2. 对以季度确定的期限，适用以月计算的期限的规则。在此情况下，季度被视为等同于三个月，而季度的计算从一年的年初开始。

3. 以月计算的期限，在期限最后一个月的相应日期届满。

以半月计算的期限，视同以日计算的期限，等同于十五天，

如果以月计算的期限届满，恰逢该月中没有相应的日期，则期限在该月最后一日届满。

4. 以周计算的期限，在期限的最后一周的相应日期届满。

第 193 条　在非工作日期限的届满

如果期限的最后一日恰逢非工作日，则期限的届满日为该非工作日后最近的下一个工作日。

第 194 条　在期限最后一日实施行为的程序

1. 如果为实施某行为设定了期限，则该行为可以在期限最后一日二十四点前完成。

但是如果该行为应当在组织中实施，则期限在该组织依照规定的规则终止相应业务的时点终结。

2. 在最后一日二十四点之前，向通讯组织提交的书面申请和通知，视为在期限内完成。

第十二章　诉讼时效

第 195 条　诉讼时效的概念

为依照其权利被侵犯的人的诉讼保护权利的期限，为诉讼时效。

第 196 条　一般诉讼时效期限

（2013 年 5 月 7 日第 100 号联邦法律修订）

1. 普通诉讼时效期限为自依照本法典第 200 条确定的日期之日起三年。

2. 诉讼时效期限不得超过自为其设立该期限的权利被侵犯之日起十年，但 2006 年 3 月 6 日第 35 号联邦法律《反恐法》规定的情形除外。

（本款经 2013 年 11 月 2 日第 302 号联邦法律修订）

第 197 条　特别诉讼时效期限

1. 法律可以对某些种类的请求规定，与普通期限相比，缩短的或者更长的特别诉讼时效期限。

2. 如果法律没有不同规定，则第 195 条、第 196 条第 2 款和第 198-207 条的规则，也适用于特别时效期限。

（经 2013 年 5 月 7 日第 100 号联邦法律修订）

第 198 条　变更诉讼时效期限的协议无效

诉讼时效的期限，以及其计算方式，不得由当事人协议变更。

终止和中断诉讼时效起算的理由，由本法典和其他法律规定。

第 199 条　诉讼时效的适用

1. 无论诉讼时效期限是否届满，保护被侵犯权利的请求，由法院受理审查。

2. 诉讼时效，只能由法院依据纠纷当事人在法院判决作出之前提交的申请适用。

纠纷当事人申请适用的诉讼时效期间届满，构成法院作出拒绝诉讼的判决的依据。

3. 不允许旨在行使其诉讼时效期限届满的权利的单方法律行为（抵消、直接扣划资金、依照非司法程序对抵押财产提出追索等）。

（本款经 2013 年 5 月 7 日第 100 号联邦法律引入）

第 200 条　诉讼时效期限的起算

（经 2013 年 5 月 7 日第 100 号联邦法律修订）

1. 如果法律没有不同规定，则诉讼时效的起算自该人知道或者应当知道自己的权利被侵犯，以及谁为保护该权利之诉的适格被告之日起计算。

2. 具有确定履行期限之债在的诉讼时效期限的起算，自履行期限届满时开始。

对其履行期限没有规定，或者以提出请求的时点确定之债的诉讼时效起算，自债权人提出债务履行的请求之日起计算，如果债务人被赋予了该请求履行的期限，则诉讼时效期限的起算自被赋予履行该请求的期限届满时开始。在此情况下，诉讼时效期限在任何情况下不得超过自债产生之日起十年。

3. 追偿之债的诉讼时效起算，自主债务履行之日起开始。

第 201 条　债之主体变更时的诉讼时效期限

债之主体变更，不导致诉讼时效期限以及其计算方式的变更。

第 202 条　诉讼时效期限计算的中止

（经 2013 年 5 月 7 日第 100 号联邦法律修订）

1. 诉讼时效期限的计算中止：

（1）如果非常的和在此类条件下不可预防的情节 [不可抗力（непреодолимая сила）] 阻碍了诉讼的提起；

（2）如果原告或者被告，处在进入军事状态的俄罗斯联邦武装力量的构成之中；

（3）依照俄罗斯联邦政府依据法律规定的债务延期履行 [政府延期偿付禁令（мораторий）]；

（4）由于中止调整相应关系的法律或者其他法律文件的效力。

2. 在诉讼时效期限最后六个月内，如果该期限等于或者小于六个月，则在诉讼时效期限内，本条第 1 款规定的情形产生或者持续存在的条件下，诉讼时效期限中止。

3. 如果当事人依照非司法方式寻求法律规定的纠纷解决程序（和解程序、调解、行政程序等），则诉讼时效的期限，在法律为进行该程序所规定的期限内，而在缺乏该期限的情况下，在自相应的程序开始之日起六个月内中止。

4. 自作为诉讼时效期限起算中止事由的情节终止之日起，诉讼时效期限的起算继续进行。诉讼时效期限的剩余部分，如果少于六个月，则延长至六个月，如果诉讼时效期限等于六个月或者少于六个月，则延长至诉讼时效期限。

第 203 条　诉讼时效期限起算的中断

诉讼时效期限的起算，因义务人所实施的证明承认债务的行为而中断。

（经 2013 年 5 月 7 日第 100 号联邦法律修订）

中断之后，诉讼时效期限的起算，重新开始；在中断之前，已经经过的时间，不计入新的期限。

第 204 条　在依照司法程序保护被侵犯的权利时诉讼时效期限的起算

（经 2013 年 5 月 7 日第 100 号联邦法律修订）

1. 自按照规定程序，向法院提出保护被侵犯的权利之日起，在整个对被侵犯的权利进行司法保护的时间内，诉讼时效的期限，不开始起算。

2. 在法院不予受理诉讼的情况下，如果从作为终止对权利进行司法保护的理由中不能得出其他规定的，则在诉讼提起之前已经开始的诉讼时效期限的起算，按照一般程序继续进行。

如果法院不予受理在刑事案件中提起的诉讼，则在诉讼提起之前已经开始的诉讼时效期限的起算，在决定不予受理诉讼的刑事判决生效之前中止。

3. 如果诉讼不予受理之后，诉讼时效期限没有届满的部分少于六个月，则延长至六个月，但如果原告的行为（不作为）构成不予受理诉讼的理由的情形除外。

第 205 条　恢复诉讼时效期限

在法院认为与原告人身有关的情形（严重疾病、无助状态、文盲等）导致诉讼时效期限经过的理由值得尊敬的个别情况下，被侵犯的公民权利应当保护。诉讼时效期限经过的原因，如果它们在时效期限的最后六个月内发生，以及如果该期限等于六个月或者少于六个月，是在时效期限内所发生的，即被承认为值得尊重。

第 206 条　诉讼时效期限届满后履行义务

1. 在诉讼时效期限届满后履行了义务的，债务人或者其他义务人，无权要求返还履行，即使在履行时，他们不知道时效已经届满。

2. 如果诉讼时效期限届满后，债务人或者其他义务人以书面形式承认了自己的债务，则诉讼时效的起算重新开始。

（本款经 2015 年 3 月 8 日第 42 号联邦法律引入）

第 207 条　诉讼时效适用于从请求

（经 2013 年 5 月 7 日第 100 号联邦法律修订）

1. 主请求诉讼时效期限届满，视为从请求（利息、违约金、抵押、保证等），包括在主请求诉讼时效期限届满后产生的从请求诉讼时效期限也届满。

2. 在提出对主请求的执行文件的履行期限经过的情况下，从请求的诉讼时效期限也视为届满。

第 208 条　不适用诉讼时效的请求

诉讼时效不适用于：

保护人格非财产权利和其他非物质利益的请求，但法律规定的情形除外；

储户对银行要求支付存款的请求；

赔偿给公民生命或者健康造成的损害的请求。但自该损害赔偿请求权产生之时起三年届满后才提出的请求的满足不得超过提起诉讼之前三年的时间，但 2006 年 3 月 6 日第 35 号联邦法律《反恐法》规定的情形除外；

（经 2013 年 11 月 2 日第 302 号联邦法律修订）

所有权人或者其他占有人的关于消除对其权利的任何侵犯行为的请求，尽管这些侵犯行为没有剥夺占有（第 304 条）；

在法律规定的情况下的其他请求。

第二编　所有权和他物权

第十三章　一般规定

第 209 条　所有权的内容

1. 占有、使用和处分自己财产的权利，属于所有权人。

2. 所有权人有权依照自己的意愿，对属于其所有的财产，实施任何不违背法律和其他法律文件，也不侵犯他人的权利和受法律保护的利益的任何行为，包括转让自己的财产为他人所用，移转占有、使用和处分财产的权利给他人而自己仍然作为所有权人，将财产抵押，或者以其他方式设定负担，以其他方式处分。

3. 所有权人在法律允许流转的范围内（第 129 条）自由地占有、使用和处分土地与其他自然资源，但给环境造成损害和侵犯他人权利与合法利益的除外

4. 所有权人，可以将自己的财产交付他人（信托管理人）信托管理。将财产交付信托管理，并不导致所有权向信托管理人移转。信托管理人有义务为了所有权人的或者其所指定的第三人的利益管理财产。

第 210 条　财产维护负担

如果法律或者合同没有不同规定，所有权人承担对属其所有的财产的维护负担（Бремя содержания имущества）。

第 211 条　财产意外灭失的风险

财产意外灭失或者意外毁损的风险（Риск случайной гибели или случайного повреждения），由其所有权人承担，但法律或者合同有不同规定的除外。

第 212 条　所有权主体

1. 在俄罗斯联邦承认私人所有、国家所有、自治市所有和其他的所有制形式。

2. 财产可以为公民和法人所有，以及俄罗斯联邦、俄罗斯联邦主体、自治市组织所有。

3. 只能由法律规定，根据其为公民或者法人所有，俄罗斯联邦、俄罗斯联邦主体或者自治市组织所有，而取得和终止财产的所有权，占有、使用和处分的特殊性。

法律规定只能属于国家或者自治市所有的财产的类型。

4. 全体所有权人的权利以平等方式保护。

第 213 条　公民和法人的所有权

1. 任何财产，除依照法律不得属于公民或者法人的个别财产类型外，均可为公

民和法人所有。

2. 为公民和法人所有的财产的数量和价值不受限制，但法律为本法典第 1 条第 2 款规定的目的而设定的限制除外。

3. 商业组织和非商业组织，除国有企业和自治市企业以及机构外，为其设立人（参加者、成员）所交付的作为投资（会费）的财产，以及这些法人依照其他理由而取得的财产的所有权人。

（本款经 2006 年 11 月 3 日第 175 号联邦法律修订）

4. 社会组织和宗教组织（团体），慈善基金和其他基金，是其所取得的财产的所有权人，并且只能为达到其设立文件规定的目的而使用财产。这些组织的设立人（参加者、成员），丧失对他们交付给相应组织所有的财产的权利。在该类组织清算的情况下，满足债权人请求后剩余的财产用于设立文件中规定的目的。

第 214 条　国家所有权

1. 在俄罗斯联邦，国有财产是指属于俄罗斯联邦所有的财产（联邦财产）和属于俄罗斯联邦主体——共和国、边疆区、联邦直辖市、自治州、自治区所有的财产（俄罗斯联邦主体财产）。

2. 不属于公民法人或者自治市组织所有的土地和其他自然资源为国有财产。

3. 本法典第 125 条中规定的机关和个人以俄罗斯联邦和俄罗斯联邦主体名义，行使所有权人的权利。

4. 属于国家所有的财产，依照本法典（第 294 条、第 296 条）划拨给国有企业和机构占有、使用和处分。

没有划拨给国有企业和机构的相应预算的资金和其他国有财产，构成俄罗斯联邦国库，俄罗斯联邦构成中的共和国国库，边疆区、州、联邦直辖市、自治州、自治区的国库。

5. 依照法律规定的程序，将国有财产划归联邦所有或者俄罗斯联邦主体所有。

第 215 条　自治市所有权

1. 属于城市和农村居民点，以及其他自治市组织所有的财产，为自治市财产。

2. 本法典第 125 条中规定的地方自治机关和个人，以自治市组织的名义行使所有权人的权利。

3. 自治市所有的财产，依照本法典（第 294 条、第 296 条）划拨给自治市企业和机构占有、使用和处分。

没有划拨给自治市企业和机构的地方预算资金和其他自治市财产，构成相应的城市、农村居民点或者其他自治市组织的自治市公库（муниципальная казна）。

第 216 条 不是所有权人的人的物权

1. 除所有权外，以下权利也属于物权：

对地块的终生可继承占有权（право пожизненного наследуемого владения земельным участком）（第 265 条）；

地块的永久（无期限）使用权 {право постоянного（бессрочного）пользования земельным участком}（第 268 条）；

役权（сервитуты）（第 274 条，第 277 条）；

财产的经营管理权（право хозяйственного ведения имуществом ）（第 294 条）和财产的业务管理权（право оперативного управления имуществом ）（第 296 条）。

2. 对财产的物权，可以属于不是该财产的所有权人的人。

3. 财产的所有权向他人移转，不构成中止对该财产的他物权的理由。

4. 依照本法典第 305 条规定的程序，保护是所有权人的人的物权，免受任何人的侵犯。

第 217 条 国有财产和自治市财产的私有化

属于国家所有或者自治市所有的财产，可以由其所有权人依照国家国有财产和自治市财产私有化法规定的程序，移转给公民和法人所有。

在对国有财产和自治市财产进行私有化（Приватизация государственного и муниципального имущества）时，适用本法典规定的调整所有权取得和终止的程序的条款，但私有化法有不同规定的除外。

第十四章　所有权的取得

第 218 条　所有权取得的理由

1. 某人依照法律和其他法律文件，为自己制作或建造的新物的所有权，由该人取得。

由于使用财产而取得的孳息、产品、收益的所有权，依照本法典第 136 条规定的依据取得。

2. 对已有所有权人的财产的所有权，可以由他人依据买卖、互易、赠与合同，或者其他转让该财产的法律行为而取得。

在公民死亡的情况下，属其所有的财产的所有权，依据遗嘱或者法律，通过继承移转给他人。

在法人改组的情况下，属其所有的财产的所有权，移转给作为被改组法人的权利承继人的法人。

3. 在本法典规定的情况下，并依据本法典规定的程序，一个人可以取得没有所有权人的财产的所有权、所有权人不明的财产的所有权，以及对所有权人放弃或者依据法律规定的其他理由丧失所有权的财产的所有权。

4. 住宅合作社、住宅建筑合作社、别墅合作社、车库合作社和其他消费者合作社的成员，其他已经全部交付了自己对住宅、别墅、车库或者由合作社向该人提供的其他房屋的股金而对积累的股金拥有权利的人，取得对上述财产的所有权。

第 219 条　对新建造不动产所有权的产生

对应当进行国家登记的建筑物、构筑物和其他新建造的不动产的所有权，自进行该登记后产生。

第 220 条　加工

1. 如果合同没有不同规定，对某人通过加工（Переработка）不属于自己的材料，而制作的新的可动物的所有权，由材料的所有权人取得。

但如果加工的价值实质性地超过了材料的价值，则新物的所有权由善意的为自己实施加工的人取得。

2. 如果合同没有不同规定，取得以其材料所制作之物所有权的材料所有权人，有义务向实施加工的人赔偿加工的价值，而在由实施加工的人取得新物所有权的情况下，实施加工的人有义务向材料所有权人赔偿材料的价值。

3. 由于实施加工的人的恶意行为而丧失材料的材料所有权人，有权要求将新物移转给其所有，并要求赔偿给他造成的损失。

第 221 条　取得公众可采集物的所有权

在依照法律、所有权人提供的一般许可或者依照在特定区域的地方习惯，允许采集野果、捕捞（捕获）鱼类和其他水生物资源，采集或者捕捞其他公众可获取物和动物的情况下，对相应物的所有权由实施采集或者捕捞的人取得。

（本条经 2006 年 6 月 3 日第 73 号联邦法律、2006 年 12 月 4 日第 201 号联邦法律、2007 年 12 月 6 日第 333 号联邦法律修订）

第 222 条　违章建筑

1. 在没有依照规定程序提供的地块上或者在批准的使用不允许在其上建筑该类客体的地块上营造的或者建筑的建筑物、构筑物和其他定着物，以及在开始营造或者建筑之日已经对所允许的对地块的使用要求取得相应的协商、批准和（或者）城市建设和建筑规范与规则，而且在违章建筑被发现之日仍然有效，却没有取得为此依法所必要的协商、批准或者违反城市建筑和建筑规范与规则营造的或者建筑的建筑物、构筑物或者其他定着物，为违章建筑。

如果地块的所有权人不知道，也不可能知道前述限制对属其所有的地块的效力，而违反依照法律设定的地块使用限制，所营造或者建造的建筑物、构筑物或者其他定着物，不是违章建筑。

2. 实施了违章建筑的人，不取得对违章建筑的所有权。他也无权处分——出卖、赠与、出租建筑物和实施其他法律行为。

本段失效——2018 年 8 月 3 日第 339 号联邦法律

违章建筑不得使用。

（本段经 2018 年 8 月 3 日第 339 号联邦法律引入）

违章建筑应当由实施违章建筑的人或者由其承担费用拆除，或者依照土地使用和建筑规则规定的要求、区域规划文件，或法律规定的对建筑方案的强制性要求（见下简称——规定的要求）而进行整改，而在缺乏关于该人的信息时，由对违章建筑所营造或者所建造在其上的地块享有所有权、终生可继承占有权或者永久（无期限）使用权的人，或者被提供对属于国家所有或自治市所有的临时占有和使用的人，或者由相应的人承担费用拆除，或者按照规定的要求整改，但本条第 3 款规定的情形和如果依照法律由地方自治机关进行拆除违章建筑或者依照规定的要求进行整改的情形除外。

（本段经 2018 年 8 月 3 日第 339 号联邦法律引入）

3. 违章建筑的所有权可以由法院确认，而在法律规定的情况下依照法律规定的其他程序，确认为对违章建筑所在的地块终生享有所有权、终生可继承占有权、永久（无期限）使用权的人所有，须同时符合以下条件：

如果实施建筑的人，对地块拥有允许在其上建筑该种客体的权利；

在向法院起诉之日，建筑符合规定的要求；

（本款经 2018 年 8 月 3 日第 339 号联邦法律修订）

如果保留建筑不侵犯他人的权利和受法律保护的利益，也不会对公民的生命和健康造成威胁。

在这种情况下，被确认为建筑所有权人的人，在法院确定的数额内，赔偿实施建筑的人的建筑费用。

（本款经 2015 年 7 月 13 日第 258 号联邦法律修订）

3^1 拆除违章建筑的决定，或者拆除违章建筑或依照规定的要求整改的决定，由法院或者在本条第 4 款规定的情况下由居民点、城区的地方自治机关（在违章建筑位于跨居民点的区域的条件下自治城区）作出。

（本次款经 2018 年 8 月 3 日第 339 号联邦法律引入）

3^2 对违章建筑所营造或者建造在其上的地块拥有所有权、终生可继承占有权、永久（无期限）使用权，并履行了按照规定要求对违章建筑进行整改的要求的人，依照本法典取得对该建筑物、构筑物或其他定着物的所有权。

对违章建筑所营造或者所建造在其上，属于国家所有或者自治市所有的地块，为建筑目的享有临时占有和使用的人，在履行了依照规定的要求对违章建筑进行整改的要求的情况下，取得对该建筑物、构筑物或者其他定着物的所有权，但违背法律或者合同的除外。

取得对建筑物、构筑物或者其他定着物的所有权的人，赔偿实施建筑的人的建筑费用，但须扣除依照规定的要求对违章建筑进行整改的费用。

（本次款经 2018 年 8 月 3 日第 339 号联邦法律引入）

4. 地方自治机关依照法律规定的程序作出：

（1）在违章建筑所营建或建造的地块缺乏权利设定文件，并且依照在该客体开始建筑之日的立法规定了权利设定文件存在之必要性的情况下，以及违章建筑是营建或者建造在其许可的使用种类不允许在其上建筑该类客体，且位于公用地域范围之内的情况下，拆除违章建筑的决定；

（2）在违章建筑所营建或者所建造在其所允许使用的种类不允许在其上建筑该

客体的地块之上，并且该建筑位于特定使用条件区域范围内，在该区域的制度不允许建筑该种客体的情况下，或者在如果对违章建筑缺乏建筑许可，而该区域的边界、该建筑许可存在之必要性已经为在该客体开工建筑之日的立法规定的条件下，拆除违章建筑或者依照规定的要求进行整改的决定。

违章建筑拆除的期限，根据违章建筑的特点确定，但不得少于三个月，不得多于十二个月，依照规定的要求对违章建筑进行整改的期限，根据违章建筑的特点确定，但不得少于六个月，不得多于三年。

本款规定的决定，不得由地方自治机关对营造或者修建在不属于国有或者自治市所有的地块上的违章建筑作出，但保留该类建筑物会对公民的生命或健康造成威胁的情形除外。

地方自治机关，在任何情况下，都无权对其所有权已经在不动产统一国家登记簿中进行了登记的，或者，由法院依照本条第 3 款确认其所有权的不动产客体，也不得对法院在之前已经对之作出拒绝满足拆除违章建筑的诉讼请求的判决的不动产客体，或者，对公寓大厦、住宅大厦和花园洋房，作出拆除违章建筑的决定，或拆除违章建筑，并按照规定的要求进行整改的决定。

（本款经 2018 年 8 月 3 日第 339 号联邦法律修订）

第 223 条　依据合同取得所有权的时间

1. 物之取得人依照合同的所有权，自物交付时起产生，但法律或者合同有不同规定的除外。

2. 在财产的移转应当进行国家登记的情况下，取得人的所有权自该登记时起产生，但法律有不同规定的除外。

不动产自进行国家登记之时起，其所有权属于善意取得者（第 302 条第 1 款），但本法典第 302 条规定的所有权人有权向善意取得人索还该财产的情形除外。

（本段经 2004 年 12 月 30 日第 217 号联邦法律引入）

第 224 条　物之交付

1. 将物交在取得人手中，以及将没有送达义务的出卖物交付给运送人以便送交取得人，或者将物交付给通信组织以便递送给取得人，为交付（Передача вещи）。

自物实际上进入取得人的或者其指定的人的占有之时起，视为交在取得人之手。

2. 在缔结物之转让合同之前，物已经处在取得人的占有之中，则物被视为自合同缔结之时起交付。

3. 交付提单，或者交付对物的其他商品处分文书，等同于物之交付。

第 225 条　无主物

1. 没有所有权人，或者其所有权人不明，或者在法律没有不同规定而所有权人放弃对其的所有权的物，为无主物。

（本款经 2008 年 7 月 22 日第 141 号联邦法律修订）

2. 如果没有被本法典关于取得所有权人放弃之物的所有权的规则（第 226 条），关于拾得物的规则（第 227 条和第 228 条），关于无人监督的动物的规则（第 230 条和第 231 条），关于埋藏物的规则（第 233 条）所排除，则可以依取得时效取得对无主可动物的所有权。

3. 无主的不可动物，由负责不动产权利国家登记的机关，依照该不可动物所在地的地方自治机关的申请进行登记。

在将无主不可动物进行登记之日起一年届满，被授权管理自治市财产的机关，可以向法院提出确认对该物的自治市所有权的请求。

没有被依照法院的判决确认为自治市所有的无主不可动物，可以再次由曾经抛弃它的所有权人占有、使用和处分，或者依照取得时效取得其所有权。

4. 在联邦直辖市莫斯科、圣彼得堡和塞瓦斯托波尔，位于这些城市中的无主不可动物，由负责不动产权利国家登记的机关，依据这些城市的被授权的机关的申请予以登记。

（本段经 2016 年 7 月 3 日第 333 号联邦法律修订）

在自将无主不可动物登记之日起一年届满，联邦直辖市莫斯科、圣彼得堡或者塞瓦斯托波尔的被授权的国家机关，可以向法院提出确认莫斯科、圣彼得堡或者塞瓦斯托波尔直辖市对该物的所有权。

（本段经 2016 年 7 月 3 日第 333 号联邦法律修订）

没有被依照法院判决确认为属于联邦直辖市莫斯科、圣彼得堡或者塞瓦斯托波尔所有的无主不可动物，可以再次由曾经抛弃它的所有权人占有、使用和处分，或者依据取得时效取得其所有权。

（本段经 2016 年 7 月 3 日第 333 号联邦法律修订）

（本款由 2009 年 2 月 9 日第 7 号联邦法律引入）

第 226 条　所有权人放弃的可动物

1. 所有权人抛弃的，或者以放弃对它的所有权为目的其他方式放弃的可动物（抛弃物），可以由他人依照本条第 2 款规定的程序据为己有。

2. 对其价值明显低于最低劳动工资数额五倍的抛弃物，或者被遗弃的金属废料，缺陷产品，熔化合金，不适合生产的矿石和用于排出某种液体的装置，从矿物、工业废物和其他废物中提取形成的合金，由对其所在地块、水体或者其他客体的享有所有权、占有或者使用的人，在已经着手使用或者实施其他证明将物据为己有的行为之后，有权将这些物据为己有。

（本款经 2006 年 6 月 3 日第 73 号联邦法律修订）

其他的抛弃物，如果依照某人的申请，由法院确认为无主物，则为已经进入对物之占有的人所有。

第 227 条　拾得物

1. 拾得遗失物的人，有义务立即就此通知失主，或者物的所有权人，或者任何其他他所知道的有权取得该物之人，并将拾得物返还给该人。

如果物是在房屋内或者交通工具上被拾得的，它应当被交付给代表该房屋或者交通工具的占有人的人，在此情况下，拾得物被交付之人，取得拾得物的人之权利并承担拾得物的人之义务。

2. 如果有权要求返还拾得物的人或者其居留地不明，则拾得物的人有义务向警察局或者地方自治机关报告。

（本款经 2011 年 2 月 7 日第 4 号联邦法律修订）

3. 拾得物的人，有权将该物保存在自己处，或者将其交给警察局地方自治机关或它们指定的人保存。

（本段经 2011 年 2 月 7 日第 4 号联邦法律修订）

容易腐坏的物，或者其保存费用与其价值相比过高的物，可以由物的拾得人出售，并取得证明所卖得的价款的书面证据。出售拾得物所获得的价款，应当返还给有权取得拾得物的人。

4. 拾得物的人，只在故意或者重大过失的情况下，并在物的价值的范围内，对拾得物的遗失和损毁承担责任。

第 228 条　取得拾得物的所有权

1. 在自向警察局或地方自治机关报告拾得物之时起六个月内，有权取得拾得物的人没有被查明，或者也没有亲自向拾得人或向警察局或向地方自治机关声明自己对物的权利，则物的拾得人取得对拾得物的所有权。

（经 2011 年 2 月 7 日第 4 号联邦法律修订）

2. 如果拾得物的人放弃取得拾得物的所有权，则拾得物归自治市所有。

第 229 条　赔偿与拾得物有关的费用和给予拾得物的人以报酬

1. 拾得物并将物返还给有权取得物的人，有权向该人要求从该人取得相应的费用，而在物移转为自治市所有的情况下，向相应的地方自治机关要求赔偿与保存、交付或出售物有关的必要费用，以及找寻有权取得物的人的花费。

2. 拾得物的人有权要求有权取得物的人在物之价值百分之二十的范围内为拾得物支付报酬，如果拾得物仅对有权取得物的人有价值，则报酬的数额依据与该人的协议确定。

如果拾得物的人没有报告或者意图藏匿，则不产生报酬权。

第 230 条　无人监督的动物

1. 抓获无人监督的或者逃逸的牲畜，或者其他无人监督的家养动物的人，有义务将其返还给它们的所有权人，而如果动物的所有权人或其居留地不明，则在不迟于自抓获之日起三日内，向警察局或者地方自治机关报告所发现的动物，由警察局或者地方自治机关采取措施寻找该动物所有权人。

（本款 2011 年 2 月 7 日第 4 号联邦法律修订）

2. 在寻找动物的所有权人期间，动物可以由抓获它们的人留在自己处饲养和使用，或者交付给拥有必要条件的其他人饲养和使用。根据抓获无人监督的动物的人的请求，找寻拥有必要饲养条件的人，并向其交付动物，由警察局或者地方自治机关进行。

（本款经 2011 年 2 月 7 日第 4 号联邦法律修订）

3. 抓获无人监督的动物的人，和动物被交付其饲养和使用之人，均有义务适当饲养动物，而在存在过错的情况下，对动物的死亡和伤害，在动物的价值范围内承担责任。

第 231 条　取得对无人监督的动物的所有权

1. 在自报告抓获家养动物之时起六个月，其所有权人没有被发现，或者其本人也没有申报自己对动物的权利，则在其处饲养和使用动物的人，取得对动物的所有权。

在该人放弃取得由其饲养的动物的所有权的情况下，它们归自治市所有，并按照地方自治机关规定的程序使用。

2. 在动物的所有权已经移转为他人所有之后，以前的动物所有权人出现的情况下，以前的所有权人有权在证明存在这些动物对其保有依恋之情的，或者，新的所有权人残酷地或以其他不适当的态度对待动物的情节的情况下，在依照与新的所有权人协商确定的条件下，而在不能达成协议时，由法院确定的条件下返还动物。

第 232 条　赔偿饲养无人监督的动物的花费以及其报酬

在将家养动物返还给所有权人的情况下，抓获动物的人和在其处饲养和使用动物的人，有权要求所有权人赔偿与饲养动物有关的必要花费，并扣除使用动物获取的收益。

抓获无人监督的家养动物的人，拥有依照本法典第 229 条第 2 款的报酬权。

第 233 条　埋藏物

1. 埋藏物，也就是隐藏在土地中，和以其他方式藏匿的，其所有权人无法查明，或者依照法律丧失对其的权利的金钱或贵重物品，由隐匿埋藏物的财产（地块、构筑物等）的所有权人和发现埋藏物的人，以同等份额共有，但他们之间的协议有不同规定的除外。

在进行发掘和探寻宝物的人，未经地块或其他隐藏埋藏物的财产的所有权人同意，而发现埋藏物的情况下，埋藏物应当移交给地块或其他发现埋藏物财产的所有权人。

2. 在发现包含属于文化珍宝并且其所有权人不能查明，或者依照法律丧失权利的埋藏物的情况下，它们应当移交给国家所有。在此情况下，地块和其他隐藏埋藏物的财产的所有权人和发现埋藏物的人，拥有共同取得在埋藏物价值百分之五十的报酬权，报酬在他们之间，按照同等份额进行分配，但他们之间的协议有不同规定的除外。

（本款经 2013 年 7 月 23 日第 245 号联邦法律修订）

在由从事发掘或者探寻宝物的人，未经埋藏物隐藏所在财产的所有权人同意，而发现该埋藏物的情况下，不向该人支付报酬，报酬全部归所有权人。

3. 本条的规则不适用于以进行旨在发现埋藏物的发掘和探寻为其劳动义务或者职务义务的人。

第 234 条　取得时效

1. 一个人——公民或者法人——不是财产的所有权人，但善意地、公开地、不间断地，以之作为自己所有的财产，在十五年内占有不动产或者在五年内占有其他财产，则取得对该财产的所有权［取得时效（приобретательная давность）］。

应当进行国家登记的不动产和其他财产的所有权，自进行该登记之时起，对由依照取得时效取得该财产的人产生。

2. 在依据取得时效取得财产的所有权之前，以作为自己所有的财产而占有财产的人，有权保护自己的占有，免受任何非作为财产所有权人的，以及没有根据法律或合同规定的其他依据占有该财产的权利的第三人的侵犯。

3. 援引占有时效的人，可以将该人作为其权利承继人的人占有该财产的全部时间，计入自己的占有时间。

4. 对处在它们可以被从其占有中依据本法典第 301 条和第 305 条追索的物的取得时效期限的计算，不得早于对相应请求的诉讼时效期限届满开始。

第十五章　所有权的终止

第 235 条　所有权终止的依据

1. 在所有权人将自己的财产转让给他人、所有权人放弃所有权、财产毁损或灭失的情况下，以及在法律规定的其他情况下丧失财产所有权时，所有权终止。

2. 不允许强制剥夺所有权人的财产，但依照法律规定的理由而进行的情形除外：

（1）依照债务对财产提出追索（第 237 条）；

（2）将依照法律不能属于该人所有的财产转让（第 238 条）；

（3）因不当利用剥夺地块，而转让不动产（第 239 条）；

（第 3 次款经 2014 年 12 月 31 日第 499 号联邦法律引入）

（3^{1}）由于属于国家或者自治市所有的地块的租赁合同效力终止而转让未完工建筑客体（第 239^{1} 条）；

（本次款 2014 年 6 月 23 日第 171 号联邦法律引入）

（3^{2}）由于为国家或者自治市需要强制转让地块（为国家或者自治市需要而剥夺地块）而转让不动产（第 239^{2} 条）；

（本次款经 2014 年 12 月 31 日第 499 号联邦法律引入）

（4）赎买无人照管的文化珍品、家养动物（第 240 条和第 241 条）；

（5）征收（第 242 条）；

（6）没收（第 243 条）；

（7）在本法典第 239^{2} 条，第 252 条第 4 款，第 272 条第 2 款，第 282 条，第 285 条，第 293 条，第 1252 条第 4 款和第 5 款规定的情况下转让财产；

（经 2006 年 12 月 18 日第 231 号联邦法律、2014 年 12 月 31 日第 499 号联邦法律修订）

（8）依照法院判决将没有依照俄罗斯联邦反腐败立法提交关于其合法收入的取得证据的财产，收归俄罗斯联邦收入；

（本次款经 2012 年 12 月 3 日第 231 号联邦法律修订）

（9）依照法院的判决将依照俄罗斯联邦反恐立法没有提交证明其取得之合法性资料的人的货币、贵重物品、收入收归俄罗斯联邦收入。

（本次款经 2013 年 11 月 2 日第 302 号联邦法律引入）

按照所有权人的决定，依照私有化法规定的程序，将国家所有或者自治市所有的财产，转让给公民和法人所有。

依据法律按照本法典第 306 条规定的程序，并赔偿该财产的价值和其他损失，将公民和法人所有的财产转归国家所有（国有化）。

第 236 条　放弃所有权

公民或者法人，可以在就此宣布后或者实施其他确定地证明其消除对财产的占有、使用和处分，并且没有意图保留任何对该财产的权利的行为之后，放弃属于其的财产所有权。

放弃所有权，并不导致所有权人在他人取得对该财产的所有权之前，对相应财产的权利和义务的终止。

第 237 条　依据所有权人的债务对财产提出追索

1. 通过依据所有权人的债务对财产提出追索的方式，剥夺财产依据法院的判决进行，但法律或者合同规定了其他的追索程序的除外。

2. 对之提出追索的财产的所有权，自该财产所移转给的人产生对被剥夺财产的所有权之时起终止。

第 238 条　一个人对不得属于其所有的财产的所有权的终止

1. 如果依据法律允许的理由，不得属于其所有的财产，为某人所有，则应当由其所有权人自对该财产的所有权产生之时起一年内转让，但法律规定了不同期限的除外。

2. 在财产没有在本条第 1 款规定的期限内转让的情况下，则该财产，考虑其特点和用途，依照法院依据国家机关或者地方自治机关的申请作出的判决，应当进行强制出售，并将卖得的价款交付给前所有权人，或者，移转给国家所有或自治市所有并赔偿前所有权人以法院规定的财产价值。在此情况下，扣除转让财产的花费。在对之作出拆除违法建筑的决定，或者拆除违法建筑违章建筑或依照规定的要求进行建筑物、构筑物的整改决定，或者其他定着物所位于的地块移转给国家所有或者自治市所有的情况下，还应扣除依照估价活动立法确定的履行完成拆除违章建筑工作的，或者依照规定的要求进行整改的费用。

（本款经 2018 年 8 月 3 日第 339 号联邦法律修订）

3. 如果依据法律允许的理由，对其取得必须有特别许可的物，为公民或者法人所有，而所有权人被拒绝颁发该特别许可，则该物应当按照为不得属于该所有权人的财产所规定的程序进行转让。

第 239 条　由于剥夺其所在的地块而转让不动产

1. 在非终止对该地块上的建筑物、构筑物或其他不动产的所有权而不能由于不当利用土地而剥夺地块的情况下，该财产可以依照本法典第 284-286 条规定的程序，通过公开拍卖出售的方式，从所有权人处剥夺。

（本款经 2014 年 12 月 31 日第 499 号联邦法律修订）

本段自 2015 年 4 月 1 日起失效——2014 年 12 月 31 日第 499 号联邦法律

2. 自 2015 年 4 月 1 日起失效——2014 年 12 月 31 日第 499 号联邦法律

第 239[1] 条　由于地块租赁合同效力终止而转让位于国家所有或自治市所有的地块上的未完工建筑客体

（经 2014 年 6 月 30 日第 171 号联邦法律引入）

1. 如果法律没有不同规定，在属于国家所有或者自治市所有的依据拍卖结果提供的地块租赁合同效力中止的情况下，位于该地块上的未完工建筑客体，可以依照法院的判决，通过公开拍卖的方式，从所有权人处剥夺。

出售未完工建筑客体的公开拍卖程序，由俄罗斯联邦政府规定。

2. 被授权处分该客体所位于的属于国家所有或自治市所有的地块的国家权力执行机关或者地方自治机关，有权向法院提出公开拍卖出售未完工建筑客体的请求。

3. 如果该客体的所有权人证明，违反客体建筑期限是由于国家权力机关、地方自治机关或者从事客体应当接入（技术接入）的工程技术保障网络应用的人的行为（不作为）所导致的，则不得满足要求出售未完工建筑客体的请求。

4. 未完工建筑客体的出售底价，依据对其市场价值的评估确定。

如果出售未完工建筑客体的公开拍卖流拍，则该客体可以按照该客体的底价，在自确认拍卖流拍之日起两个月内，由国家或者自治市取得所有权。

5. 公开拍卖未完工建筑客体，或者由国家或者自治市取得该客体所有权而所得的资金，在扣除准备和进行公开拍卖的费用之后，付给客体的前所有权人。

6. 本条的规则也适用属于国家所有或自治市所有的地块租赁合同效力中止，在该客体的建设还没有完成的条件下，该合同没有进行招投标而缔结，目的是为了完成未完成建筑客体的建设的情形。

第 239[2] 条　由于为国家需要或自治市需要剥夺地块而转让不动产

（经 2014 年 12 月 31 日第 499 号联邦法律引入）

1. 根据该建筑物、构筑物和未完工建筑客体所在地块被剥夺，转让位于为国家需要或自治市需要而被剥夺的地块上的建筑物、构筑物、未完工建筑客体，以及位于该建筑物、构筑物中的房屋或者车位 [但位于被剥夺的地块上的（包括尚未建设完成的）构筑物不违背剥夺的目的情形除外]。

（本款经 2016 年 7 月 3 日第 315 号联邦法律修订）

2. 在该地块上的不动产客体属于应当为国家需要或自治市需要而被剥夺的地块的所有权人，或者该地块以其他权利属于某人，则剥夺该地块和依照本条转让该客体同时进行。

3. 由于为了国家需要或自治市需要剥夺地块而转让建筑物、构筑物，位于这些建筑物、构筑物中的房屋，未完工建筑客体，按照为国家需要或者自治市需要而剥夺地块所规定的规则进行。

第 240 条　赎买保管不善的文化珍品

如果依照法律属于特别珍贵和受到国家保护的文化珍品的所有权人，对这些珍品保管不善，以至会有导致其意义丧失之虞的情况下，这些珍品，可以按照法院的判决，通过由国家赎买或者公开拍卖出售的方式，从所有权人处剥夺。

在赎买文化珍品时，向所有权人赔偿由双方当事人协商确定的价值数额，而在发生纠纷的情况下，其价值的数额由法院确定。在公开拍卖出售的情况下，出售所得的价款，扣除进行拍卖的费用和对文化遗产客体的恢复性工作的价值，或者在 2002 年 6 月 25 日第 73 号联邦法律《俄罗斯联邦民间文化遗产（历史和文化遗迹）客体法》第 40 条中规定的为保存考古遗产客体所必要措施的价值之后，交给所有权人。

（本款经 2014 年 10 月 22 日第 315 号联邦法律修订）

第 241 条　在不适当对待家养动物时赎买家养动物

在家养动物的所有权人，以明显违背依据法律规定的规则和在社会中被接受的对待动物的人道规范而对待动物时，这些动物可以通过由向法院提出相应请求的人赎买的方式，从所有权人处剥夺。赎买的价格由当事人协商确定，在发生纠纷的情况下由法院确定。

第 242 条　征收

1. 在自然灾害、事故、流行病、动物疫情的情况下，和在其他具有非常性的事件时，可以依照国家机关的决定，为了社会利益，依照法律规定的程序和条件，被从所有权人处剥夺其财产，但应向所有权人支付财产的价值（征收）。

2. 向所有权人赔偿的被征收财产的价值评估可以在法院提出争议。

3. 其财产被征收的人，有权在引起征收的事件的作用终止时，要求法院返还剩余的财产。

第 243 条　没收

1. 在法律规定的情况下，财产可以依照法院的判决，作为对实施犯罪行为或其他违法行为的制裁，而无偿从所有权人处剥夺（没收）。

2. 在法律规定的情况下，没收可以按照行政程序进行。依照行政程序作出的没收决定，可以在法院提起争议。

（本款经 2006 年 12 月 18 日第 231 号联邦法律修订）

第十六章　共有

第 244 条　共有的概念和产生的依据

1. 为两个或者数人所有的财产，属于他们享有共有权。

2. 财产可以带有确定的每个所有权人的份额而共有（按份共有），或者不确定该份额而共有（共同共有）。

3. 除法律规定对该财产形成共同共有的情形外，对财产的共有为按份共有。

4. 非变更其用途而不可分割的财产（不可分割物），或者依照法律不得分割的财产，为两个或者数人所有时产生共有。

在法律或者合同规定的情况下，产生对不可分割财产的共有。

5. 按照共有参加者的协议，以及在无法达成协议时按照法院的判决，可以设定这些人对共有财产的按份共有。

第 245 条　按份共有权中份额的确定

1. 如果按份共有参加者的份额不能够依据法律确定，而全体参加者的协议也没有规定，则视为份额同等。

2. 按份共有全体参加者的协议可以规定确定和变更其份额的程序，无论每个参加者对形成和提高共同财产的贡献。

3. 依靠自己的费用，遵守所设定的共有财产使用方式，对该财产进行了不可分割的改善的，按份共有的参加者拥有在对共有财产的权利中相应增加自己份额的权利。

如果按份共有参加者的协议没有不同规定，则对共有财产的可分割的改善，属于进行改善的参加者所有。

第 246 条　对处于按份共有中的财产的处分

1. 对处于按份共有中财产的处分，按照全体参加者的协议进行。

2. 按份共有的参加者有权按照自己的意愿，将自己的份额出售、赠与、设立遗嘱、抵押或者以其他方式处分，在进行有偿转让时，须遵守本法典第 250 条规定的规则。

第 247 条　对处在按份共有中的财产的占有和使用

1. 对处在按份共有中的财产的占有和使用，依照全体参加者的协议进行，在无法达成协议时，依照法院规定的程序进行。

2. 按份共有的参加者，有权要求按照其份额比例提供共有财产的部分供其占有和使用，在不可能这样做的情况下，有权要求占有和使用他的财产份额的其他参加者给予相应补偿。

第 248 条　从使用处于按份共有中的财产所获得的孳息、产品和收入

从使用处在按份共有中的财产所获得的孳息、产品和收入，进入共同财产的构成，并且按照其份额在按份共有的参加者之间进行分配，但他们之间的协议有不同规定的除外。

第 249 条　对处在按份共有的财产的维护费用

每一个按份共有的参加者，均有义务按照与自己份额的比例参与支付共有财产的税收、规费和其他款项，以及对其的维护和保存费用。

第 250 条　优先购买权

1. 在向他人出售共有权中的份额时，其他的按份共有参加者拥有对所出售份额按照其出售价格以及在其他同等条件下的优先购买权，但通过公开拍卖出售的情形，以及由在该地块上的建筑物或构筑物的部分的所有权人或上述建筑物或构筑物中的房屋所有权人出售其对地块共有权中份额的情形除外。

（经 2014 年 6 月 23 日第 171 号联邦法律修订）

在全体按分共有参加者不同意的情况下，出售按份共有权中的份额而进行的公开拍卖，也可以在本法典第 255 条第 2 部分规定的情况下，以及在法律规定的其他情况下进行。

2. 份额的出卖人有义务以书面形式就将自己的份额向他人出售的意图，告知其余的按份共有参加者，并指明其价格和其他的出售条件。

其他的按份共有参加者，在自获得通知之日起一个月内没有购买所出售的不动产所有权中的份额，在自获得通知之日起十日内没有购买所出售的动产所有权中的份额，则出卖人有权将自己的份额出售给任何人。如果所有其他的按份共有参加者以书面形式拒绝行使对所出卖份额的优先购买权，该份额可以早于前述期限出售给他人。

按份共有中份额的出卖人将出售自己的份额给他人的意图，通知按份共有参加者的特殊性，可以由联邦法律规定。

（本款经 2016 年 7 月 3 日第 315 号联邦法律修订）

3. 在侵犯优先购买权而出售份额的情况下，任何其他的按份共有参加者，均有权在三个月期限内，依照司法程序要求，买受人的权利和义务转移给他。

4. 份额的优先购买权，不允许让渡。

5. 本条的规则也适用于在依照互易合同转让份额的情形。

第 251 条　按份共有权中的份额移转给依照合同的取得人的时间

如果当事人的协议没有不同规定，则共有权中的份额自缔结合同时起，移转给依照合同的取得人。

按照应当进行国家登记的合同移转按份共有权中份额的时间，按照本法典 223 条第 2 款确定。

第 252 条　分割处在按份共有中的财产以及从中分割份额

1. 处在按份共有中的财产可以依照他们之间的协议在参加者之间进行分割。

2. 按份共有的参加者有权要求从共有财产中分割自己的份额。

3. 在按份共有的参加者们不能达成分割共有财产的，或者分割某一按份共有参加者份额的方法和条件的协议的情况下，按份共有的参加者，有权依照司法程序，要求从共有财产中实物分割自己的份额。

如果法律不允许实物分割份额，或者除非给处在按份共有中的财产造成不成比例的损害而不能分出时，则要求分割的所有权人有权要求共有的其他参加者向他支付其份额的价值。

4. 依据本条实物分给按份共有参加者的财产与其在所有权中的份额的不成比例性，由支付相应的款项或者其他补偿而消除。

由其他所有权人，向按份共有的参加者支付补偿以替代实物分出份额，须经其同意方才允许。在所有权人的份额微不足道，不能够实物分割，而且他对使用共有财产没有实质性的利益的情况下，法院可以在缺乏该所有权人同意的情况下，责成其他的按份共有参加者向其支付补偿。

5. 自从依照本条取得补偿时起，所有权人丧失其对共有财产中份额的权利。

第 253 条　占有、使用和处分处于共同共有中的财产

1. 共同共有的参加者，如果他们之间的协议没有不同规定，则共同占有和使用共有财产。

2. 处分处在共同共有中的财产，无论由哪个参加者实施财产处分法律行为应按照全体参加者的协议进行

3. 如果从全体参加者的协议中，不能得出不同规定，则每个共同共有的参加者，均有权对共有财产实施处分法律行为。由一个共同共有参加者所实施的与处分共有财产有关的法律行为，只有在证明法律行为的另一方当事人知道或明显应当知道其缺乏必要的权限时，才能按照其他参加者的请求，以实施法律行为的参加者缺乏必

要的权限，而被确认为无效。

4. 本条的规则，在本法典或其他法律没有对个别种类的共同共有规定不同规则的范围内适用。

第 254 条 分割处在共同共有中的财产以及从中分出份额

1. 在共同共有参加者之间分割共有财产以及分出某一参加者的份额，只能在经过预先确定每一个参加者在共有财产权中的份额之后才能进行。

2. 在分割共有财产和从其中分出份额时，如果法律或者参加者的协议没有不同规定，则其份额视为等同。

3. 分割共有财产和从其中分出份额的依据和程序，按照本法典第 252 条的规则，在本法典、其他法律没有对个别种类的共同共有作出不同规定，和从共同共有参加者关系的本质中不能得出不同规定的范围内适用。

第 255 条 对共有财产中的份额提出追索

按份共有或者共同共有的参加者的债权人，在所有权人的其他财产不足的情况下，有权要求分出债务人在共有财产中的份额，以便对其提出追索。

在此情况下不可能实物分割份额，或者其他按份共有或共同共有的参加者反对，则债权人有权要求债务人将自己的份额，按照该份额的市场价格，出售给其他共有的参加者，以对从出售中所获得的资金的追索清偿债务。

在其他共有参加者拒绝购买债务人的份额的情况下，债权人有权要求法院，通过公开拍卖该份额的方式，对债务人在共有权中的份额提出追索。

第 256 条 夫妻共有

1. 如果他们之间的合同没有规定该财产的其他制度，则夫妻在婚姻期间积累的财产属于他们共同共有。

2. 属于一方配偶婚前所有的财产，以及由一方配偶在婚姻期间受赠或者依照继承而取得的财产，属于其个人所有。

个人使用的物品（衣服、鞋子等），除了贵重物品和其他奢侈品外，尽管也是在婚姻期间由夫妻共同资金所购买，仍视为使用该物品的配偶的个人所有。

如果查明在婚姻期间依靠夫妻共有财产或者另一配偶的个人财产进行的投资极大地增加了该财产的价值（重大维修、重建、改装等），则任一方配偶的财产，均可以由法院确认为共同共有。如果配偶之间的合同有不同规定，则不适用本规则。

（经 2015 年 12 月 30 日第 457 号联邦法律修订）

对属于该成果作者的智力活动成果的专属权（第 1228 条），不纳入夫妻共同财产。

但如果他们之间的合同没有不同规定，则使用该成果所取得的收入，为夫妻共同所有。

（本段经2006年12月18日第231号联邦法律引入）

3. 依照配偶一方的债务，只能对属于其所有的财产提出追索，以及在对该财产进行分割时将会分配给他的在夫妻共有财产中的份额提出追索。

4. 在分割共有财产时确定配偶在共有财产中的份额的规则和分割的程序，由家庭立法规定。

（本款2008年4月24日第49号联邦法律修订）

第257条　农庄（农场）财产

1. 如果法律或者他们之间的合同没有不同规定，则农庄（农场）的财产，属于其成员共同共有。

2. 提供给农庄（农场）的，或者所购买的地块、经营性建筑和其他建筑、开垦设施和其他设施、种畜和役畜、家禽、农业技术和其他技术以及设备、交通工具、农具和其他依照成员的共同资金购买的为从事经营的财产，属于农庄（农场）成员共同共有。

（本款经2006年12月4日第201号联邦法律修订）

3. 在农庄（农场）的活动中所取得的孳息、产品和收入，是农庄（农场）成员的共同财产，并按照他们之间的协议使用。

第258条　分割农庄（农场）财产

1. 在农庄，（农场）由于全部成员退出，或者依据其他理由而终止的情况下，共同财产应当按照本法典第252条和第254条规定的规则进行分割，

在此情况下，地块按照本法典和土地立法规定的规则进行分割。

2. 属于农庄（农场）的地块和生产资料，在一个成员退出的情况下，不得进行分割。退出的成员有权获得与其在对该财产共有中份额成比例的货币补偿。

3. 在本条规定的情况下，如果他们之间的协议没有不同规定，农庄（农场）成员在财产共同所有权中的份额视为同等。

第259条　依据农庄（农场）财产形成经营性合伙或者合作社的财产

1. 农庄（农场）的成员，可以依据农庄（农场）的财产，设立经营性合伙或者生产合作社。该经营合伙或者合作社作为法人，拥有对以出资或者其他农场成员的费用而交付的财产，以及在其活动中取得的和依靠法律允许的其他理由而购置的财

产的所有权。

2. 依据农庄（农场）的财产而设立的合伙的参加者或者合作社的参加者的出资份额，根据他们依照本法典第 258 条第 3 款确定的对农庄（农场）共有权中的份额确定。

第十七章　土地所有权和他物权

（经 2001 年 4 月 16 日第 45 号联邦法律修订）

第 260 条　关于土地所有权的一般规定

1. 拥有土地所有权的人有权将土地出售、赠与、抵押或者出租和以其他方式处分（第 209 条），但相应的土地依据法律禁止流通或者限制流通的除外。

2. 依据法律并依照法律规定的程序，确定农业用途的土地和其他目的性用途的土地，不允许或者限制为其他的用途而使用这些土地。使用属于此类土地的地块可以在其目的性用途规定的范围内进行。

（经 2007 年 6 月 26 日第 118 号联邦法律修订）

第 261 条　作为所有权客体的地块

1. 失效——2006 年 12 月 4 日第 201 号联邦法律

2. 如果法律没有不同规定，则地块的所有权及于在该地块边界范围内的地表（土壤）层和水体、地上的植物。

（经 2006 年 6 月 3 日第 73 号联邦法律、2006 年 12 月 4 日第 201 号联邦法律修订）

3. 如果关于地下资源法、空气空间利用法、其他法律没有不同规定，也不侵犯他人的权利，则地块的所有权人有权按照自己的意愿使用位于该地块地表之上或之下的一切。

第 262 条　公用地块、进入地块

1. 公民有权在法律和其他法律文件及相应地块的所有权人允许的范围内，自由地无须任何许可而在属于国家或者自治市所有的开放给公众进入的地块中逗留，和使用在该地块中的资源客体。

2. 如果地块没有被圈围，而其所有权人也没有以其他方式明确表示无其许可不得进入，则任何人均可以通过该地块，其条件是不会给所有权人造成损害或不安。

第 263 条　地块开发

1. 地块的所有权人可以在地块上建设建筑物或者构筑物，将其进行改造或者拆除，许可他人在自己的地块上进行建筑。这些权利在遵守城市规划和建筑规范与规则，以及地块的目的性用途的要求的条件下行使（第 260 条第 2 款）。

（经 2007 年 6 月 26 日 118 号联邦法律修订）

2. 如果法律或者合同没有不同规定，则地块的所有权人取得对在属于他的地块

上，为自己所营造或者建造的构筑物和其他不动产的所有权。

所有权人或者他人在地块上营造或者建造违章建筑的后果，由本法典第 222 条规定。

（经 2018 年 8 月 3 日第 339 号联邦法律修订）

第 264 条　非为地块所有权人的人的土地权利

1. 地块可以由其所有权人在民事立法和土地立法规定的条件下，并依照民事立法和土地立法规定的程序，提供给他人。

（本款经 2007 年 6 月 26 日第 118 号联邦法律修订）

2. 非为地块所有权人的人，在法律或者与所有权人的合同规定的条件下和范围内，行使属于他的对地块的占有和使用的权利。

3. 如果法律没有不同规定，则非为所有权人的地块占有人无权处分该地块。

（经 2007 年 6 月 26 日第 118 号联邦法律修订）

第 265 条　地块终生可继承占有权的取得依据

对属于国家所有或者自治市所有的地块的终生可继承占有权（Право пожизненного наследуемого владения），由公民依据土地立法规定的理由和土地立法规定的程序而取得。

第 266 条　终生占有和使用可继承占有权地块

1. 拥有终生可继承占有权的公民（地块的占有人），有权占有和使用依照继承移转的地块。

2. 如果从法律规定的地块使用条件中不能得出不同规定，则地块的占有人有权在地块上营造建筑物、构筑物，建设其他不动产，并取得其所有权。

第 267 条　处分处于终生可继承占有权中的地块

（2007 年 6 月 26 日第 118 号联邦法律修订）

除了依照继承移转地块权利的情形之外，不允许处分处于终生可继承占有权中的地块

第 268 条　取得对地块的永久性（无期限）使用权的依据

1. 对国家所有或者自治市所有的地块的永久性（无期限）使用权 [Право постоянного（бессрочного）пользования]，提供给《俄罗斯联邦土地法典》中规定的人。

（本款经由 2014 年 6 月 23 日第 171 号联邦法律修订）

2. 失效——2007 年 6 月 26 日第 118 号联邦法律

3. 在法人改组的情况下，其所属的地块的永久性（无期限）使用权，依照权利承继的程序移转。

（经 2007 年 6 月 26 日第 118 号联邦法律修订）

第 269 条　占有和使用处在永久性（无期限）使用权中的土地

（经 2007 年 6 月 26 日第 118 号联邦法律修订）

1. 被赋予地块的永久性（无期限）使用权的人，在法律、其他法律文件和提供该地块使用的文件规定的范围内，占有和使用这些地块。

（经 2007 年 6 月 26 日第 118 号联邦法律修订）

2. 被赋予地块的永久性（无期限）使用权的人，如果法律没有不同规定，有权为其所提供的目的自主使用地块，包括为这些目的在地块上营造建筑物、构筑物和其他不动产。该人为自己建造的建筑物、构筑物、其他不动产，属其所有。

（经 2007 年 6 月 26 日第 118 号联邦法律修订）

3. 被赋予地块的永久性（无期限）使用权的人，无权处分该地块。但设定役权的协议和依照《俄罗斯联邦土地法典》将地块作为职务分配交给公民无偿使用的情形除外。

（本款经 2014 年 6 月 23 日第 171 号联邦法律引入）

第 270 条　失效——2006 年 12 月 4 日第 201 号联邦法律

第 271 条　不动产所有权人对地块的使用权

1. 位于属于他人所有的地块之上的建筑构筑物或其他不动产的所有权人，拥有对他人为该不动产所提供的地块的使用权。

（经 2007 年 6 月 26 日第 118 号联邦法律修订）

本段失效——2007 年 6 月 26 日第 118 号联邦法律

2. 在位于别人地块之上的不动产所有权向他人移转时，该人在与以前的不动产所有权人相同的条件下和相同的范围内取得对相应地块的使用权。

（2007 年 6 月 26 日第 118 号联邦法律修订）

地块所有权的移转，不构成属于不动产所有权人的地块使用权终止或者变更的理由。

3. 位于别人地块上的不动产的所有权人，有权按照自己的意愿占有、使用和处分该不动产，包括拆除相应的建筑物和构筑物，但违背法律或者合同规定的对该地块的使用条件的除外。

第 272 条　不动产所有权人丧失地块使用权的后果

1. 在提供给地块上不动产所有权人的地块使用权终止的情况下（第 271 条），对不动产所有权人留在地块上的不动产的权利，依照地块所有权人和相应不动产所有权人之间的协议确定。

2. 在缺乏或者不能达成本条第 1 款指明的协议的情况下，地块使用权终止的后果，由法院依据地块所有权人或者不动产所有权人的请求确定。

地块所有权人有权向法院要求不动产所有权人在地块使用权终止后，使其地块免除不动产，并将地块恢复至最初状态。

在依照法律或者其他法律文件禁止拆除位于地块上的建筑物或者构筑物（住宅大厦、历史与文化遗迹等），或者由于建筑物或者构筑物的价值明显超过分配给他的土地的价值而不应当拆除的情况下，法院考虑地块使用权终止的理由，并且在相关当事人提交相应请求的情况下，可以：

确认不动产所有权人取得该不动产所在地块的所有权，或者地块所有权人取得对遗留在其地块上的不动产的权利，或者规定不动产所有权人在新的期限内使用地块的条件。

3. 在属于国家所有或者自治市所有且为未完工建筑客体所在的地块租赁合同效力中止（第 239[1] 条）的情况下，在为国家需要或者自治市需要而剥夺地块（第 279 条）的情况下，以及在由于不按照目的性用途使用或者违反俄罗斯联邦立法使用而导致地块权利终止的情况下，不适用本条的规则。

（经 2014 年 6 月 23 日第 171 号联邦法律、2014 年 12 月 31 日第 499 号联邦法律、2010 年 7 月 3 日第 354 号联邦法律修订）

第 273 条　在地块上的建筑物和构筑物转让时地块权利的移转

在属于建筑物和构筑物所在地块的所有权人的建筑物或者构筑物的所有权移转的情况下，如果法律没有不同规定，则建筑物或者构筑物所占据的地块和为其使用所必要的地块的所有权，移转给建筑物或构筑物的取得人。

（经 2007 年 6 月 26 日第 118 号联邦法律修订）

第 2 部分失效——2007 年 6 月 26 日第 118 号联邦法律

第 274 条　对他人地块的有限使用权（役权）

1. 不动产（地块、其他不动产）的所有权人，有权要求相邻地块的所有权人，而在必要的情况下，有权要求其他地块（相邻地块）的所有权人提供对相邻地块的有限使用权（役权）。

役权可以为保障步行和车行通过相邻地块、建筑、重建和（或者）应用管线客体，以及除非设立役权而不能保障的不动产所有权人的其他需求而设立，但不得妨碍依照被准许的使用而使用地块。

（经 2014 年 6 月 23 日第 171 号联邦法律修订）

2. 地块上设立役权负担，不剥夺地块所有权人占有、使用和处分该地块的权利。

3. 可以依照需要设立役权的人与相邻地块所有权人之间的协议，设立役权并应当按照为不动产权利登记规定的程序进行登记。在不能够达成设立役权的协议或者役权的条件的情况下，纠纷由法院根据需要设立役权的人的起诉解决。

4. 在本条第 1 款和第 3 款规定的条件下，并按照其规定的程序，役权可以为了地块被以终生可继承占有权或永久性（无期限）使用权而提供的人，以及在联邦法律规定的情况下其他人的利益，并依照他的请求而设立。

（经 2007 年 6 月 26 日第 118 号联邦法律、2008 年 12 月 30 日第 311 号联邦法律修订）

5. 被设定了役权负担的地块的所有权人，如果法律没有不同规定，则有权要求为其利益设立役权的人为使用地块按比例支付费用。

6. 在法律规定的情况下，如果土地立法允许的话，役权依照需要设立役权的人和处在国家所有或者自治市所有的地块被提供给的人之间的协议而设立。在此情况下，本法典本条和第 275 条和 276 条为该地块的所有权人规定的规则，适用于被设立了役权的地块所提供给的人。

（本款经 2014 年 6 月 23 日第 171 号联邦法律引入）

第 275 条　在地块权利移转时保留役权

1. 如果本法典没有不同规定，在设定了役权负担的地块权利移转给他人的情况下，役权保留。

（经 2014 年 12 月 31 日第 499 号联邦法律修订）

2. 役权不得成为买卖、抵押的独立标的物，也不得以任何方式移转给非其为保障其使用而设立役权的不动产的所有权人的人。

第 276 条　役权的终止

1. 按照被设定了役权负担的地块所有权人的请求，役权可以由于设立的依据丧失而终止。

2. 在属于公民或者法人的地块由于设定役权负担，而不能够按照目的性用途使用的情况下，所有权人有权向法院要求终止役权。

（经 2007 年 6 月 26 日第 118 号联邦法律修订）

第 277 条　对建筑物和构筑物设定役权负担

可以适用本法典第 274~276 条规定的规则，对非由于使用地块而有必要有限使用的建筑物、构筑物和其他不动产，可以设定役权负担。

第 278 条　对地块提出追索

只有依据法院的判决，才允许依照地块所有权人的债务，对地块提出追索。

第 279 条　为国家需要或者自治市需要而剥夺地块

（经 2014 年 12 月 31 日第 499 号联邦法律修订）

1. 在土地立法规定的情况下并依照土地立法规定的程序，为国家需要或者自治市需要剥夺地块。

2. 由于为国家需要或者自治市需要剥夺地块：

（1）公民或者法人对该地块的所有权终止；

（2）对处在国家所有或者自治市所有的地块永久性（无期限）使用权、终生可继承占有权终止；

（3）对处在国家所有或者自治市所有的地块的租赁合同，或者对该类地块的无偿使用合同提前终止。

3. 由土地立法确定的联邦执行权力机关、俄罗斯联邦主体的执行权力机关或者地方自治机关，作出为国家需要或者自治市需要而剥夺地块的决定。

4. 自以前的权利拥有者对被剥夺的地块的权利终止之日起，对该地块所设立的役权、抵押，以及该权利拥有者对该地块所缔结的合同终止。在役权条件下使用该地块不违背剥夺地块所要实现的目的情况下，保留对该地块所设立的役权。

如果为国家需要或者自治市需要而剥夺地块，使得地块的权利拥有人不可能履行对第三人的其他债务，包括依据地块权利拥有人与第三人所缔结的合同的债务，则为国家需要或者自治市需要而剥夺地块的决定，构成终止此类债务的依据。

5. 地块的权利拥有者应当被告知已经按照土地立法作出为国家需要或者自治市需要剥夺地块的决定。

6. 为国家需要或者自治市需要剥夺地块的期限、补偿的数额以及其他条件，由为国家需要或者自治市需要而剥夺地块和地块上的不动产客体的协议（以下简称剥夺协议）确定。在强制剥夺的情况下，此类条件由法院确定。

第 280 条　使用和处分应当为国家需要或者自治市需要而剥夺的地块

（经 2014 年 12 月 31 日第 499 号联邦法律修订）

其对地块的权利，由于为了国家需要或者自治市需要被剥夺而终止的人，在该权利终止日前，依照法律按照自己的意愿，占有使用和处分该地块。在此情况下，本条中规定的人，自被通知依照土地立法已经做出为国家需要或者自治市需要剥夺地块的决定之日起，承担与进行建筑，改造建筑物、构筑物，进行不可分割的改善有关的费用和损失的风险。

第 281 条　赔偿被剥夺的地块

（经 2014 年 12 月 31 日第 499 号联邦法律修订）

1. 向权利拥有人提供对为国家需要或者自治市需要被剥夺的地块的赔偿。

2. 在确定为国家需要或者自治市需要而剥夺地块的赔偿的数额时，其中包括其所有权应当被终止的被剥夺地块的市场价值，或者，对应当被终止的地块的其他权利的市场价值，和包括所失利益在内的依照联邦立法确定的由于剥夺该地块而造成的损失。

在为国家需要或者自治市需要而剥夺地块的同时，也剥夺了在该地块上的属于该地块权利持有人的不动产时，对被剥夺财产的赔偿，包括其所有权应当被终止的不动产客体的市场价值，或者，应当被终止的不动产客体的其他权利的市场价值。

3. 在地块被剥夺的人同意的情况下，可以在剥夺协议中规定，在立法规定的条件下并依照立法规定的程序，向该人提供其他地块和（或者）其他不动产，但须从被剥夺地块的赔偿数额中扣除该地块的价值和（或者）其他不动产或者对其他不动产的权利的价值。

4. 在预先赔偿和等价赔偿的条件下才允许为了国家需要或者自治市需要而强制剥夺地块。

第 282 条　依照法院判决为了国家需要或者自治市需要剥夺地块

（经 2014 年 12 月 31 日第 499 号联邦法律修订）

1. 如果被剥夺地块的权利拥有人没有签订剥夺协议，包括由于不同意将其地块剥夺的决定，则允许为国家需要或者自治市需要强制剥夺地块。

2. 依照法院判决为国家需要或者自治市需要强制剥夺地块。为国家或者自治市需要强制剥夺地块的诉讼，可以在为国家需要或者自治市需要剥夺地块决定的效力期限内，向法院提出。在此情况下，诉讼不得在自该地块的权利拥有人收到剥夺协议草案之日起九十日期限届满之前提出。

第 283 条 自 2015 年 4 月 1 日失效——2014 年 12 月 31 日第 499 号联邦法律

第 284 条 剥夺没有被按照目的性用途使用的地块

（经 2016 年 7 月 3 日第 354 号联邦法律修订）

在地块被预定用于从事农业经营或者住宅建筑或者其他建设，如果法律没有规定更长期限的，那么在三年之内没有被按照目的性用途使用，则地块可以被从所有权人处剥夺。该期限不包括为取得地块所必要的时间，但属于农业用途的其土地流转受 2002 年 7 月 24 日第 101 号联邦法律《农用土地流转法》调整的地块除外，也不包括由于自然灾害或者由于排除此种使用的其他情势，导致在该期限内地块不能被按照目的性用途使用的时间。

第 285 条 剥夺违反俄罗斯联邦立法被使用的地块

（2018 年 8 月 3 日第 399 号联邦法律修订）

如果地块的使用违反了俄罗斯联邦立法的要求，特别是如果地块的使用没有按照目的性用途，或者其使用会导致实质性的降低农业用途土地的土壤肥力，或者对周围的环境造成损害，或者在地块上营造或者建造违章建筑并且本法典第 222 条第 2 款中规定的人没有履行法律规定的拆除或者依照规定要求进行整改的义务，则地块可以被从所有权人处剥夺。

第 286 条 剥夺没有被按照目的性用途使用或者违反俄罗斯联邦立法被使用的地块的程序

（经 2016 年 7 月 3 日第 354 号联邦法律修订）

1. 被授权依照本法典第 284 条和第 285 条规定的依据做出剥夺地块决定的国家权力机关或者地方自治机关，以及强制性地预先告知地块所有权人关于其所实施的违反行为的程序，由土地立法规定。

2. 如果地块的所有权人书面告知作出剥夺地块决定的机关自己同意履行该决定的，则地块应当公开拍卖出售。

3. 如果地块的所有权人不同意剥夺其地块的决定，则作出剥夺地块决定的机关可以向法院提出出售地块的请求。

第 287 条 属于非所有权人的人对地块权利的终止

属于租赁人的或者非为所有权人的其他人的，由于该人等不适当利用地块导致其对地块权利终止，依照土地立法规定的理由和依照土地立法规定的程序进行。

第十八章　住宅的所有权和他物权

第 288 条　住宅所有权

1. 所有权人依照其用途对属于他的住宅行使占有、使用和处分的权利。

2. 住宅预定用于公民的居住。

作为住宅所有权人的公民，可以为个人居住或者家庭成员的居住而使用住宅。

住宅可以由所有权人依据合同而出租。

3. 不允许在住宅大厦内安置工业生产。

住宅所有权人在属于他的住房里安置企业、机构、组织，只有经过将该房屋转为非居住房屋之后才允许。住宅转为非居住房屋，依照住宅立法规定的程序进行。

第 289 条　作为所有权客体的公寓

在多套住宅公寓大厦中公寓（Квартира）的所有权人，除了拥有属于他的公寓所占据的房屋，对大厦共用财产的所有权份额也属于他（第 290 条）。

第 290 条　多套公寓大厦中公寓所有权人的共用财产

1. 大厦的共用房屋、大厦的承重结构、机械设备、电力设备、卫生技术设备和在公寓内外服务于一个以上公寓的其他设备，属于多套公寓大厦中的公寓所有权人们按份共有。

2. 公寓的所有权人无权转让自己在大厦共用财产所有权中的份额，也无权实施会导致该份额与公寓所有权分离而移转的其他行为。

第 291 条　住宅所有权协会

1. 多套公寓大厦中的房屋所有权人，或者数个多套公寓大厦中房屋的所有权人，或者数个住宅大厦的所有权人，为了共同管理多套公寓大厦中的共用财产，或者多个多套公寓大厦中所有权人的财产，或者多个住宅大厦所有权人的财产，和从事对该财产的建造、维护、维修和提升活动，以及为了从事旨在达成管理多套公寓大厦或共同使用属于在多个多套公寓大厦中的房屋所有权人的财产，或多个住宅大厦所有权人的财产的其他活动，可以设立住宅所有权人协会。

（本款经 2016 年 1 月 31 日第 7 号联邦法律修订）

2. 住宅所有权人协会为依照住宅所有权人协会法设立和活动的非商业性组织。

第 292 条　住宅所有权人家庭成员的权利

1. 居住在属于所有权人住宅中的所有权人的家庭成员，拥有在住宅立法规定的条件下使用该住宅的权利。

居住在属于所有权人住宅中的所有权人的具有完全行为能力或者被法院限制行为能力的家庭成员，对由于使用住宅所产生的债务，与所有权人承担连带责任。

（本段经 2001 年 5 月 15 日第 54 号联邦法律引入，经 2008 年 4 月 24 日第 49 号联邦法律修订）

2. 住宅大厦或者公寓的所有权向他人移转，构成以前的所有权人的家庭成员对住宅的使用权终止的理由，但法律有不同规定的除外。

（经 2001 年 5 月 15 日第 54 号联邦法律引入，2004 年 12 月 30 日第 213 号联邦法律修订）

3. 住宅所有权人的家庭成员，可以要求消除包括住宅所有权人在内的任何人对其住宅权利的侵犯。

4. 转让（监护与保佐机关所知悉的）其中有处在监护或者保佐之下的该住宅所有权人的家庭成员，或者所有权人的无父母监护的未成年家庭成员生活在其中的住宅，在此情况下涉及前述人等的权利或者受法律保护的利益，只有经过监护与保佐机关同意后才允许。

（本款经由 2004 年 12 月 30 日第 213 号联邦法律修订）

第 293 条　无人维护的住宅的所有权的终止

如果住宅的所有权人不按照其用途使用，体系性地侵犯邻居的权利和利益，或者无人照管住宅任其毁坏，则地方自治机关，可以警告所有权人，必须消除违法行为，而如果违法行为会引起住房的毁坏，也可以给所有权人指定合理期限以维修房屋。

如果所有权人在被警告之后继续侵犯邻居的权利和利益，或者不按照用途使用住宅，或者没有值得尊重的理由而不进行必要的维修，则法院依据地方自治机关提起的诉讼，可以作出判决公开拍卖出售该住宅，并将出售所获得的价款扣除履行法院判决的费用之后，支付给所有权人。

第十九章　经营管理权和业务管理权

第 294 条　经营管理权

对财产享有经营管理权的国有单一制企业或自治市单一制企业，在依照本法典确定的范围内，对这些财产进行占有、使用和处分。

第 295 条　所有权人对处在经营管理中的财产的权利

1. 处在经营管理中财产的所有权人，依照法律决定设立企业，确定其活动对象和目的，其改组与清算的问题，任命企业的总经理（负责人），监督依照用途使用和保护属于企业的财产的完整性。

所有权人也有权从对处在企业经营管理中财产的使用中获取部分利润。

2. 未经所有权人许可，企业无权将其享有经营管理权的不动产出售、出租、抵押、作为经营性公司合伙的注册（储备）资本的出资或者以其他方式处分这些财产。

企业可以独立处分其所属的其他财产，但法律或者其他法律文件规定的情形除外。

第 296 条　业务管理权

（经 2006 年 11 月 3 日第 175 号联邦法律修订）

1. 对划拨给它们的财产享有业务管理权的机构和国库企业，在法律规定的范围内，依照自己的活动的目的、该财产的用途，占有和使用这些财产，并且如果法律没有不同规定，可以经该财产的所有权人同意，而处分这些财产。

（本款经由 2010 年 5 月 8 日第 83 号联邦法律修订）

2. 财产的所有权人，可以剥夺多余的、没有使用的或者没有按照用途使用的划拨给机构或者国库企业的财产，以及机构或者国库企业依照所有权人拨付给购置该财产的资金而购买的财产。该财产的所有权人有权按照自己的意愿处分从机构或者国库企业剥夺的财产。

（本款经 2010 年 5 月 8 日第 83 号联邦法律修订）

第 297 条　国库企业财产的处分

1. 国库企业（Казенное предприятие），只有经该财产的所有权人同意后，才有权转让或者以其他方式处分划拨给它的财产。

如果法律或者其他法律文件没有不同规定，则国库企业独立销售其所生产的产品。

2. 国库企业收入的分配程序由财产的所有权人决定。

第 298 条　机构财产的处分

（经 2010 年 5 月 8 日第 83 号联邦法律修订）

1. 私人机构无权转让或者以其他方式处分所有权人划拨给它的财产，或者由该机构依靠所有权人划拨给它的购买这些财产的资金而购买的财产。

在其设立文件中规定了该权利的，则私人机构有权从事带来收入的活动，在此情况下，从该活动中所获取的收入和依靠这些收入而购置的财产，由私人机构独立处分。

2. 自主机构未经所有权人同意，无权处分所有权人划拨给它的，或者自主机构依靠所有权人划拨给它的购置该财产的资金而购置的不动产和特别贵重的动产。如果法律没有不同规定，则自主机构有权独立处分处在其业务管理权之中的其他财产。

只有在服务于达成其所设立的目的，和符合此类目的范围内，并且在该活动已经在其设立文件中指明的条件下，自主机构才有权从事带来收入的活动。从该活动中取得的收入和依靠这些收入而购置的财产，由自主机构独立处分。

3. 预算机构未经所有权人的许可，无权处分所有权人划拨给它的，或者由预算机构依靠所有权人划拨给它的购置该财产的资金而购置的珍贵动产以及不动产。如果法律没有不同规定，则预算机构有权独立处分处在业务管理权中的其他财产。

只有在服务于达成其所设立的目的，并在符合该等目的范围内，且在该活动已经在设立文件中指明的条件下，预算机构才有权从事带来收入的活动。从该活动中取得的收入和依靠这些收入而购置的财产，由预算机构独立处分。

4. 国库企业未经财产所有权人许可，无权转让或者以其他方式处分财产。

国库企业，可以依照自己的设立文件从事带来收入的活动。从前述活动中取得的收入，进入俄罗斯联邦预算体系中的相应预算。

第 299 条　经营管理权和业务管理权的取得与终止

1. 对所有权人决定划拨给单一制企业或者机构的财产的经营管理权和业务管理权，自财产移交之时对该企业或者机构产生，如果法律、其他法律文件或者所有权人的决定有不同规定的除外。

2. 使用处在单一制企业或者机构的经营管理或者业务管理中的财产所获得的孳息、产品和收入，以及单一制企业或者机构依照合同或者其他依据购置的财产，按照本法典、其他法律和其他法律文件为取得所有权所规定的程序，进入企业或者机构的经营管理和（或者）业务管理之中。

（本款经 2010 年 5 月 8 日第 83 号联邦法律修订）

3. 财产的经营管理权和业务管理权，如果本法典没有不同规定，则依据本法典、其他法律和其他法律文件为所有权终止所规定的依据和程序，以及在依照所有权人的决定合法剥夺企业或者机构的财产的情况下而终止。

（本款经 2014 年 12 月 31 日第 499 号联邦法律修订）

第 300 条　在企业或者机构移转给其他所有权人的情况下保留对财产的权利

1. 在作为财产综合体的国有企业或者自治市企业的所有权移转给国有财产或者自治市财产的其他所有权人的情况下，该企业保留对其所属财产的经营管理权或者业务管理权。

（经 2002 年 11 月 14 日第 161 号联邦法律修订）

2. 在机构的所有权向他人移转的情况下，该机构保留对其所属财产的业务管理权。

第二十章　所有权和他物权的保护

第 301 条　从他人的非法占有中索还财产

所有权人有权要求从他人的非法占有中索还自己的财产。

第 302 条　向善意取得人索还财产

1. 如果财产从取得人（善意取得人）不知道也不可能知道没有转让权利的人处有偿取得，则所有权人在财产是由所有权人或者所有权人交付其占有的人遗失，或者从某人处被盗取，或者通过违反其意愿的其他方式脱离其占有的情况下，有权要求取得人返还该财产。

2. 如果财产是从无权转让人处无偿取得，则所有权人在任何情况下均有权要求返还财产。

3. 金钱以及无记名有价证券，不得向善意取得人要求返还。

第 303 条　在从非法占有中返还财产时的结算

在从他人的非法占有中要求返还财产时，所有权人也有权要求知道或者应当知道其占有为非法的人（恶意占有人），返还该人在整个占有期间已经收取或者赔偿应当收取的全部收入；要求善意占有人返还或者赔偿，自他知道或者应当知道占有为非法时，或者自收到所有权人要求返还财产之诉的传票时，其已经收取或者应当收取的全部收入。

无论是善意占有人，还是恶意占有人，反过来也有权要求所有权人赔偿自该财产的收入欠付给所有权人时起，对财产所进行的必要花费。

善意占有人，有权将其所做的改善留归自己，但是非给财产造成损害而不能分离的改善除外。如果该改善不可能分离，则善意占有人有权要求赔偿进行改善所花费的费用，但不得超过财产价值增加的数额。

第 304 条　保护所有权人的权利免受与剥夺占有无关的侵害

所有权人可以要求消除任何对其权利的侵犯行为，尽管这些侵犯行为没有剥夺他的占有。

第 305 条　保护非所有权人的占有人的权利

在本法典第 301~304 条规定的权利，也属于尽管不是所有权人，但依据终生可继承占有权、经营管理权、业务管理权或者其他法律和合同规定的理由，而占有财产的人。该人也拥有针对所有权人保护其占有的权利。

第 306 条　所有权依照法律而终止的后果

在俄罗斯联邦通过终止所有权的法律的情况下，由于该法案的通过而给所有权人造成的损失，包括财产的价值，由国家赔偿。损失赔偿的纠纷由法院解决。

第三编　债法总则

第一分编　债的一般规定

第二十一章　债的概念

（经 2015 年 3 月 8 日第 42 号联邦法律修订）

第 307 条　债的概念

（经 2015 年 3 月 8 日第 45 号联邦法律修订）

1. 根据债，一人（债务人）有义务为他人的利益（债权人）而实施特定的行为，诸如交付财产、提供服务、为共同活动出资、支付金钱等，或者不实施特定的行为，而债权人拥有要求债务人履行其义务的权利。

2. 债自合同和其他法律行为、致人损害、由于不当得利，以及从本法典规定的其他依据中产生。

3. 在设立、履行债的情况下，以及在债终止之后，当事人有义务考虑相互的权利和合法利益，相互提供为达成债之目的所必要的协助，以及相互提供必要的信息，而善意行为。

第 307[1] 条　债之一般规定的适用

（经 2015 年 3 月 8 日第 42 号联邦法律引入）

1. 如果包含在本法典和其他法律中的某些合同种类的规则没有不同规定，则对由合同产生之债（合同之债）适用关于债的一般规定（本分编），而在缺乏此类特别规则的情况下，适用关于合同的一般规定（第三编第二分编）。

2. 如果本法典第 59 章和第 60 章的相应规则没有不同规定，或者从相应关系的本质中不能得出不同规定，则关于债的一般规定（本分编）适用于致人损害之债和不当得利之债。

3. 在本法典、其他法律没有不同规定，或者从相应的关系的本质中不能得出不同规定的范围内，关于债之一般规定（本分编）适用于：

（1）源自社团关系的请求（第四章）；

（2）与适用法律行为无效后果有关的请求（第九章第二节）。

第 308 条　债之当事人

1. 一人或者数人同时可以参与债，作为任一方当事人——债权人或者债务人。

债权人对参与债之多数债务人之一的请求无效，以及对该人请求的诉讼时效期限届满，本身不涉及他对其他债务人的请求。

2. 如果合同的每一方当事人，均承担了为对方当事人利益的义务，则每一方当事人被视为在其为对方当事人利益承担义务时的债务人，而同时也是对对方当事人拥有请求权的债权人。

3. 债不为没有以当事人身份参与债的人（第三人）创设义务。

在法律、其他法律文件或者当事人的协议规定的情况下，可以对债之一方或者双方当事人而为第三人创设权利。

第 308^{1} 条　可选择之债

（经 2015 年 3 月 8 日第 42 号联邦法律引入）

1. 选择之债（Альтернативное обязательство），是指根据债，债务人有义务实施两个或者多个行为中的一个行为（不实施行为），如果法律、其他法律文件或者合同没有将选择权赋予债权人或者第三人，则其中的选择属于债务人。

2. 自债务人（债权人、第三人）行使选择权之时起，债不再是可选择之债。

第 308^{2} 条　可替代之债

（经 2015 年 3 月 8 日第 42 号联邦法律引入）

可替代之债（Факультативное обязательство），是债务人有权根据债务条款规定（替代性）主要债务。如果债务人行使了自己的以债之条件规定的履行替代权的情况下，债权人有义务接受债务人依据债的相应履行。

第 308^{3} 条　对债权人依据债的权利的保护

（经 2015 年 3 月 8 日第 42 号联邦法律引入）

1. 在债务人不履行债务的情况下，如果本法典、其他法律或者合同没有不同规定，也不能从债之本质中得出不同规定的，则债权人有权向法院要求对债的实际履行。法院有权依据债权人的请求，为债权人的利益，对不履行法院文件的情形，在法院依据公平原则、比例原则和不允许从非法行为或恶意行为中获取利益的原则（第 1 条第 4 款）规定的数额内，判处违约金（第 330 条第 1 款）。

2. 债权人依照本条第 1 款保护自己的权利，并不免除债务人对不履行或者不适当履行债务的责任（第二十五章）。

第二十二章　债之履行

第 309 条　一般规定

债应当依照债之条件和法律、其他法律文件的要求，以适当方式履行，而在缺乏此类条件和要求的情况下，依照习惯和其他通常所提出的要求，以适当方式履行。

（本条经 2015 年 3 月 8 日第 42 号联邦法律修订）

第 309[1] 条　债权人们关于满足其对债务人的请求的程序的协议

（经 2015 年 3 月 8 日第 42 号联邦法律引入）

1. 在同一债务人的根据同种类之债的数个债权人之间，可以缔结关于满足其对债务人请求的程序的协议，包括关于其请求满足的顺序和对履行分配的非比例性。前述协议的当事人，有义务不违反前述协议的条件，实施旨在从债务人处获得履行的行为。

2. 诸债权人之一违反债权人之间关于满足其对债务人请求的程序的协议的条件而从债务人取得的履行，应当依照前述协议的条件移转给其他债之债权人。其他债权人对债务人相应部分的请求，移转给将从债务人取得的履行移转给其他债权人的债权人。

3. 债权人关于满足其对债务人请求的程序的协议，不得为没有以当事人身份参与协议的人，包括对债务人，创设义务（第 308 条）。

第 309[2] 条　债之履行费用

（经 2015 年 3 月 8 日第 42 号联邦法律引入）

如果法律、其他法律文件或者合同没有不同规定，从债之本质、习惯，以及其他通常提出的要求中不能得出不同规定的，则由债务人承担债之履行的费用。

第 310 条　不允许单方拒绝债之履行

（经 2015 年 3 月 8 日第 42 号联邦法律修订）

1. 除本法典、其他法律或者其他法律文件规定的情形外，不允许单方放弃债之履行和单方变更债之条款。

2. 在本法典、其他法律、其他法律文件或者合同规定的情况下，允许单方变更与全体当事人从事经营活动有关的债之条款，或者单方放弃对该债之履行。

如果债之履行并非与全体当事人从事经营活动有关，则单方变更债之条款的权利，或者单方放弃债之履行的权利，只能由合同赋予不从事经营活动的当事人，但法律或者其他法律文件规定了合同可以将该权利赋予其他当事人的可能性的情形除外。

3. 本法典、其他法律、其他法律文件以及合同规定的单方放弃与当事人从事经营活动有关的债之履行的权利，或者单方变更债之条款的权利，可以依照当事人的协议，规定必须向债之另一方当事人支付规定的款项。

第 311 条　债之部分履行

如果法律、其他法律文件、债之条款没有不同规定，从习惯或者债之本质也不能得出不同规定的，则债权人有权不接受债之部分履行。

（本条经 2015 年 3 月 8 日第 42 号联邦法律修订）

第 312 条　向适当的人履行债

1. 如果双方当事人的协议没有不同规定，也不能从习惯或者债之本质得出不同规定，则债务人有权在履行债时，要求证明由债权人本人或者其授权接受履行的人接受履行，并承担不提出该要求的风险。

（本款经 2015 年 3 月 8 日第 42 号联邦法律修订）

2. 如果债权人的代理人依据包含以普通书面形式实施的文件中的授权行事，则债务人有权，在取得被代理人对其权限的证明之前，特别是在代理人提示公证证明的委托授权书之前，不向该代理人进行债之履行，但法律规定的情形，以及由债权人直接向债务人提交的书面授权的情形（第 185 条第 3 款），或者债权人的代理人权限包含在债权人和债务人之间的合同之中（第 185 条第 4 款）的情形除外。

（本款经 2015 年 3 月 8 日第 42 号联邦法律引入）

第 313 条　第三人对债之履行

（经 2015 年 3 月 8 日第 42 号联邦法律修订）

1. 如果债之履行由债务人指定的第三人承担，债权人有义务接受第三人代替债务人提供的履行。

2. 如果债务人没有将债之履行由第三人承担，则债权人有义务在下列情况下，接受由该第三人代替债务人提供的履行：

（1）债务人迟延履行金钱债务；

（2）第三人证明，存在由于对该财产提出追索而自己丧失对债务人的财产的权利的危险。

3. 如果从法律、其他法律文件、债之条款或者债之本质中可以得出债务人亲自履行债之义务，则债权人没有义务接受由第三人代替债务人提供的履行。

4. 如果依照本条允许第三人履行债的情况下，第三人有权通过将债务向公证人提存的方式履行债务，或者遵守本法典对债务人规定的规则进行抵消。

5. 债权人的依据债的权利，按照本法典第387条移转给已经履行了债务人之债的第三人。如果债权人的依据债的权利部分地移转给第三人，则这些权利不得用于给债权人造成损害，特别是这些权利在依靠担保之债进行满足时，或者在债务人的资金不足以全部满足请求的情况下，不享有优先地位。

6. 如果第三人履行了债务人的非金钱性的义务，则第三人在债权人面前就替代债务人履行的瑕疵，承担对该债规定的责任。

第314条 债之履行期限

（经2015年3月8日第42号联邦法律修订）

1. 如果债规定或者允许确定其履行日期，或者其应当履行的期间（包括如果该期间从另一方当事人履行义务之时，或者自法律或合同规定的其他事件的到来时开始计算），则债应当在该日期或者在该期间范围内相应的任何时点履行。

2. 在债没有规定履行期限，也没有包含足以确定该期限的条款的情况下，以及在债的履行期限由要求履行的时点确定的情况下，如果法律、其他法律文件、债之条款没有规定，或者不能从习惯或者债之本质中得出在其他期限内履行的义务，则债应当在自债权人提出履行请求之日起七日内履行。在债权人没有在合理期限内提出履行该债之请求的情况下，如果法律、其他法律文件、债之条款没有规定，或者不能从习惯或债之本质中得出不同规定，则债务人有权要求债权人接受履行。

第315条 债之提前履行

如果法律、其他法律文件或者债之条款没有不同规定，也不能从债之本质中得出不同规定，则债务人有权提前履行债务。但是提前履行与当事人从事经营活动有关之债，只有在法律、其他法律文件或者债之条款规定，或者从习惯或者债之本质中可以得出提前履行这种可能性的情况下才允许。

（本条经2015年3月8日第42号联邦法律修订）

第316条 债之履行地

（经2015年3月8日第42号联邦法律修订）

1. 如果法律、其他法律文件或者合同没有规定，不能从习惯或者债之本质中得出债之履行地，则债之履行应当按照以下方式进行：

根据债交付地块、建筑物、构筑物或者其他不动产的，则在该财产的所在地履行。

依照规定了财产运输的债，交付商品或者其他财产，则在将财产交付第一承运人以送达债权人的地点进行。

依据其他的经营者之债，交付商品或者其他财产，则在制作或者保存财产的地点履行，如果该地点是债权人在债产生之时已经知道的。

现金支付的金钱之债，在债务产生时债权人的住所地，或者如果债权人是法人，则在债权产生时法人的所在地履行。

非现金支付的金钱之债，如果法律没有不同规定，则在为债权人服务的银行（其分支机构、分部）所在地履行。

所有的其他债务，在债务人的住所地，或者如果债务人是法人，则在法人所在地履行。

2. 在债产生之后，履行地发生了变更，特别是债务人或债权人的住所地发生变更，则该变更所依赖的一方当事人，有义务赔偿另一方当事人额外花费，并由自己承担与债之履行地变更有关的额外风险。

第 317 条　金钱之债的币种

1. 金钱之债应当以卢布体现（第 140 条）。

2. 在金钱之债中，可以规定它应当以卢布支付等额的外币或者有条件的外币单位（欧元、特别提款权等）。在此情况下，如果法律或者当事人的协议没有规定其他的牌价或其他的确定牌价的日期，则应当以卢布支付的款项数额按照在付款日相应货币或有条件货币单位的官方牌价确定。

3. 在法律规定的情况下，依照法律规定的程序，并在法律规定的条件下，或者依照法律规定的程序，允许在俄罗斯联邦境内实施债务结算时使用外国货币以及外币支付文件。

第 317[1] 条　金钱之债的利息

（经 2015 年 8 月 3 日第 42 号联邦法律引入）

1. 在法律或者合同规定应当对金钱之债的款项在货币资金使用期间支付利息的情况下，如果法律或者合同没有规定不同的利息数额，则利息的数额按照在相应时期俄罗斯银行关键利率（法定利息）确定。

（本款经 2016 年 7 月 3 日第 315 号联邦法律修订）

2. 规定复利（начисление процентов на проценты）的债之条款，自始无效，但产生自银行储蓄合同或者与当事人从事经营活动有关的合同之债的条款除外。

第 318 条　增加支付给公民的扶养费数额

（经 2015 年 3 月 8 日第 42 号联邦法律修订）

如果法律没有不同规定，依据金钱之债，包括赔偿所造成的生命或者健康损害，或者按照终生扶养合同所支付的直接扶养公民的款项，根据按照法律确定的最低生活保障（величина прожиточного минимума）数额的提高比例而增加。

第 319 条 清偿依据金钱之债的请求顺序

所支付的款项不足以完全履行金钱之债，在缺乏其他协议的情况下，首先清偿债权人取得履行的费用，然后是清偿利息，剩余部分清偿债务本金。

第 319[1] 条 对依据同种类之债的请求的清偿

（经 2015 年 8 月 3 日第 42 号联邦法律修订）

1. 如果债务人的履行不足以清偿债务人对债权人所负的所有同种类之债，则履行清偿债务人在履行时或者在履行后立即指出的债务。

2. 如果法律或者当事人的协议没有不同规定，在债务人没有指出所做的履行清偿哪一个同种类之债，而在这些债中存在债权人拥有担保的债，则履行清偿债权人没有拥有担保的债。

3. 如果法律或者当事人的协议没有不同规定，在债务人没有指出所做的履行清偿哪一个同种类之债，则其履行期限已经到来或者在先到来的债具有优先地位，或者，在债没有履行期限时，在先产生的债具有优先地位。如果诸债之履行期限同时到来，则所做的履行按照比例清偿所有的同种类请求。

第 320 条 可选择之债的履行

（经 2015 年 3 月 8 日第 42 号联邦法律修订）

1. 如果可选择之债（第 308[1] 条）的债务人拥有选择权，却并没有在为此规定的期限内，包括通过履行债务的方式作出选择，则债权人有权按照自己的选择要求债务人实施相应的行为或者不采取行为。

2. 如果可选择之债的选择权（第 308[1] 条）被赋予了债权人或者第三人，而该债权人或者第三人没有在为此规定的期限内作出选择，则债务人按照自己的选择履行债务。

第 320[1] 条 可替代之债的履行

（经 2015 年 3 月 8 日第 42 号联邦法律修订）

1. 如果可替代之债（第 308[2] 条）的债务人在规定的期限之前没有着手进行主要履行，则债权人有权要求履行主要之债。

2. 关于履行可选择债（第 320 条）的规则，适用于规定债务人实施两个或者多个行为中的一个的债，但它能被确认为可替代之债的除外。

第 321 条　履行由数个债权人或者数个债务人参与之债

如果由数个债权人或者数个债务人参与债，则每个债权人均有权要求履行，而每个债务人均有义务与其他债务人按照同等份额履行债务，但从法律、其他法律文件或者债之条件有不同规定的除外。

第 322 条　连带之债

1. 如果合同规定或者法律设定了连带义务或者请求，特别是在债之标的不可分的情况下，产生连带义务（责任）或者连带请求。

2. 数个债务人根据与经营活动有关的债之义务，以及在该债中的数个债权人，如果法律、其他法律文件或者债之条件没有不同规定，则为连带义务或者连带请求。

第 323 条　连带义务时债权人的权利

1. 在数个债务人连带义务时，债权人有权要求全体债务人共同，或者要求任何一个债务人单独履行全部债务或者部分债务。

2. 没有从数个连带债务人之一获得全部满足的债权人，有权向其他连带债务人要求没有得到满足的请求。

连带债务人在债被全部履行之前仍然为义务人。

第 324 条　在连带义务时针对债权人请求的抗辩

在连带义务的情况下，债务人无权针对债权人的请求，提出基于该债务人没有参与的其他债务人与债权人的关系的抗辩。

第 325 条　数个债务人之一履行连带义务

1. 数个债务人之一全部履行连带义务，免除其他债务人向债权人的履行。

2. 如果不能从连带债务人之间的关系得出不同规定，则：

（1）履行了连带义务的债务人，享有在扣除其应负担的份额之后对其他债务人的同等份额的追偿请求权；

（2）连带债务人之一没有向履行了连带义务的债务人支付的部分由其他债务人以同等份额承担。

3. 本条的规则相应地在以债务人之一以对待请求抵消的方式终止连带债务的情况下也适用。

第 326 条　连带请求

1. 在连带债权的情况下，任何一个连带债权人均有权对债务人提出全部请求。

在由连带债权人之一提出请求之前，债务人有权按照自己的意愿向任一债权人履行债务。

2. 债务人无权针对连带债权人之一的请求，提出基于该债权人没有参与的债务人与其他连带债权人的关系的抗辩。

3. 向连带债权人之一全部履行债务，免除债务人向其他债权人的履行。

4. 如果不能从连带债权人之间的关系中得出不同规定，则从债务人取得了履行的连带债权人，有义务以同等份额向其他债权人赔偿。

第 327 条　以将债务提存的方式履行债

1. 如果债由于以下情形不能由债务人履行，则债务人有权将金钱或者有价证券向公证人提存，并在法律规定的情况下，向法院提存：

（1）在债应当被履行之地，缺乏债权人或者其所授权的人接受履行；

（2）债权人无行为能力且其缺乏代理人；

（3）明显缺乏关于谁为债之债权人的确定性，特别是由于在债权人和他人之间就此存在纠纷；

（4）债权人逃避接受履行或者来自债权人一方的其他逾期。

1[1]. 自 2018 年 6 月 1 日起失效——2018 年 5 月 23 日第 120 号联邦法律

2. 将金钱款项或者有价证券向公证人或者法院提存，视为债已经被履行。

接受金钱或者有价证券提存的公证人或者法院，就此通知债权人。

3. 在债权人从公证人或者法院的提存中收取金钱或者有价证券之前的任何时候，债务人均有权要求向其返还这些金钱或者有价证券，以及从其中取得的收入。在向债务人返还对债之履行的情况下，债务人被视为没有履行债务。

（本款经 2015 年 3 月 8 日第 42 号联邦法律修订）

4. 在依据债权人和债务人的共同申请，向公证人提存动产（包括现金、文件化有价证券和文件），非现金资金或者无纸化有价证券的情况下，在公证人和公正活动立法没有不同规定的范围内，对此类关系应当适用附条件提存合同（托管）[договор условного депонирования（эскроу）] 的规则。

（本款由 2018 年 5 月 23 日第 120 号联邦法律）

第 327[1] 条　债之附条件履行

（由 2015 年 3 月 8 日第 42 号联邦法律引入）

可以由债之当事人之一附条件地实施或者不实施特定的行为，或者在合同规定的其他情势，包括完全取决于一方当事人意愿的情势到来时，履行依据合同之债的义务，以及行使、变更和终止依据合同之债的权利。

第 328 条　债之对待履行

（经 2015 年 3 月 8 日第 42 号联邦法律修订）

1. 一方当事人的债之履行，以另一方当事人履行自己的债为条件的，为对待履行。

2. 在义务方没有提供合同规定的债之履行的情况下，或者在存在明显的证明该履行将不会如期进行的情势的情况下，承担对待履行的当事人，有权暂时停止履行自己的债务，或者放弃对该债之履行并要求赔偿损失。

如果合同规定的债之履行没有完全进行，承担对待履行之当事人有权暂时停止对自己债务的履行，或者放弃与没有提供履行相应部分的履行。

3. 其条件规定了对待履行的债之任何一方当事人，在没有向对方当事人提供债之履行时，均无权向法院要求履行。

4. 如果法律或者合同没有不同规定，则适用本条第 2 款和第 3 款规定的规则。

第二十三章 债之履行的担保

第一节 一般规定

第 329 条 债之履行担保的方式

（经 2015 年 3 月 8 日第 42 号联邦法律修订）

1. 债之履行可以由违约金、抵押、对债务人之物的留置、保证、独立保证、定金（задаток）、保证金和法律或者合同规定的其他方式担保。

2. 债之履行的担保协议无效，并不导致主债所由之产生的协议无效。

3. 在产生主债的协议无效的情况下，因无效而返还按照主债所取得的财产的义务被视为有担保的。

4. 如果法律或者合同没有不同规定，则主债终止导致担保之债终止。

第二节 违约金

第 330 条 违约金的概念

1. 违约金（罚款、罚金）是指法律或者合同规定的在不履行或者不适当履行债的情况下，特别是在逾期履行的情况下，债务人有义务支付的金钱款项。请求支付违约金时，债权人没有义务证明给他造成的损失。

2. 如果债务人无须对债之不履行或者不适当履行承担责任，则债权人无权要求支付违约金。

第 331 条 违约金协议的形式

违约金协议应当以书面形式实施，无论其主债的形式。

不遵守书面形式将导致违约金协议无效。

第 332 条 法定违约金

1. 债权人有权要求支付法律规定的违约金（法定违约金），无论当事人的协议是否规定支付的义务。

2. 如果法律不禁止，则法定违约金的数额可以按照当事人的协议增加。

第 333 条　降低违约金

（经 2015 年 3 月 8 日第 42 号联邦法律修订）

1. 如果应当支付的违约金明显与对债之违反的后果不成比例，则法院有权降低违约金。如果债是由从事经营活动的人所违反，则法院在债务人提出降低违约金的请求的条件下才能降低违约金。

2. 合同规定的且应当由从事经营活动的人支付的违约金的减少，在证明追索合同规定数额的违约金会导致债权人取得不当利益的个别情况下才允许。

3. 本条的规则不涉及在本法典第 394 条规定的情况下依据本法典第 404 条债务人要求减轻其责任数额的权利和债权人要求赔偿损失的权利。

第三节　抵押

（经 2013 年 12 月 21 日第 367 号联邦法律修订）

1. 一般规定

第 334 条　抵押的概念

（经 2013 年 12 月 21 日第 367 号联邦法律修订）

1. 依据抵押，由抵押担保之债的债权人（抵押权人），有权在债务人不履行或者不适当履行该债的情况下，从抵押财产（抵押标的物）的价值中优先于抵押财产所属的人（抵押人）的其他债权人而获得满足。在法律规定的情况下并依照法律规定的程序，抵押权人的请求可以通过将抵押标的物移转给抵押权人（留给抵押权人）的方式予以满足。

2. 抵押权人也可以优先于抵押人的其他债权人依靠下列财产获得对抵押所担保之请求的满足：

对抵押财产的丧失或者损毁的保险赔偿金，无论该财产是为何人的利益而投保，只要丧失或者毁损不是由于抵押权人应当负责的原因而发生的；

支付给抵押人的用以替代抵押财产的赔偿金，特别是抵押人对作为抵押标的物的财产的所有权，依照法律规定的依据并按照法律规定的程序，由于国家需要或者自治市需要而被剥夺、征用或者国有化，以及在法律规定的其他情况下而终止；

第三人支付给抵押人或者抵押权人的从使用抵押财产所取得的收入；

在第三人履行以对其的履行请求权作为抵押标的债的情况下支付给抵押人的财产。

在本款第 2~5 款规定的情况下，如果法律或者合同没有不同规定，则抵押权人有权直接要求义务人向其支付金钱款项或者其他财产。

3. 如果法律或者合同没有不同规定，则在因追索抵押财产而卖得的款项不足以清偿请求的情况下，抵押权人有权在不享有基于抵押的优先地位而以债务人的其他财产满足自己没有被清偿的部分。

如果因追索抵押财产而卖得的款项超过了抵押所担保请求的数额，则将差额返还给抵押人。抵押人放弃取得前述差额的权利的协议自始无效。

4. 如果本法典关于这些种类的抵押的规则没有不同规定，则关于抵押的一般规定，适用于某些种类的抵押（第 357-358[17] 条）。

本法典关于物权的规则，在没有被前述规则和不动产抵押法所调整的部分内关于抵押的一般规则，适用于不动产的抵押（不动产抵押）。

5. 如果不能从抵押关系的本质中得出不同规定，则债权人或者为其利益而禁止处分财产的人（第 174[1] 条），自满足该类债权人或者其他权利人的请求的法院判决生效之时起，拥有抵押权人对该财产的权利和义务。对前述请求的满足顺序，依照本法典第 342[1] 条的规定，在相应禁令产生之日确定。

第 334[1] 条　抵押产生的依据

（经 2013 年 12 月 21 日第 367 号联邦法律修订）

1. 在抵押人和抵押权人之间的抵押依据合同产生。在法律规定的情况下，抵押在自法律中规定的情势到来时产生（法定抵押）。

2. 本法典关于依据合同的抵押的规则，如果法律没有不同规定，则相应地适用于依据法律所产生的抵押。

3. 在依据法律产生抵押的情况下，抵押人和抵押权人有权缔结调整其关系的协议。对该协议适用本法典关于抵押合同的形式的规则。

第 335 条　抵押人

（经 2013 年 12 月 21 日第 367 号联邦法律修订）

1. 抵押人可以是债务人自己，也可以是第三人。

当抵押人为第三人时，如果法律或者相应人等之间的协议没有不同规定，则对抵押人、债务人和抵押权人之间的关系适用本法典第 364~367 条的规则。

2. 将物设定抵押的权利属于物之所有权人。在本法典规定的情况下，拥有他物权的人可以将物设定抵押。

如果物是由非作为物之所有权人的人或者没有被以其他方式适当授予处分财产的权利的人交付抵押权人设定抵押，而抵押权人不知道也不应当知道这一点（善意抵押权人），则抵押财产的所有权人享有本法典、其他法律和抵押合同规定的抵押人的权利并承担抵押人的义务。

如果交付抵押的物是在此之前所有权人或者被所有权人交付其占有的遗失物，或者被从该人或者他人处盗取，或者通过违反其意愿的方式而脱离其占有，则不适用本款第 2 段规定的规则。

3. 如果抵押标的物是其转让需要其他人或者被授权的机关的同意或者许可的其他财产，则该同意或者该许可，也为将该财产交付抵押所必要，但依据法律而产生的抵押的情形除外。

4. 在作为抵押标的物的抵押人的财产，按照权利承继程序移转给数人时，每一个权利承继人（财产的取得人），按照转归他的前述财产的部分的比例，对抵押所担保之债的不履行承担源自抵押的后果。如果抵押的标的物为不可分物或者依据其他理由为权利承继人所共有，则他们成为连带共同抵押人（солидарные созалогодатели）。

第 335[1] 条　共同抵押权人

（经 2013 年 12 月 21 日第 367 号联邦法律修订）

1. 在法律或者合同规定的情况下，抵押标的物可以处在数个对其享有同等的按照产生顺序的抵押权人（共同抵押权人）的权利之中，以担保共同抵押权人据以成为独立债权人的不同之债的履行。

如果法律或者共同抵押权人之间的协议没有不同规定，则每个共同抵押权人独立行使抵押权人的权利和义务。在对处于共同抵押权人的抵押之中的抵押标的物提出追索的情况下，适用本法典第 342[1] 条第 2 款和第 6 款的规则。

从出售抵押标的物中所卖得的价款，如果他们之间的协议没有不同规定，也不能从共同抵押权人之间的关系的本质得出不同规定，则在共同抵押权人之间按照由抵押所担保的请求的数额的比例分配。

2. 如果法律或者合同没有不同规定，由抵押所担保履行之债的连带债权人或者按份债权人，是该抵押的连带共同抵押权人。在对处于连带共同抵押权人的抵押之中的抵押标的物提出追索时，适用本法典第 342[1] 条第 6 款的规则。

出卖抵押标的物所卖得的价款，按照本法典第 326 条第 4 款规定的程序，在作为主债之连带债权人的共同抵押权人之间分配。出卖抵押标的物所卖得的价款，在作为主债之按份债权人的共同抵押权人之间，如果他们之间的合同没有不同规定，依据由抵押所担保之请求的数额的比例分配。

第 336 条　抵押标的物

（经 2013 年 12 月 21 日第 367 号联邦法律修订）

1. 抵押标的物可以是包括物和财产权利在内的任何财产，但不允许追索的财产，与债权人的人格不可分离地联系的请求，特别是抚养费、给生命或者健康造成损害的赔偿请求，和法律禁止转让的其他权利除外。

对某些种类财产的抵押可以由法律限制或者禁止。

2. 抵押合同或者对依据法律所产生的抵押，可以由法律规定对抵押人在将来才能获得的财产的抵押。

3. 在法律或者合同规定的情况下，抵押适用于由于使用抵押财产而取得的孳息、产品和收入。

4. 在缔结抵押合同时，抵押人有义务以书面形式预先警告抵押权人关于所有在缔结合同时其所知悉的第三人对抵押标的物的权利（物权，源自于租赁合同、借贷合同所产生的权利），在抵押人不履行该义务的情况下，如果法律或者合同没有不同规定，则抵押权人有权要求提前终止抵押所担保之债，或者变更抵押合同条款。

第 337 条　抵押所担保之请求

（经 2013 年 12 月 21 日第 367 号联邦法律修订）

如果法律或者合同没有不同规定，抵押担保满足存在的利息、违约金、逾期履行所造成的损失赔偿，以及对抵押权人维护抵押标的物的必要费用和追索抵押标的物与出卖标的物有关费用的赔偿。

第 338 条　占有抵押标的物

（经 2013 年 12 月 21 日第 367 号联邦法律修订）

1. 如果本法典、其他法律或者合同没有不同规定，则抵押财产留在抵押人处。

2. 抵押标的物可以由抵押权人上锁和打上标记而留在抵押人处。

抵押标的物可以打上证明抵押的标志而留在抵押人处（固定抵押）。

3. 抵押人将抵押标的物交付给第三人占有或者使用，视为仍然留在抵押人处。

第 339 条　抵押合同的条件和形式

（经 2013 年 12 月 21 日第 367 号联邦法律修订）

1. 在抵押合同中应当指明抵押标的物、抵押所担保之债的本质、数额和履行期限。在抵押合同中存在对将来被担保之债所由之已经产生或者将要产生的合同的援引，则属于主债的条件视为已经协商一致。各方当事人可以在抵押合同中规定关于出卖依照法院判决被提出追索的抵押财产的程序的条款，或者关于可以非司法程序对抵押财产提出追索的条款。

2. 在其抵押人为从事经营活动的人的抵押合同中，抵押所担保之债，包括将来之债，可以在提出追索时能够确定债作为抵押所担保之债的方式予以描述，包括以通过指明在确定的数额范围内对债务人所有现存之债和（或者）将来之债予以担保的方式。

在其抵押人为从事经营活动的人的抵押合同中，抵押标的物可以在任何追索之时足以识别作为抵押标的物的财产的方式予以描述，包括以通过指明抵押人的全部财产或者特定的部分财产抵押，或者对特定种类或者类型的财产抵押的方式。

3. 如果法律或者各当事人的协议没有规定公证形式，则抵押合同应当以普通书面形式缔结。

对依据应当进行公证证明的合同之债的履行担保的抵押合同，应当经公证证明。

不遵守本款规定的规则将导致抵押合同无效。

第 339[1] 条　抵押的国家登记与登记

（经 2013 年 12 月 21 日第 367 号联邦法律修订）

1. 在以下情况下，抵押应当进行国家登记（Государственная регистрация），并且自该登记之时起产生：

（1）如果依照法律，规定财产之于特定的人的归属的权利，应当进行国家登记（第 8[1] 条）；

（2）如果抵押标的物是有限责任公司参加者（设立人）的权利（第 358[15] 条）。

2. 有价证券抵押的记载依照本法典和有关有价证券的其他法律的规则实施。

3. 有关印章结算合同的权利抵押的信息，依照本法典第 358[11] 条的规则进行登记。

4. 除了于本条第 1~3 款中规定的财产，以不属于不可动物的其他财产抵押，可以通过登记（учет залога）自抵押人、抵押权人或者在公证立法规定的情况下自其他人处收到的在该类财产抵押通知簿（动产抵押通知登记簿）中抵押通知的方式，予以登记。动产抵押通知登记按照公证立法规定的程序办理。

在已经登记的抵押通知变更或者终止的情况下，抵押权人有义务在其知道或者应当知道抵押变更或者终止之时起三个工作日内按照公证立法规定的程序发出变更抵押或者将抵押信息删除的通知。在公证立法规定的情况下，抵押变更或者将抵押信息删除的通知也发给法律中指明的其他人。

抵押权人自抵押登记记载完成时起有权对第三人援引属于他的抵押权，但如果第三人早已知道或者应当早已知道抵押存在的情形除外。缺乏登记记载不触及抵押人与抵押权人的关系。

第 340 条　抵押标的物的价值

（经 2013 年 12 月 21 日第 367 号联邦法律修订）

1. 如果法律没有不同规定，则抵押标的物的价值按照当事人的协议确定。

2. 如果法律或者合同没有不同规定，则抵押标的物在抵押合同签订后，或者依照法律抵押产生之后市场价值的变化，不构成变更或者终止抵押的理由。

规定由于担保公民返还消费信贷或者不动产信贷之债的抵押标的物后来市场价值降低，将抵押及于其他财产、提前返还信贷或者对抵押人的其他不利后果的合同条款，自始无效。

3. 如果法律、当事人的协议，或者法院关于追索抵押财产的判决没有不同规定，则当事人协商的抵押标的物的价值，为在对抵押标的物提出追索时抵押标的物的出售价格（初始出售价格）。

第 341 条　抵押的产生

（经 2013 年 12 月 21 日第 367 号联邦法律修订）

1. 如果合同、本法典和其他法律没有不同规定，则抵押权人在与抵押人的关系中的权利，自合同缔结之时产生。

2. 如果抵押标的物是由抵押人将要创建或者在将来取得的财产，则抵押自抵押人创造或者取得相应财产之时起，对抵押权人产生，但法律或者合同规定抵押在其他期限中产生的情形除外。

3. 如果抵押所担保的主债，在抵押合同缔结之后的将来产生，则抵押自合同确定的时刻起产生，但不得早于该债之产生。自合同抵押合同缔结时起，本法典第 343 和 346 条的规定，适用于双方当事人的关系。

4. 法律可以对不动产抵押规定，抵押，无论所担保之债产生、存在和终止，而产生、存在和终止。

第 342 条　在先抵押和在后抵押的关系［抵押顺位（старшинство залогов）］

（经 2013 年 12 月 21 日第 367 号联邦法律修订）

1. 如果处在抵押中的财产，成为同一个抵押标的物而担保多个请求［后来抵押（последующий залог）］，则后来抵押权人的请求，在先抵押权人的请求之后以该财产的价值予以满足。

抵押顺位为可以变更：

按照抵押权人之间的协议；

按照一个、数个或者全体抵押权人与抵押人之间的协议。

在任何情况下，前述协议不得影响非为前述协议的当事人的第三人的权利。

2. 如果法律没有不同规定，则允许后来抵押。

在先抵押合同规定了缔结后来抵押合同的条件，则后来抵押合同应当遵守前述条件而缔结。在违反前述条件的情况下，后来抵押权人有权要求抵押人赔偿因此所造成的损失。

3. 抵押人有义务将所有已经存在的本法典第 339 条第 1 款规定的财产抵押，通知每一个在后的抵押权人，而且如果不能证明抵押权人知道或者应当知道在先抵押，则抵押人对由于没有履行该义务，而给在后抵押权人造成的损失承担责任。

4. 缔结在后抵押合同的抵押人，应当立即就此通知在先抵押的抵押权人，并按照他们的要求，提供本法典第 339 条第 1 款规定的关于在后抵押的信息。

5. 在后抵押合同是违反在先抵押合同为其所规定的条件而缔结的，而在后合同的抵押权人知道或者应当知道这一点，则其对抵押人的请求根据在先抵押合同的条件予以满足。

6. 在先抵押合同在缔结在后抵押合同之后发生变更，在后抵押合同的缔结遵守了在先抵押合同为其所规定的条件，或者在先抵押合同没有规定这些条件，则不得影响在后抵押权人的权利，其条件为该变更导致对其请求的担保恶化，而且是未经在后抵押权人的同意而进行的。

第 342^{1} 条　抵押权人请求满足的顺序

（经 2013 年 12 月 21 日第 367 号联邦法律修订）

1. 如果本法典或者其他法律没有不同规定，则满足抵押权人请求的顺序，依据每一个抵押所产生的时间确定。

如果证明，在缔结合同时，或者在法律将其与抵押的产生相联系的情节产生之时，已经知道或者应当知道在先抵押权人的存在，则无论抵押产生的时间，该在先抵押权人的请求优先予以满足。

2. 在先抵押权人对抵押财产提出追索的情况下，在后抵押权人有权要求债务人提前履行在后抵押所担保之债，而在没有履行的情况下，有权对与在先抵押权人同时提出对抵押财产的追索。抵押人和在后抵押权人的合同，可以限制该抵押权人要求债务人提前履行在后抵押所担保之债的权利。

3. 在先抵押权人对抵押财产提出追索之后，所剩余的财产足以满足在后抵押权人的请求，则在后抵押所担保的请求，不得被提前满足。

4. 在后抵押权人没有行使要求提前履行债务的权利，或者该权利被按照本条第 2 款依照协议予以限制，则后来抵押终止，但本条第 3 款规定的情形除外。

5. 对不属于不可动物的抵押财产缔结了两个或者更多的抵押合同，或者实施了会导致抵押产生的其他的法律行为，并且不可能查明，前述法律行为中的哪一个实施在先，则此类抵押的抵押权人的请求，按照抵押所担保之债的数额的比例予以满足。

6. 在依照在后抵押所担保的请求，而对抵押财产提出追索的情况下，在先抵押权人有权要求同时提前履行抵押所担保之债，并对该财产提出追索，在先抵押合同的抵押权人没有行使该权利，则依照在后抵押所担保的请求而被提出追索的财产，随同这些抵押的负担移转给其取得者。

7. 在对依照在先抵押和在后抵押所担保的请求的财产提出追索之前，意图提出追索请求的抵押权人有义务就此书面通知所有其他的其所知道的该财产的抵押权人。

抵押人有义务将多个抵押权人之一对抵押财产提出追索的请求，书面通知该财产的所有其他抵押权人。

8. 在将出售抵押财产所得的价款在对被出售的抵押财产提出自己的追索请求的抵押权人之间进行分配之后，按照顺位的方式分配违约金、损失和其他应当按照所担保之债的条件支付给抵押权人的罚款性制裁的款项。可以依照有价证券法规定其他的分配违约金、损失，和其他罚款性制裁的款项的顺位。

9. 在先抵押和在后抵押的抵押权人是同一个人，则本条规定的规则不适用。在此情况下，如果法律或者当事人的协议没有不同规定，则每一个抵押所担保的请求按照相应抵押所担保之债的履行期限的顺位的方式予以满足。

10. 在依照本法典第 339[1] 条第 4 款进行抵押登记的抵押财产为数个抵押之标的物的情况下，其登记记载在先实施的抵押所担保的抵押权人的请求优先于同一财产抵押所担保的其登记记载没有按照法律规定的程序实施或者在后实施的抵押权人的请求满足，无论哪一个抵押在先产生。可以依照有价证券法规定其他的满足抵押权人请求的方式。

第 343 条　抵押财产的维护和保存

（经 2013 年 12 月 21 日第 367 号联邦法律修订）

1. 如果法律或者合同没有不同规定，则抵押人或者抵押权人，根据抵押财产处在何人之处（第338条），有义务：

（1）依靠抵押人承担费用，对抵押财产投保，其数额不低于抵押所担保之请求的数额，以免受灭失或者毁损的风险；

（2）依照本法典第346条的规则，使用和处分抵押财产；

（3）不实施可能会导致抵押财产灭失或者降低其价值的行为，并采取必要措施保障抵押财产的保存；

（4）采取必要措施保护抵押财产免受来自第三人的侵扰和请求；

（5）立即通知另一方当事人关于抵押财产灭失或者毁损风险的产生，第三人对该财产的索赔，第三人对该财产权利的侵犯。

2. 抵押权人和抵押人，有权按照文件和事实对处在另一方当事人处的抵押财产的存在、数量、状态和保存条件进行检查。在此情况下，不得对抵押财产的合法使用造成不当的干扰。

3. 在抵押权人或者抵押人，严重违反本条第1款中规定的义务，对抵押财产造成灭失或者毁损的风险的情况下，抵押人有权要求提前终止抵押，而抵押权人有权要求提前履行抵押所担保之债，且在不履行的情况下，有权对抵押财产提出追索。

第344条　抵押财产灭失或者毁损的后果

（经2013年12月21日第367号联邦法律修订）

1. 如果抵押合同没有不同规定，则抵押人承担抵押财产意外灭失或者意外毁损的风险。

2. 如果不能证明，可以依照本法第401条免除责任，则抵押权人对抵押人就交付给他的抵押标的物全部或者部分毁损或者灭失承担责任。

抵押权人在抵押标的物市场价值的范围内，为抵押标的物的灭失承担责任，而在抵押标的物价值降低的范围内，为损毁承担责任，无论抵押标的物按照抵押合同的估价。

如果由于抵押标的物毁损，抵押标的物变化之大，以至于不可能按照直接的用途使用，则抵押人有权放弃抵押标的物，并要求抵押权人赔偿其灭失。

合同可以规定抵押权人赔偿抵押人和其他由于抵押标的物灭失或者毁损所造成的损失的义务。

3. 作为抵押所担保之债的债务人的抵押人，有权将对抵押权人的抵押标的物灭失或者毁损所造成损失的赔偿请求，抵消抵押所担保之债的清偿，包括在该债的履行期限尚未届满并且提前履行该债也不允许的情况下。

第 345 条 抵押标的物的替换和恢复

（经 2013 年 12 月 21 日第 367 号联邦法律修订）

1. 按照抵押人和抵押权人的协议，抵押标的物可以替换为其他财产。

2. 无论抵押人或者抵押权人是否同意，均认为处在抵押中：

（1）属于抵押人的，由于加工或者其他对抵押财产的变更而创造或者产生的新财产；

（2）在抵押标的物为了国家需要或者自治市需要而被剥夺（赎买），依照法律规定的理由和程序被征用或者国有化，以及依据其他理由要求提供财产替换抵押标的物的权利，抵押人提供用于替换抵押标的物的财产；

（3）除货币资金外，在权利（请求）抵押的情况下，债务人移交给作为抵押权人的债权人的财产；

（4）在法律规定的情况下的其他财产。

3. 在本条第 2 款第 1 次款规定的情况下，由于抵押人违反抵押合同所实施的行为，而发生以其他财产替代抵押标的物的情形，则抵押权人有权要求提前履行抵押所担保之债，而在没有履行的情况下，有权对新的抵押标的物提出追索。

4. 如果抵押标的物由于不能归责于抵押权人的情势而灭失或者毁损，则抵押人在合理期限内有权恢复抵押标的物，或者以其他等值财产替换抵押标的物，但合同有不同规定的除外。

意图恢复或者替换抵押标的物的抵押人，有义务立即就此书面通知抵押权人。在以前的抵押标的物和新的抵押标的物不等值的条件下，抵押权人有权以书面形式在抵押合同规定的期限内，或者如果没有规定该期限，则在收到通知之后的合理期限内，拒绝恢复或者替换抵押标的物。

5. 在本条第 2 款规定的情况下，替换抵押标的物的财产，包括权利（请求），自抵押人对其权利产生之时，或者自权利产生之时起，视为替代以前的抵押标的物处于抵押之中，但依照法律权利的产生、移转和设定负担，需要进行国家登记的情形除外。

抵押合同的条件，以及各方当事人对以前的抵押标的物所缔结的其他协议，在不违背该新的抵押标的物的本质（特性）的范围内，适用于各方当事人对新的抵押标的物的权利与义务。在抵押标的物替换的情况下，抵押权人的权利包括在提供作为替换以前的抵押标的物的财产之前所产生的抵押权人的权利的顺位不变。

6. 各方当事人有权缔结新的抵押合同替代抵押标的物的替换。自抵押权人产生对新的抵押标的物的抵押之时起，以前的抵押合同终止。

7. 抵押合同可以规定抵押人有权不经抵押权人同意而替换抵押标的物的情形。

第 346 条　使用和处分抵押标的物

（经 2013 年 12 月 21 日第 367 号联邦法律修订）

1. 如果合同没有不同规定，也不能从抵押的本质中得出不同规定，则抵押标的物所在的抵押人有权依照其用途使用抵押标的物，包括从抵押标的物中取得孳息和收入。

2. 如果法律或者合同没有不同规定，也不能从抵押的本质中得出不同规定，则抵押人未经抵押权人同意无权转让抵押标的物。

在抵押人未经抵押权人同意，而转让抵押财产的情况下，适用本法典第 351 条第 2 款第 3 次款、第 352 条第 1 款第 2 次款、第 353 条规定的规则。抵押人也有义务赔偿由于转让抵押财产而给抵押权人造成的损失。

3. 如果法律或者抵押合同没有不同规定，抵押财产所留在其处的抵押人有权不经抵押权人同意，将抵押财产交付他人临时占有或者使用。在此情况下，并不免除抵押人履行抵押合同的义务。

如果抵押人将抵押财产交付他人临时占有或者使用，必须取得抵押权人的同意，则在抵押人违反该条件的情况下，适用本法典第 351 条第 2 款第 3 次款规定的规则。

4. 在抵押权人对抵押财产提出追索的情况下，物权、从租赁合同中产生的权利、从抵押人未经抵押权人同意而将财产提供第三人占有或者使用的法律行为中所产生的其他权利，自法院关于对抵押财产追索的判决生效之时起，或者，如果抵押权人的请求未经向法院提出追索（以非司法程序的方式）而获得满足，在取得人不同意保留前述权利的条件下，自抵押财产的所有权为取得人取得之时起终止。

5. 抵押权人只有在合同规定的情况下，才有权使用交付给他的抵押标的物，且须经常向抵押人提交关于使用的报告。按照合同，抵押权人也可以承担为清偿主债或者为抵押人的利益而从抵押标的物中收取孳息和收入的义务。

第 347 条　保护抵押权人自己对抵押标的物的权利

（经 2013 年 12 月 21 日第 367 号联邦法律修订）

1. 自抵押产生时起，抵押财产处于或者应当处于其处的抵押权人，有权从他人的非法占有中，包括从抵押人的占有中，索还抵押财产。

2. 如果抵押权人被赋予了使用交付给他的抵押标的物的权利，则他有权要求其他人，包括抵押人，消除任何对他权利的侵犯，即使这些侵犯没有剥夺其占有。

抵押权人也有权按照执行程序，要求免于因为提出追索而对抵押财产的扣押（从清单中排除）。

第 348 条　对抵押财产提出追索的依据

（经 2013 年 12 月 21 日第 367 号联邦法律修订）

1. 在债务人没有履行或者没有适当履行抵押所担保之债的情况下，为满足抵押权人的请求，可以对抵押财产提出追索。

2. 如果债务人对抵押所担保之债的违反微不足道，而且抵押权人请求的数额与抵押财产的价值明显不成比例，则不允许对抵押财产提出追索。如果没有相反证明，则在同时遵守以下条件的情况下，推定对抵押所担保之债的违反微不足道，且抵押权人请求的数额与抵押财产的价值明显不成比例：

（1）未履行之债的数额低于抵押财产价值数额的百分之五；

（2）抵押所担保之债逾期履行的期间少于三个月。

3. 如果抵押合同没有不同规定，对为担保以定期支付所履行之债而抵押财产的追索，允许在系统性地违反支付期限的情况下，也即在向法院起诉日之前的或者依照非司法程序的方式对抵押财产发出追索通知之日前的十二个月之内，超过三次违反支付期限，即使每一次逾期都微不足道。

4. 债务人或作为第三人的抵押人，在履行了抵押所担保之债或者逾期履行的部分之后，有权在抵押标的物被出售之前的任何时候，终止对抵押财产的追索和出售。限制该权利的协议自始无效。

第 349 条　对抵押财产提出追索的程序

（经 2013 年 12 月 21 日第 367 号联邦法律修订）

1. 如果抵押人和抵押权人的协议没有规定以非司法方式对抵押财产提出追索，则依照法院的判决对抵押财产提出追索。

如果当事人的协议规定以非司法方式对抵押财产提出追索，则抵押权人有权向法院提出追索抵押财产的请求。在此情况下，如果抵押权人不能证明，依照非司法方式提出追索的协议对抵押标的物提出追索或者出售抵押标的物没有实现，是由于抵押人或者第三人的行为所致，则与依照司法方式对抵押财产提出追索相关的额外费用由抵押权人承担。

在抵押权人和其他人提出追索并出售抵押财产的情况下，应当采取必要措施以获取抵押标的物出售的最大所得。因不履行该义务而遭受损失的人，有权要求赔偿。

2. 如果法律没有不同规定，依据抵押人与抵押权人的协议允许不向法院提出追索（以非司法方式）而以抵押财产满足抵押权人的请求。

3. 在以下情况下，只能依据法院的判决对抵押标的物提出追索：

如果抵押标的物是公民拥有所有权的唯一住房，但在提出追索的依据产生之后，缔结了以非司法方式提出追索的协议的情形除外；

抵押标的物是对社会而言具有重大历史、艺术和其他文化价值的财产；

作为抵押人的自然人，被依照规定程序确认为失踪人；

抵押财产是在先抵押和在后抵押的标的物，在此情况下适用不同的对抵押标的物提出追索的程序或者不同的财产出售方法，但在先抵押权人和在后抵押权人之间的协议有不同规定的除外；

财产被抵押以担保数个抵押权人的不同之债的履行，但全体共同抵押权人与抵押人的协议规定以非司法方式提出追索的情形除外。

法律可以规定不允许以非司法方式追索抵押财产的其他的情形。

违反本款的要求缔结的协议自始无效。

4. 各方当事人有权将以非司法方式提出追索的条款，纳入抵押合同。

5. 以非司法方式对抵押财产提出追索的协议，应当以与该财产抵押合同相同的形式缔结。

6. 如果包含以非司法方式对抵押财产提出追索条款的抵押合同已经公证证明，则允许依照公证立法和俄罗斯联邦执行程序立法规定的程序，在债务人不履行或者不适当履行抵押担保之债的情况下，依照公证人的执行签注，无须向法院提出追索，而对抵押标的物提出追索。

7. 以非司法方式对抵押财产提出追索的协议，应当包含指明本法典规定的一种或者数种出售抵押财产的方式，以及抵押财产的价值（初始出售价格），或者其确定的程序。

如果对抵押财产提出追索的协议，规定了数种出售抵押财产的方式，则在协议没有不同规定的条件下，出售方式的选择权属于抵押权人。

8. 如果以司法方式实现对抵押财产提出追索，则抵押权人或者以公证立法规定的程序实施对抵押财产提出追索的公证人，有义务向抵押人、其所知道的抵押权人以及债务人发出关于开始对抵押标的物提出追索的通知。

如果法律没有规定不同期限，以及抵押权人和抵押人之间的协议也没有规定更长的期限，则允许不早于自抵押人和债务人收到抵押权人或者公证人的通知之时起十日后出售抵押财产。在银行立法规定的情况下，在存在与通知中规定的出售价格（初始出售价格）相比，严重降低抵押标的物价值的实质风险的情况下，被抵押动产的出售，可以在前述期限届满之前进行。

第 350 条　依照司法方式对抵押财产提出追索的情况下出售抵押财产

（经 2013 年 12 月 21 日第 367 号联邦法律修订）

1. 出售依据法院判决对之提出追索的抵押财产，如果法律或者抵押权人和抵押人之间的协议没有规定抵押标的物的出售依照本法典第 350[1] 条第 2 款第 2 段和第 3 段规定的程序进行，则通过依据本法典和诉讼立法规定的程序以公开拍卖的方式出售。

2. 在依照司法方式对抵押财产提出追索的情况下，法院依据作为债务人的抵押人的请求，在存在值得尊重的原因的情况下，有权在一年以内延期以公开拍卖出售抵押财产。

延期并不免除债务人赔偿在延期期间内的债权人的损失、利息和违约金。

第 350[1] 条　以非司法方式对抵押财产提出追索的情况下出售抵押财产

（经 2013 年 12 月 21 日第 367 号联邦法律修订）

1. 在以非司法方式对抵押财产提出追索的情况下，抵押财产的出售通过依照本法典或者抵押人和抵押权人之间的协议规定的规则进行的拍卖出售。

2. 如果抵押人是从事经营活动的人，则抵押人和抵押权人之间的协议，也可以规定通过以下方式出售抵押财产：

抵押权人将抵押标的物留给自己，包括通过将抵押标的物按照前述协议规定的价格和其他条件，但不得低于市场价值而留归抵押权人所有；

按照不低于市场价值的价格，由抵押权人将抵押标的物出售给其他人，同时从出售所得的金钱中留置抵押所担保之债的款项。

在留归抵押权人或者出售给第三人的财产的价值超过了抵押所担保的未履行之债的数额的情况下，差额应当支付给抵押人。

3. 在依照非司法方式对抵押财产提出追索的情况下，证明侵犯了抵押人的权利或者存在该侵犯行为的实质性风险，则法院可以依照抵押人的请求，终止以非司法方式对抵押标的物提出追索，并作出通过公开拍卖出售抵押财产的方式，对抵押标的物提出追索的判决（第 350 条）。

4. 为了出售抵押财产，抵押权人有权实施为此所必要的法律行为，以及要求抵押人将抵押财产交付给他。

如果留在抵押人处的被抵押的可动物，已经由抵押人交付给第三人占有或者使用，则抵押权人有权要求该人将抵押标的物交付给他。

在拒绝为了出售抵押标的物的目的而将抵押财产交付给抵押权人的情况下，抵押标的物可以依照公证人按照公证立法的执行签注，而被剥夺并交付给抵押权人。

5. 如果依照抵押人与抵押权人协议的条件，对不属于不可动物的抵押财产的出售，通过由抵押权人将该财产出卖给其他人的方式进行，则抵押权人有义务向抵押人发送其与该人所缔结的买卖合同。

第 350^{2} 条　在出售不属于不可动物的抵押财产的情况下进行拍卖的程序

（经 2013 年 12 月 21 日第 367 号联邦法律修订）

1. 在依据法院判决以公开拍卖方式出售不属于不可动物的抵押财产的情况下，司法执达员有义务在不迟于拍卖进行之日前十日，向抵押权人、抵押人和主债之债务人，以书面形式发送拍卖举行的日期、时间和地点的通知。在依照非司法方式对财产提出追索的情况下所进行的抵押财产拍卖出售，由抵押权人承担通知抵押人和债务人的义务

2. 在依据法院判决公开拍卖而出售，或者在以非司法方式对该财产提出追索时进行拍卖而出售不属于不可动物的抵押财产的情况下，拍卖的组织者在以下情况下宣布拍卖流拍：

（1）参与拍卖购买人少于两个；

（2）在拍卖会上没有针对抵押财产初始出售价格的增价；

（3）竞拍成功的人没有在规定期限内支付购买款项。拍卖应当在不迟于前述任何一种情势发生之后的次日被宣布为流拍。

3. 抵押权人和抵押人有权作为依据法院判决所进行的拍卖，或者对抵押财产提出追索时而举行的拍卖的参加者。如果抵押权人成功竞拍，所支付的购买款项应当清偿支付所抵押担保之债。

本款第 1 段规定的规则，也适用于在依照以非司法方式对抵押财产提出追索的情况下把抵押标的物留归抵押权人的情形。

4. 在宣布拍卖流拍之后十日内，抵押权人有权依照与抵押人的协议取得不属于不可动物的抵押财产，并以自己的由抵押担保的请求抵消购买价款。买卖合同的规则适用于该协议。

如果本款规定的抵押权人取得财产的协议没有达成，则在不迟于自最初的拍卖之后一个月举行第二次拍卖。如果第二次拍卖是由于本条第 2 款第 1 次款和第 2 次款规定的原因所引起的，则抵押财产第二次拍卖的初始拍卖价格降低百分之十五。

在以非司法方式对该财产提出追索时所举行的拍卖出售不属于不可动物的抵押财产时，当事人的协议可以规定，如果拍卖由于前述原因而流拍，则第二次拍卖可以通过对第一次拍卖初始出售价格的连续降价的方式进行。

5. 在宣布第二次拍卖流拍的情况下，如果当事人的协议没有规定更高的估价，则抵押权人有权以低于第二次拍卖初始出售价格的百分之十的估价将抵押标的物留给自己。

抵押权人，在自宣布第二次拍卖流拍之日起一个月内，向抵押人和拍卖组织者，或者如果是以司法方式进行追索，则向抵押人、拍卖组织者和司法执达员，发出书面形式的将财产留给自己的请求时，视为抵押权人已经行使前述权利。

自抵押人收到抵押权人书面形式的将财产留给自己的请求之时起，不可动物被依照抵押合同而交付给他的抵押权人取得对留给自己的抵押标的物的所有权，但法律规定了对相应种类的不可动物所有权产生的不同时点的情形除外。

如果抵押财产位于他人之处，则将抵押财产留给自己的抵押权人有权要求将该财产交付给他。

6. 如果抵押权人在自宣布第二次拍卖流拍之日起一个月内没有行使将抵押标的物留给自己的权利，则抵押合同终止。

7. 本法典关于缔结拍卖合同的规定，如果本条没有不同规定，则也适用于以拍卖出售抵押财产的情形。

第 351 条　抵押所担保之债的提前履行和对抵押财产提出追索

（经 2013 年 12 月 21 日第 367 号联邦法律修订）

1. 抵押权人在以下情况下有权要求提前履行抵押所担保之债：

（1）留在抵押人处的抵押标的物，非依照抵押合同的条件，而脱离抵押人的占有；

（2）抵押标的物，由于非可归责于抵押权人的情势而灭失，或者遗失，如果抵押人没有行使本法典第 345 条第 2 款规定的权利；

（3）在法律或者合同规定的其他情况下。

2. 如果合同没有不同规定，则抵押权人有权要求提前履行抵押所担保之债，或者如果其请求没有被满足，则有权在以下情况下对抵押标的物提出追索：

（1）抵押人违反关于在后抵押的规则（第 342 条）；

（2）抵押人没有履行本法典第 343 条第 1 款第 1 次款和第 3 次款和第 2 款规定的义务；

（3）抵押人违反关于抵押物转让的规则，或者将抵押物提供给第三人临时占有或者使用的规则（第 346 条第 2 款和第 4 款）；

（4）在法律规定的其他情况下。

第 352 条　抵押的终止

（经 2013 年 12 月 21 日第 367 号联邦法律修订）

1. 抵押终止：

（1）随同抵押所担保之债的终止；

（2）如果抵押财产为不知道也不应当知道该财产为抵押标的物的人有偿取得；

（3）在抵押物灭失或者抵押权利终止的情况下，如果抵押人也没有行使本法典第 345 条第 2 款规定的权利；

（4）在为了满足抵押权人的请求，依照法律规定的程序出售抵押财产的情况下，包括在抵押权人将抵押财产留归自己的情况下，和在抵押权人没有行使该权利的情况下（第 350[2] 条第 5 款）；

（5）在抵押合同依照法律规定的程序和理由而终止的情况下，以及在抵押合同被确认为无效的情况下；

（6）在本法典第 343 条第 3 款规定的情况下，依照法院的判决；

（7）在抵押财产被剥夺的情况下（第 167 条、第 327 条），但本法典第 353 条第 1 款规定的情形除外；

（8）在为了满足在先抵押权人的请求而出售抵押财产的情况下（第 342[1] 条第 3 款）；

（9）在本法典 354 条第 2 款和第 355 条规定的情况下；

（10）在法律或者合同规定的其他情况下。

2. 在抵押终止的情况下，抵押财产位于其处的抵押权人，有义务将抵押财产返还给抵押人或者其他权利人。

抵押人有权要求抵押权人实施所有必要行为以提交抵押终止的记载（第 339[1] 条）。

第 353 条　在抵押财产权利向他人移转的情况下保留抵押

（经 2013 年 12 月 21 日第 367 号联邦法律修订）

1. 在抵押财产的权利由于有偿或者无偿转让该财产（但本法典第 352 条第 1 款第 2 次款和第 357 条规定的情形除外），以及在按照概括权利承受程序从抵押人移转给他人的情况下，抵押保留。

抵押人的权利承继人取得抵押人的权利，并承担抵押人的义务，但依照法律或者各方当事人之间的关系的本质，与最初抵押人有关的权利和义务除外。

2. 如果作为抵押标的物的抵押人的财产，依照权利承继程序转归数人，则每个权利承继人（财产取得者），按照转归他的前述财产部分的比例，承担源自抵押的不履行抵押所担保之债的后果。但如果抵押标的物为不可分物，或者依据其他的理由为权利承继人共同所有，则他们成为连带抵押人。

第 354 条　依照抵押合同权利和义务的移转

（经 2013 年 12 月 21 日第 367 号联邦法律修订）

1. 抵押权人有权无须抵押人同意，将自己依照抵押合同的权利和义务，遵守本法典第 24 章规定的规则移转给他人。

2. 允许在同时将对抵押所担保之债的主债债务人的请求权让渡给同一人的条件下，由抵押权人将自己依照抵押合同的权利和义务移转给他人。如果法律没有不同规定，在不遵守前述条件的情况下，抵押终止。

第 355 条　抵押所担保之债的债务移转

（经 2013 年 12 月 21 日第 367 号联邦法律修订）

抵押所担保之债的债务向他人移转，如果债权人和抵押人之间的协议没有不同规定，则抵押终止。

第 356 条　抵押管理合同

（经 2013 年 12 月 21 日第 367 号联邦法律修订）

1. 履行与各方当事人从事经营活动有关的抵押所担保之（数）债的债权人（们），有权与该类债权人们之一或者第三人（抵押管理人）缔结抵押管理合同（Договор управления залогом）。

根据抵押管理合同，抵押管理人以缔结合同的全体债权人的名义，并为了他们的利益而行为，有义务与抵押人缔结抵押合同和（或者）行使抵押权人依照抵押合同的全部权利和义务，而债权人（们）有义务补偿抵押管理人所支出的费用，而且如果合同没有不同规定的话，有义务向其支付报酬。

如果抵押的产生早于抵押管理合同的缔结，则抵押管理人根据移转抵押合同的协议（第 392^3 条），有权依据抵押管理合同行使抵押权人的所有权利和义务。

债权人（们）在抵押管理合同终止之前，无权行使自己的抵押权人的权利和义务。

2. 抵押管理人可以是个体经营者或者商业组织。

3. 抵押管理人有义务按照对债权人（们）最有利的条件，行使抵押权人依据抵押合同的所有权利和义务。抵押管理人的权限由抵押管理合同规定（第 185 条第 4 款），也可以按照抵押管理合同由各方当事人的协议变更。抵押管理合同可以规定，抵押权人的特定权限须取得债权人（们）的事先同意后才能由抵押管理人行使。

4. 抵押管理人为作为抵押管理合同当事人的债权人们的利益而取得的财产，包括通过对抵押标的物提出追索而取得的财产，如果债权人们之间的协议没有不同规定，则归前述债权人按照他们由抵押所担保的请求的数额比例按份共有，并且应当按照任一债权人的请求出售。

5. 抵押管理合同因下列原因终止：

（1）抵押所担保之债的终止；

（2）按照债权人（们）的决定单方解除合同；

（3）确认抵押管理人资不抵债（破产）。

6. 在不受本条调整的部分，如果不能从各方当事人的债之本质中得出不同规定，则对非作为抵押权人的抵押合同管理人的义务适用关于委托合同的规则，而对抵押权人相互之间的权利和义务适用为从事经营活动而缔结的普通合伙合同的规则。

2. 个别种类的抵押

第 357 条　流通中的商品抵押

（经 2013 年 12 月 21 日第 367 号联邦法律修订）

1. 流通中的商品抵押，是指留在抵押人处并且赋予抵押人变更抵押财产的构成和实物形式（库存、原材料、材料、半成品、成品等），而且其总价值不得低于抵押合同中规定的价值的商品抵押。

流通中商品抵押合同的抵押标的物，可以通过指明相应商品的种类特征和其在特定建筑物、房屋或者在地块中存放的地点的方式确定。

如果合同没有不同规定，则允许流通中抵押商品价值按照抵押所担保之债已经履行部分的比例降低。

2. 抵押人已经转让的流通中商品，自其所有权移转给取得人或者交付经营管理或者业务管理之时起，不再作为抵押的标的物，而抵押人所取得的在流通商品抵押合同中指明的商品，自产生抵押人对这些商品的所有权、经营管理权或者业务管理权之时起，成为抵押标的物。

3. 如果抵押合同没有不同规定，则流通商品抵押人有义务制作抵押登记簿。关于商品抵押的条款，关于所有引起抵押商品构成或者实物形式变化的所有业务，包括加工，在下一个业务日载入抵押登记簿。

4. 在抵押人违反流通中商品抵押条款的情况下，抵押权人有权在消除违反行为之前，通过在抵押商品上打上自己的标记和印戳的方式，暂时停止对抵押商品的业务。为了区别前述抵押商品和其他的物，可以经公证证明抵押商品在特定时间存在于特定地点的事实。

第 358 条　当铺中物的抵押

（经 2013 年 12 月 21 日第 367 号联邦法律修订）

1. 接受来自公民的用于个人消费的动产的抵押，以担保短期借款，可以由专门化的组织——当铺（ломбард）作为经营活动而进行。

2. 借款合同可以由当铺发给当票（залоговый билет）的形式办理。

3. 所抵押的物移交给当铺。

当铺有义务为抵押人的利益自己承担费用，对所接受抵押的物，以符合该种类和该品质的物在接受抵押时贸易中所通常规定的价格进行全额投保。

当铺无权使用和处分所抵押的物。

4. 如果不能够证明遗失、损毁是由于不可抗力而发生的，则当铺对抵押物的遗失、损毁承担责任。

5. 在没有如期返还由当铺中的物之抵押所担保的借款的情况下，当铺在一个月优惠期限届满后，有权将该财产按照当铺法规定的程序出售。此后，当铺对抵押人（债务人）的请求被清偿，即使在出售抵押财产所取得的价款不足以全额满足的情况下。

6. 当铺以属于公民之物为抵押向公民提供借款的规则，由当铺法依照本法典规定。

7. 与本法典和其他法律所赋予抵押人的权利相比，限制抵押人权利的借款合同条款，自始无效。法律的相应条款取代此类条款而适用。

第 358[1] 条　债权抵押

（经 2013 年 12 月 21 日第 367 号联邦法律修订）

1. 抵押的标的物可以是源自于抵押人之债的财产权（请求）。权利的抵押人，可以是作为债的债权人（权利拥有者），从该债中产生了所抵押的权利。

如果法律或者权利抵押合同没有不同规定，则抵押标的物可以是所有属于抵押人的源自于相应的债且可以作为抵押标的物的权利。

2. 抵押标的物可以是从现存之债或者将来之债中在将来才会产生的权利。

3. 如果法律或者合同没有不同规定，也不能从债之本质中得出不同规定，则抵押标的物可以是请求之部分、单个的请求或者源自于一个合同或者数个债之数个请求。

4. 一个抵押合同的抵押标的物可以是，其中的每一个请求都源自于独立的债的数个权利（请求）的总和，包括将来权利的总和，以及现有权利和将来权利的总和。

5. 如果被抵押的权利，在抵押权人对其提出追索之前，由于效力期限届满而终止，则抵押权人无权要求提前履行，由该权利抵押所担保其履行的主债。

6. 在法律或者合同规定的情况下，在对被抵押的权利提出追索和出售被抵押的权利时，与权利有关的义务，连同该权利一并移转给其取得人。

第 358^{2} 条　对权利抵押的限制

（经 2013 年 12 月 21 日第 367 号联邦法律修订）

1. 权利抵押不需要权利拥有者的债务人的同意，但法律或者权利拥有者与其债务人之间的协议规定的情形除外。

2. 在权利拥有者和其债务人之间的协议禁止权利转让，或者由于债之本质而不可能转让权利的情况下，不允许权利抵押，但法律有不同规定的除外。

3. 在以下情况下，只有经过权利拥有者的债务人同意之后，才允许进行权利抵押：

（1）依照法律或者权利拥有者与其债务人之间的协议规定权利（请求）转让必须取得债务人的同意；

（2）在对被抵押的权利提出追索和出售的情况下，与被抵押权利的相关的义务也应当移转给权利的取得者（第 358^{1} 条第 6 款）。

4. 如果法律没有不同规定，权利拥有者违反与各方当事人从事经营活动有关的与债务人的合同中规定的对权利（请求）转让或者抵押的限制，则会导致本法典第 388 条第 3 款规定的后果。

第 358^{3} 条　权利抵押合同的内容

（2013 年 12 月 21 日第 367 号联邦法律修订）

1. 在权利抵押合同中，除了本法典第 339 条规定的条件外，应当指明，被抵押权利所来源的债、抵押人的债务人的信息，以及证明所抵押的权利的原始文件所位于的抵押合同的当事人。

如果抵押的标的物，是属于抵押人的支付金钱款项的请求权，则在抵押合同中可以指出，款项的数额或者确定其数额的方式。

在抵押合同中没有指明证明所抵押权利的原始文件是在抵押人处，或者是交付给公证人保管，则抵押人有义务将此类原始文件在抵押合同规定的期限内，而如果合同没有规定该期限，则在合理期限内，按照抵押权人以书面形式提出的请求，交付给抵押权人。抵押人和抵押权人之间的协议可以规定将文件交付给第三人保管。

在权利抵押的情况下，如果法律或者合同没有不同规定，本法典第 343 条规定的义务由证明所抵押的权利的原始文件所在的抵押合同的当事人承担。

2. 如果抵押标的物，是数个权利（请求）的总和或者将来的权利（第 358[1] 条第 2 款和第 4 款），可以在合同中以一般方式指明被抵押权利所来源之债和抵押人的债务人的信息，也就是说通过资料足以将所抵押的权利个别化和确定谁是这些权利的债务人，或者，在对抵押标的物提出追索时将会是这些权利的债务人的人。

第 358[4] 条　通知债务人

（经 2013 年 12 月 21 号第 367 号联邦法律修订）

在权利抵押的情况下，通知所抵押权利之债的债务人，按照本法典第 385 条的规则进行。

第 358[5] 条　权利抵押的产生

（经 2013 年 12 月 21 日第 367 号联邦法律修订）

1. 权利抵押自抵押合同缔结之时起产生，而在以将来的权利抵押的情况下，自该权利产生之时起产生。

2. 如果权利抵押所担保的是将来所产生之债的履行，则权利抵押自该债产生之时起产生。

第 358[6] 条　抵押人的债务人履行债务

（经 2013 年 12 月 21 日第 367 号联邦法律修订）

1. 如果抵押合同没有不同规定，被抵押请求权的债务人履行抵押人的相应之债。

如果抵押合同规定，抵押权人有权取得被抵押权利所由之产生的债之债务人的履行，则已经就此获得通知的债务人（第 358[4] 条）有义务向抵押权人或者其所指定的人履行自己的债。

2. 如果抵押合同没有不同规定，在从自己的债务人处取得计入债之履行的金钱款项的情况下，抵押人有义务按照抵押权人的请求将相应款项支付给抵押权人计入对抵押所担保之债的履行。

如果抵押合同没有不同规定，抵押权人依据所抵押的权利（请求）自抵押人的债务人而收取的货币金钱款项，计入对相应权利抵押所担保其履行的债的清偿。

3. 在对被抵押的请求权提出追索的依据产生之后，抵押权人有权取得依据该请求在为清偿抵押所担保的抵押权人的请求所必要的范围内的履行，包括在索赔之前提出债务履行请求的权利，如果抵押标的物是在索赔之前的债之请求（требование по обязательству до востребования）的话。

4. 法律或者权利抵押合同可以规定，抵押人自债务人处取得的计入其权利（请求）被抵押的债之履行的金钱款项，计入抵押人的抵押账户。对该账户适用关于以银行账户合同权利为抵押标的物的抵押合同的规则。

第 358^{7} 条　对抵押人权利的保护

（经 2013 年 12 月 21 日第 367 号联邦法律修订）

1. 如果合同没有不同规定，在违反本法典第 358^{6} 条规定的义务的情况下，抵押权人有权要求抵押人提前履行抵押所担保之债，而在其不履行的情况下，有权依照规定程序对抵押标的物提出追索。

2. 抵押权人有权采取独立的必要措施，以保护被抵押的权利免受来自第三人方面的侵犯。

第 358^{8} 条　出售被抵押权利的程序

（经 2013 年 12 月 21 日第 367 号联邦法律修订）

1. 出售被抵押的权利，依照本法典第 350 条第 1 款和第 350^{1} 条第 1 款规定的程序进行。

2. 在依照司法方式对被抵押的权利提出追索的情况下，各方当事人可以就通过依照法院的判决按照抵押权人的请求，将被抵押的权利移转给抵押权人的方式出售被抵押权利达成协议。

3. 如果以非司法方式对被抵押的权利提出追索，则各方当事人可以就通过由抵押权人将被抵押的权利转让给抵押权人或者抵押权人指定的第三人的方式出售被抵押权利达成协议。在抵押人拒绝将被抵押的权利转让的情况下，抵押权人或者第三人有权要求依照法院判决或者依据公证人的执行签注将权利移转给自己，并要求赔偿由于拒绝转让该权利而给其造成的损失。

4. 被抵押的权利移转给抵押权人或者其所指定的第三人时起，该权利抵押所担保其履行之债，在被抵押权利的价值（初始出售价格）的范围内终止（第 349 条第 7 款）。

如果抵押人与抵押权人的协议，以及在第三人为抵押人时，与权利抵押所担保之债的债务人的协议没有不同规定，则适用本款的规则。

第 358^{9} 条　银行账户合同权利抵押的基本规定

（经 2013 年 12 月 21 日第 367 条号联邦法律修订）

1. 抵押标的物可以是银行账户合同的权利，其条件为由银行向客户开立抵押账户。

2. 在银行账户合同权利抵押的情况下，抵押权人可以与客户（抵押人）账户的银行缔结合同。

3. 抵押账户可以由银行向客户开立，无论在开立时是否缔结了以银行账户合同权利为抵押标的物的抵押合同。

4. 以银行账户合同权利为抵押标的物的抵押合同，即使在缔结该合同时客户在抵押账户上缺乏资金的情况下也可以缔结。

5. 财产抵押合同与以银行账户合同权利为抵押标的物的抵押合同不同，可以规定，将支付给抵押人的金钱款项 [对抵押财产灭失或者毁损的保险赔偿金、使用抵押财产的收入、应当支付给抵押人的计入其权利（请求）被抵押的债之履行的金钱款项等] 计入抵押账户。

6. 不允许银行以发给有价证券的方式，证明银行与客户缔结的开立抵押账户合同之债。

7. 如果本条和本法典第 358^{10}~358^{14} 条没有不同规定，则对开立抵押账户的合同适用本法典第四十五章的规则。

8. 本法典关于银行账户合同权利抵押的规则（本条和第 358^{10}~358^{14} 条），相应地适用于银行储蓄合同权利抵押。

9. 本法典第四十五章关于银行账户的条款所规定的扣划货币资金的规则，不适用于存在于抵押账户上的货币资金。

（本款经 2017 年 7 月 26 日第 212 号联邦法律引入）

第 358^{10} 条　以银行账户合同权利为抵押标的物的抵押合同的内容

（经 2013 年 12 月 21 日第 367 号联邦法律修订）

1. 在以银行账户合同权利为抵押标的物的抵押合同中，应当指明，银行抵押账户的详情、银行账户合同权利抵押所担保之债的本质、数额和履行期限。

2. 如果以银行账户合同权利为抵押标的物的抵押合同没有不同规定，则合同视为附有对所有在合同效力期限内的任何时刻存在于抵押账户上的金钱款项的权利抵押的条款。

3. 以银行账户合同权利为抵押标的物的抵押合同，可以规定，抵押标的物为抵押人依照银行账户合同对在抵押合同中指明数额的固定金钱款项的权利。在此情况下，在抵押人账户上的货币资金的数额，在抵押合同效力期限范围内的任何时刻，

都不得低于合同规定的数额

如果抵押合同没有不同规定，不允许按照抵押所担保之债已经履行的部分，按照比例降低抵押人的已被抵押银行账户合同权利所针对的固定金钱款项。

第358[11]条　银行账户合同权利抵押的产生

（经2013年12月21日第367号联邦法律修订）

依据以银行账户合同权利为抵押标的物的抵押合同的抵押，自通知银行权利抵押并向银行提供抵押合同副本之时起产生，如果抵押权人是与客户（抵押人）缔结抵押账户合同的银行，则抵押自以银行账户合同权利为抵押标的物的抵押合同缔结之时起产生。

第358[12]条　对其权利被抵押的银行账户的处分

（经2013年12月21日第367号联邦法律修订）

1. 如果以相应银行账户合同的权利为抵押标的物的抵押合同或者本条规则没有不同规定，则抵押人有权自由处分抵押账户上的货币资金。

银行有义务按照本节的规则和本法典的其他规则、其他法律和银行规则，在不受它们调整的部分依照银行抵押人和抵押权人所缔结的协议，进行抵押账户业务。

2. 银行按照抵押权人以书面形式提出的请求，有义务向他提供关于抵押账户上货币资金余额的信息，关于就前述账户的业务的信息，和关于依照账户所提出的要求的信息，以及对该账户所施加的禁止和限制的信息。银行向抵押权人提供此类信息的程序和期限，由银行规则规定，在不受银行规则调整的部分依照银行抵押人和抵押权人之间所缔结的协议规定。

3. 在缔结以抵押人银行账户合同对固定金钱款项的权利为抵押标的物的抵押合同时，抵押人未经抵押权人书面同意，无权向银行发出该指令履行的会导致抵押账户上货币资金的数额将会低于规定的固定金钱数额的指令，而银行也无权执行这些指令。

4. 银行在取得抵押人书面形式的关于债务人不履行或不适当履行抵押所担保之债的通知之后，银行无权执行抵押人的指令，这些指令的履行将会导致抵押账户上的货币资金数额低于与抵押合同中规定的被担保之债同等数额的款项。

5. 违反本条第3款和第4款中规定的义务的银行，对抵押权人在从银行为了履行客户（抵押人）指令而从抵押账户上扣划的金钱款项范围内与客户承担连带责任。

第358[13]条　以银行账户合同权利为抵押标的物的抵押合同的变更和终止

（经2013年12月21日第367号联邦法律修订）

未经抵押权人同意，其权利被抵押的银行账户合同各方当事人无权修改合同，也无权实施会导致该合同终止的行为。

第 358[14] 条　被抵押的银行账户合同权利的出售

（经 2013 年 12 月 21 日第 367 号联邦法律修订）

1. 在依照本法典第 349 条以司法方式或者非司法方式对被抵押的银行账户合同权利提出追索的情况下，抵押权人的请求，通过由银行依据抵押权人的指令，从抵押人的抵押账户上扣划货币资金，并将其交付给抵押权人或者将其计入抵押权人指定的账户的方式予以满足（第 854 条第 2 款）。本法典第 350 条～第 350[2] 条规定的出售抵押财产的规则在此情况下不适用。

2. 自 2018 年 6 月 1 日起失效——2017 年 7 月 26 日第 212 号联邦法律

第 358[15] 条　法人成员权利的抵押

（经 2013 年 12 月 21 日 367 号联邦法律修订）

1. 股东权利的抵押依照本法典和经营公司法规定的规则通过将属于股东的该公司的股票抵押的方式进行，有限责任公司参加者权利抵押，通过将属于该参加者的公司注册资本中的份额抵押的方式进行。

不允许将其他法人的参加者（设立人）权利进行抵押。

2. 如果股票抵押合同没有不同规定（第 358[17] 条），则在股票抵押的情况下，股票所证明的权利由抵押人（股东）行使。

如果有限责任公司注册资本份额抵押合同没有不同规定，则在抵押终止之前，公司参加者权利由抵押权人行使。

第 358[16] 条　有价证券抵押

（经 2013 年 12 月 21 日第 367 号联邦法律修订）

1. 如果法律或者合同没有不同规定，则文件化有价证券抵押自将其交付给抵押权人时产生。

如果法律或者合同没有规定抵押延后产生，则无纸化有价证券抵押在将无纸化有价证券持有人的权利所计入的账户抵押的信息，或者在法律规定的情况下将他人账户的抵押的信息进行记载之时产生。

2. 如果无记名有价证券抵押，通过抵押背书的方式实施，则抵押人、抵押权人和无记名有价证券的债务人之间的法律关系由有价证券法调整。

3. 如果有价证券法没有不同规定，也不能从相应有价证券的本质中得出不同规定，则物之抵押的规则适用于与文件化有价证券抵押有关的且不受本条、本法典第

358[17] 条和其他法律调整的关系。

4. 如果从相应的无纸化有价证券的本质中不能得出不同规定，则文件化证券抵押的规则适用于与无纸化有价证券抵押有关的且不受本条、本法典第 358[17] 条和其他法律调整的关系。

第 358[17] 条　被抵押有价证券所证明的权利的行使

（经 2013 年 12 月 21 日 367 号联邦法律修订）

1. 有价证券抵押合同可以规定，由抵押权人行使所有属于抵押人的由被抵押的有价证券证明的权利，或者所有属于抵押人的由被抵押的有价证券所证明的除取得依照有价证券的收入的权利之外的所有权利。

2. 抵押权人以自己的名义行使被抵押的权利。

如果抵押合同限制抵押权人行使由有价证券所证明的权利，则违反这些限制并不影响不知道也不应当知道这些限制的第三人的权利和义务。但是，抵押权人在抵押人面前就这些违反行为承担法律或者合同规定的责任，而抵押人有权依照司法程序要求终止抵押权利。

3. 如果按照有价证券抵押合同的条款，抵押人有义务与抵押权人就自己行使被抵押的有价证券所证明的权利的行为进行协商，则在抵押人违反规定的义务的情况下，他对抵押权人承担法律或者合同规定的责任，而抵押权人有权要求提前履行抵押所担保之债。

4. 在依照有价证券抵押合同，抵押权人行使取得依照有价证券的收入的权利的情况下，抵押权人有权收取被抵押有价证券的收入，以及从清偿被抵押的有价证券所收取的金钱款项、从发行有价证券的人收取的由于该人取得有价证券的金钱款项，或者由于第三人违背抵押有价证券持有人的意愿而取得有价证券所收取的金钱款项。抵押权人所收取的收入和金钱款项，计入有价证券抵押所担保其履行的债之清偿。

5. 如果抵押合同没有不同规定，将被抵押的有价证券转换为其他有价证券或者其他财产的情况下，这些有价证券或者该财产被视为处于抵押权人的抵押之中（第 345 条第 3 款）。

如果依照法律有价证券的抵押人由于他是有价证券的持有人而无偿地额外地获得其他有价证券或者其他财产，则这些有价证券或者该财产处于抵押权人的抵押之中（第 336 条第 3 款）。

第 358[18] 条　专属权的抵押

（经 2014 年 3 月 12 日第 35 号联邦法律引入）

1. 智力活动成果和与之等同的法人、商品、工作、服务和企业的个性化手段专属权（第 1225 条第 1 款），可以在本法典允许其转让的范围内作为抵押标的物。

2. 专属权抵押国家登记，依照本法典第七编的规则进行。

3. 如果本法典没有不同规定，也不能从相应权利的内容或者特性中得出不同规定，则关于抵押的一般规定（第 334~356 条）适用于智力活动成果或者个性化手段专属权抵押合同，关于债权抵押的规定（第 358^1~358^8 条）适用于以专属权转让合同的权利为抵押标的物的抵押合同，和以（再）许可使用合同的权利为抵押标的物的抵押合同。

4. 如果合同没有不同规定，则依照智力活动成果或者个性化手段专属权抵押合同，抵押人在该合同效力期限内，未经抵押权人同意，有权使用该智力活动成果或者个性化手段，并处分对该成果或者该手段的专属权，但转让专属权的情形除外。如果合同没有不同规定，则抵押人未经抵押权人许可无权转让专属权。

第四节 物之留置

（经 2015 年 3 月 8 日 42 号联邦法律修订）

第 359 条 留置的依据

1. 应当交付给债务人或者债务人指定的人的物位于债权人之处，债权人有权在债务人不如期履行为该物支付价款，或者赔偿债权人与该物有关的费用和其他损失的情况下，留置该物，直至相应之债被履行。

物之留置也可以担保尽管与支付物之价款或者赔偿对物质花费和其他损失无关，但产生于其各方当事人作为经营者行事的债之请求。

2. 债权人可以留置位于其处的物，尽管该物在进入债权人的占有之后，对物的权利已经为第三人所取得。

3. 如果合同没有不同规定，则适用本条的规则。

第 360 条 依靠被留置之物满足请求

（经 2015 年 3 月 8 日第 42 号联邦法律修订）

留置了物之债权人的请求，以物之价值，在为满足抵押所担保的请求所规定的范围内并依照其程序予以满足。

第五节　保证

第 361 条　保证产生的依据

（经 2015 年 3 月 8 日第 42 号联邦法律修订）

1. 按照保证合同，保证人有义务在他人的债权人面前，为他人全部或者部分履行其债务而承担责任。保证合同的缔结，既可以用于担保金钱之债，也可以用作担保非金钱之债，还可以用作担保将来产生之债。

2. 保证，可以依据法律在法律中规定的情势到来时产生。如果法律没有不同规定，本法典关于依照合同的保证规则，适用于依据法律产生的保证。

3. 在保证合同中援引已经产生的或者将来才会产生的被担保之债所由之出的合同，则属于主债的保证条款视为已经协商一致。在其保证人为从事经营活动的人的保证合同中，可以规定，保证在债务人的债权人面前担保在规定数额范围内所有现存之债和（或者）将来之债。

第 362 条　保证合同的形式

担保合同应当以书面形式签订。不遵守书面形式将导致保证合同无效。

第 363 条　保证人的责任

1. 在债务人不履行或不适当履行保证所担保之债的情况下，如果法律或者保证合同没有规定证人的补充责任，则保证人和债务人对债权人承担连带责任。

2. 如果保证合同没有不同规定，则保证人，如同债务人，在诸如支付利息、赔偿追索债务的司法费用和债权人的与债务人不履行或者不适当履行债有关的其他损失的范围内对债权人承担责任。

3. 如果保证合同没有不同规定，共同提供保证的数人（共同保证人）对债权人承担连带责任。如果从共同保证人和债权人的协议中不能得出不同规定，则限制自己对债权人的责任的共同保证人视为每一个共同保证人在自己的部分担保主债。已经履行了债之共同保证人有权要求与其共同对主债提供担保的其他人，按照其参与担保主债之比例支付赔偿。

（本款经 2015 年 3 月 8 日第 42 号联邦法律修订）

4. 在由于取决于债权人的情势导致保证产生时已经存在的主债之担保丧失，或者致使其担保条件恶化的情况下，如果证明，在签订保证合同时他有权合理地期待该赔偿，则保证人在其可以要求依靠所丧失之担保要求赔偿的范围内免除责任（第

365 条）。与作为保证人的公民所签订的规定担保丧失的其他后果的协议，自始无效。

（本款经 2015 年 3 月 8 日第 42 号联邦法律引入）

第 364 条　保证人对债权人请求的抗辩权

1. 如果从保证合同中不能得出不同规定，则保证人有权针对债权人的请求提出债务人可以提出的抗辩。保证人，即使在债务人放弃抗辩或者承认自己的债务的情况下，也不丧失对这些抗辩的权利。

2. 保证人在债权人有机会通过对债务人请求以抵消的方式满足自己的请求之前，有权不履行自己的债务。

（本款经 2015 年 3 月 8 日第 42 号联邦法律引入）

3. 在债务人死亡的情况下，该债之保证人不得援引债务人之继承人对被继承人债务的有限责任（第 1175 条第 1 款）。

（本款经 2015 年 3 月 8 日第 42 号联邦法律引入）

4. 取得共同抵押权人的权利或者主债的其他担保的权利的保证人，无权为损害债权人而行使这些权利，包括在主债之债权人的请求获得完全满足之前无权从抵押财产的价值中满足自己对债务人的请求。

（本款经 2015 年 3 月 8 日第 42 号联邦法律引入）

5. 不允许限制保证人提出债务人也可以提出的抗辩权。有其他规定的协议，自始无效。

（本款经 2015 年 3 月 8 日第 32 号联邦法律引入）

第 365 条　履行了债务的保证人的权利

1. 该债务之债权人的权利和属于债权人的作为抵押权人的权利，在保证人满足了债权人请求的范围内，移转给履行了债务的保证人。保证人也有权要求债务人为其支付给债权人的款项支付利息并赔偿由于对债务人的责任而遭受的其他损失。

2. 在保证人履行了债务之后，债权人有义务将证明其对债务人的请求的文件交付给保证人，并移转担保该请求的权利。

3. 如果法律、其他法律文件或者保证人与债务人的合同没有不同规定，也不能从他们之间的关系中得出不同规定，则适用本条规定的规则。

第 366 条　保证中的通知

（经由 2015 年 3 月 8 日第 42 号联邦法律修订）

1. 被保证人通知债权人向保证人提出请求的债务人，或者被保证人要求参与事务的债务人，有义务告知保证人所有其所拥有的对该请求的抗辩，并提交其所拥有的证明这些抗辩的证据。在相反的情况下，如果保证人和债务人之间的协议没有不同规定，则债务人被剥夺对保证人请求提出本可以对债权人的请求提出的抗辩（第365[1]条）。

2. 履行了由保证所担保之债的债务人，有义务就此立即通知保证人。在相反的情况下，同样履行了自己的债务的保证人有权向债权人追索不当所得，或者对债务人提出追偿请求。在后一种情况下，债务人只能从债权人追索不当所得。

第367条　保证的终止

（经2015年3月8日第42号联邦法律修订）

1. 保证随着其所担保之债的终止而终止。被担保之债在债权人向法院或者依据法律规定的其他程序对保证人提起请求之后因债务人的清算而终止，则不终止保证。

如果主要债务由保证人担保，则债务的其他部分应计入无担保部分。

2. 如果由保证所担保之债，未经保证人同意而变更，导致保证人责任增加或者其他不利后果，则保证人按照以前的条件承担责任。

保证合同可以预先规定在债发生变更的情况下，保证人同意按照变更后的条件对债权人承担责任。该同意应当规定保证人同意对债务人之债承担责任的范围。

3. 如果保证人在发给他的债务移转通知之后的合理的期限内没有同意对新债务人承担责任，则保证随着保证所担保之债的债务移转给他人而终止。

保证人同意对新债务人承担责任，应当明确表达，并且应当足以确定在债务移转的情况下保证所对之保留效力的人的范围。

4. 债务人死亡、作为债务人的法人改组不终止保证。

5. 如果债权人拒绝受领债务人或者保证人提供的适当的履行，则保证终止。

6. 保证合同中规定的提供保证的期限届满，保证终止。如果没有规定该期限，保证在债权人自保证所担保之债的履行期限到来之日起一年内，保证人没有提起保证之诉的条件下而终止。当主债履行期限没有指明，也不能确定或者依据提出要求的时点确定，如果债权人在自缔结保证合同之日起两年内没有对保证人提起诉讼，则保证终止。

债权人对债务人提出提前履行之请求，不缩减依据主债之最初条款所确定的保证效力期限。

第六节　独立保证

（名称经 2015 年 3 月 8 日第 42 号联邦法律修订）

第 368 条　独立保证的概念和形式

（经 2015 年 3 月 8 日第 42 号联邦法律修订）

1. 按照独立保证，保证人自己承担根据他人 [本人（принципал）] 的请求，向其指定的第三人（受益人），依据保证人所承担之债的条件，支付规定的金钱款项，无论该保证所担保之债的效力如何。如果独立保证的条件使得可以确定在保证人履行债务时应当支付的金钱款项，则特定金钱款项的要求视为已经遵守。

2. 独立保证以足以可靠地确定保证的条件和证明特定的人依照立法规定的或者保证人与受益人的协议规定的程序发出独立保证的真实性的书面形式发出。

3. 独立保证，可以由银行或者其他信贷组织（银行保证），以及其他商业组织发出。

本条款第 1 段未规定但发出独立保证之债的，适用保证合同的规则。

4. 在独立保证中，应当指明：

发出的日期；

本人；

受益人；

保证人；

保证所担保其履行的主债；

应当支付的金钱款项，或者确定金钱款项的程序；

保证的效力期限；

在其到来时应当支付保证款项的情势。

在独立保证中，可以包含关于在特定的期限或者特定的事件来临时，减少或者增加保证金额的条件。

5. 如果不能从关系的本质中得出不同规定，则在提供担保的人之债在于交付股票、债券或者特定种类的物的情况下，也适用本节的规则，

第 369 条　自 2015 年 6 月 1 日起失效——2015 年 3 月 8 日第 42 号联邦法律

第 370 条　保证对其他债之独立性

（经 2015 年 3 月 8 日第 42 号联邦法律修订）

1. 独立保证所规定的保证人对受益人之债，在他们之间的关系中，不取决于独立保证担保其履行的主债，也不取决于本人和保证人之间的关系，也不取决于任何其他的债，甚至在独立保证中包含对它们的援引亦同。

2. 保证人无权对受益人的请求提出源自于独立保证所担保其履行的主债之抗辩，也无权提出源自于任何其他债，包括源自于颁发独立保证的协议等的抗辩，而且在自己针对受益人关于履行独立保证的请求的抗辩中，无权援引保证中没有指明的情势。

3. 如果独立保证或者保证人与受益人之间的协议没有不同规定，则保证人无权向受益人提出适用由本人转让给保证人的请求的抵消。

第 371 条　独立保证的撤销和变更

（经 2015 年 3 月 8 日第 42 号联邦法律修订）

1. 如果独立保证中没有不同规定，则独立保证不得被保证人撤销或者变更。

2. 在按照独立保证的条件允许保证人撤销或者变更独立保证的情况下，如果保证没有规定其他形式，则撤销或者变更以保证所发出的形式进行。

3. 如果按照独立保证的条件允许保证人经受益人同意而撤销或者变更独立保证的可能性，则保证人之债视为自保证人取得受益人同意之时起已经变更或者终止。

4. 在后来本人不同意相应的变更，则在向本人发出独立保证之后，保证人之债的变更不影响本人的权利和义务。

第 372 条　移转依照独立保证的权利

（经 2015 年 3 月 8 日第 42 号联邦法律修订）

1. 在保证中没有不同规定，则独立保证的受益人无权将其对保证人的请求权移转给他人。

受益人将依照独立保证的权利移转给他人，只有在同时将依照主债的权利移转给同一个人的条件下才允许。

2. 在按照独立保证的条件将对保证人的请求权转让的情况下，如果保证中没有不同规定，则该转让只能经保证人同意后才有可能。

第 373 条　独立保证的生效

（经 2015 年 3 月 8 日第 42 号联邦法律修订）

如果保证中没有不同规定，则独立保证自保证人发出（交付）独立保证之时起生效。

第 374 条　依照独立保证提出请求

（经 2015 年 3 月 8 日第 42 号联邦法律修订）

1. 受益人依照独立保证要求支付金钱款项的请求，应当以书面形式并附上在保证书中所指明的文件，提交给保证人。在请求或者请求的附件中，受益人应当指明其来临会引起按照独立保证的支付的情势。

2. 受益人的请求应当在独立保证效力期限终止前提交给保证人。

第 375 条　保证人在审查受益人请求时的义务

1. 在收到受益人的请求后，保证人应当毫无迟延地就此通知本人，并将请求副本连同附属于该请求的所有文件，提交给本人。

（本款经 2015 年 3 月 8 日第 42 号联邦法律修订）

2. 保证人应当在自收到请求连同所有随附请求的文件之日的次日起五日内审查受益人的请求及其所附文件，如果请求被其认为适当，则应当进行支付。独立保证的条件，可以规定不超过三十日的其他请求审查期限。

（本款经 2015 年 3 月 8 日第 42 号联邦法律修订）

3. 保证人审查受益人的请求是否符合独立保证的条件，并按照外部特征评价其所附文件。

第 375[1] 条　受益人的责任

（经 2015 年 3 月 8 日第 42 号联邦法律引入）

受益人有义务赔偿保证人或者本人由于其提交的文件不准确或者其所提出的请求没有理由而造成的损失。

第 376 条　保证人拒绝满足受益人的请求

（经 2015 年 3 月 8 日第 42 号联邦法律修订）

1. 如果该请求或者其所附文件不符合独立保证的条件或者是在独立保证效力期限终止后提交给保证人的，则保证人拒绝满足受益人的请求。保证人应当在本法典第 375 条第 2 款规定的期限内，就此通知受益人，并指明拒绝的原因。

2. 保证人有权在七日期限内暂时停止支付，如果他有合理的理由认为：

（1）提交给他的任何一个文件不准确；

（2）独立保证在其来临的情况下保障受益人利益的情势没有发生；

（3）独立保证担保的本人的主债无效；

（4）本人的主债已经由受益人没有任何抗辩地履行。

3. 在暂时停止支付的情况下，保证人有义务立即通知受益人和本人关于停止支付的原因和期限。

4. 保证人对受益人和本人就没有理由而暂时停止支付承担责任。

5. 在本条第 2 款规定的期限届满后，在缺乏拒绝满足受益人请求的依据（本条第 1 款）的情况下，保证人有义务按照保证进行支付。

第 377 条　保证人之债的范围

1. 独立保证规定的在受益人面前的保证人之债，仅限于支付保证规定的款项。

（本款经 2015 年 3 月 8 日第 42 号联邦法律修订）

2. 如果保证中没有不同规定，则保证人在受益人面前为不履行或者不适当履行保证之债的责任，不限于保证所规定的款项。

（本款经 2015 年 3 月 8 日第 42 号联邦法律修订）

第 378 条　独立保证的终止

（经 2015 年 3 月 8 日第 42 号联邦法律修订）

1. 保证人在受益人面前依据独立保证之债终止：

（1）享受益人支付了独立保证规定的款项；

（2）独立保证中规定的独立保证的期限终止；

（3）由于受益人放弃自己依据保证的权利；

（4）依照保证人与受益人的终止该债的协议。

2. 独立保证，或者保证人与受益人的协议可以规定，为了终止保证人在受益人面前的债必须将保证人所发给的保证书返还给保证人。

保证人之债依据本条第 1 款第 1 次款和第 2 次款中规定的依据终止，无论独立保证书是否返还给他。

3. 知悉独立保证按照本条规定的依据而终止的保证人，应当毫无迟延地就此通知本人。

第 379 条　赔偿保证人依据独立保证所支付的款项

（经 2015 年 3 月 8 日第 42 号联邦法律修订）

1. 如果发给保证的协议没有不同规定，则本人有义务赔偿保证人按照独立保证的条件所支付的金钱款项。

2，保证人无权要求本人赔偿没有按照独立保证的条件，或者违反保证人对受益人之债，而向受益人支付的金钱款项，但如果保证人与本人的协议有不同规定，或者本人同意按照保证支付的情形除外。

第七节　定金

第 380 条　定金的概念、定金协议的形式

1. 定金是指由合同一方当事人向另一方当事人依照合同所支付的金钱款项，以证明合同的缔结和担保合同履行。

2. 无论定金的数额，定金协议应当以书面形式缔结。

3. 在对来自一方当事人依照合同所支付的款项是否为定金存有疑问的情况下，特别是由于不遵守本条第 2 款规定的规则时，如果没有相反证据，该款项视为以预付款而支付。

4. 如果法律没有不同规定，按照双方当事人的协议，定金可以作为在预约合同规定的条件下履行缔结主合同之债的担保（第 429 条）。

（本款经 2015 年 3 月 8 日第 42 号联邦法律引入）

第 381 条　定金所担保之债的终止和不履行的后果

1. 在开始履行之前，依照双方当事人的协议或者由于履行不能（第 416 条）而导致债终止的情况下，定金应当返还。

2. 如果给付定金一方当事人对合同之不履行负有责任，则定金留归另一方当事人。如果收受定金一方当事人对合同之不履行负有责任，则该方当事人有义务向另一方当事人双倍支付定金。

此外，如果合同没有不同规定，对合同之不履行负有责任的一方当事人，有义务赔偿另一方当事人扣除定金款项之外的损失。

第八节　保证金

（经 2015 年 3 月 8 日第 42 号联邦法律引入）

第 381^{1} 条　保证金

1. 金钱之债，包括在违反合同的情况下赔偿损失或者支付违约金的义务，以及依据本法典第 1062 条第 2 款规定的理由所产生之债，按照双方当事人的协议可以由一方当事人为另一方当事人的利益交付特定的金钱款项，作为担保 [保证金（Обеспечительный платеж）]。保证金也可以用于担保在将来产生之债。

在合同规定的情势发生时，保证金的款项计入对相应之债的履行。

2. 在合同规定的期限内，本条第 1 款第 2 段中规定的情势并没有发生，或者被担保之债终止的情况下，如果双方当事人的协议没有不同规定，保证金应当返还。

3. 合同可以规定，在特定情势发生的情况下，相应当事人额外交付或者部分返还保证金的义务。

4. 如果合同没有不同规定，对保证金的款项不计算本法典第 317^1 条规定的利息。

第 381^2 条　保证金规则的适用

在按照被担保之债应当交付股票、债券、其他有价证券或者特定种类的物也纳入担保的情况下，也适用保证金规则（第 381^1 条）。如果有价证券作为履行担保，则保证金的特殊性由证券法规定。

（本条经 2017 年 7 月 26 日第 212 号联邦法律修订）

第二十四章　债之变更

第一节　债权人的权利向他人移转

（经 2013 年 12 月 21 日第 367 号联邦法律修订）

1. 一般规定

第 382 条　债权人的权利向他人移转的依据和程序

（经 2013 年 12 月 21 日第 367 号联邦法律修订）

1. 依据债属于债权人的权利（请求），可以按照法律行为（请求权让与），由债权人移转给他人，或者可以依据法律移转给他人。

2. 如果法律或者合同没有不同规定，则对于将债权人的权利移转给他人而言不需要债务人的同意。

本段自 2018 年 6 月 1 日起失效——2017 年 7 月 26 日第 212 号联邦法律

合同规定禁止债权人权利向他人移转，并不妨碍依照执行程序立法和资不抵债（破产）立法规定的程序出售这些权利。

3. 如果债务人没有被书面通知所实施的债权人权利向他人移转，则新的债权人承担由此对他引起的不利后果的风险。债务人之债随着债务人在收到权利移转给他人的通知之前向最初的债权人所进行的履行而终止。

4. 若在未经债务人同意而实施的转让引起了花费的情况下，最初的债权人和新的债权人有义务连带赔偿作为债务人的公民由于权利移转而引起的必要费用。可以依照有价证券法规定其他的费用赔偿规则。

第 383 条　不得转给他人的权利

（经 2013 年 12 月 21 日第 367 号联邦法律修订）

不允许将与债权人的人格紧密相连不可分离的权利，特别是抚养费请求和赔偿造成生命和健康损害的请求，向他人移转。

第 384 条　移转给他人的债权人权利的范围

（经 2013 年 12 月 21 日第 367 号联邦法律修订）

1. 如果法律或者合同没有不同规定，则最初债权人的权利在权利移转时所存在的范围内和条件下移转给新的债权人，特别是担保债之履行的权利以及其他与债紧密相连的权利，包括对利息的权利，一并移转给新的债权人。

2. 如果法律没有不同规定，金钱之债的请求权可以部分移转给他人。

3. 如果法律或者合同没有不同规定，取得与支付金钱价款不同的履行的权利，可以在相应之债为可分的且部分让与不会给债务人履行债务造成重大负担的条件下，部分地移转给其他人。

第 385 条　通知债务人权利移转

（经 2013 年 12 月 21 日第 367 号联邦法律修订）

1. 对债务人的权利移转通知，无论该通知是由最初的债权人或者新的债权人发出，对债务人均具有效力。

债务人在新的债权人向其提供权利移转给该债权人的证据之前，有权不向新的债权人履行债务，但债权人权利移转的通知已经从最初债权人处获得的情形除外。

2. 如果债务人收到一个或者数个后来的权利移转通知，则债务人在依照这些权利移转中的最后一个权利移转通知履行债务的情况下，视为已经向适当的债权人履行了债务。

3. 将请求让与给他人的债权人，有义务向他人交付证明权利（请求）的文件，并告知对行使该权利（请求）具有意义的信息。

第 386 条　债务人对新的债权人请求的抗辩。

（经 2013 年 12 月 21 日第 367 号联邦法律修订）

如果这些抗辩的依据在收到债权向新的债权人转让的通知之前已经产生，则债务人有权针对新债权人的请求提出他所拥有的针对债权人的抗辩。债务人在收到前述通知之后的合理期限内有义务告知新的债权人关于他所知道的抗辩依据的产生，并向新的债权人提供了解这些抗辩的可能性。在相反的情况下，债务人无权援引这些理由。

（本条经 2017 年 7 月 26 日第 212 号联邦法律修订）

2. 依据法律的权利移转

第 387 条　债权人的权利依据法律的向他人移转

（经 2013 年 12 月 21 日第 367 号联邦法律修订）

1. 在法律中规定的情势发生的情况下，债权人依据债的权利按照法律向他人移转：

（1）由于债权人权利的概括权利承继；

（2）依照法院关于债权人权利向他人移转的判决，如果法律规定了该移转之可能性；

（3）由于债务人的保证人，或者不是该债务之债务人的抵押人履行了债务；

（4）在债权人对保险事故发生负有责任的债务人的权利，由保险人代位求偿的情况下；

（5）在法律规定的其他情况下。

2. 如果本法典、其他法律没有不同规定，或者不能从关系之本质中得出不同规定，则本法典关于请求权让与的规则（第 388 条 - 第 390 条），适用于与依据法律的权利移转有关的关系。

3. 请求权让与（债权转让）

第 388 条　请求权让与的条件

（经 2013 年 12 月 21 日第 367 号联邦法律修订）

1. 如果不违背法律，允许债权人（让与人）将请求权让与他人（受让人）。

2. 未经债务人同意不允许让与债权人的人格在其中对债务人具有实质性意义的债之请求。

3. 债务人和债权人之间关于限制或者禁止金钱之债的请求的让与的协议，并不剥夺该让与的效力，也不能成为解除该请求所由之产生的合同的依据，但不免除债权人（让与人）在债务人面前对该违反协议行为的责任。

（本款经 2015 年 3 月 8 日第 42 号联邦法律修订）

4. 如果让与不会使得债之履行对债务人构成重大负担，则取得非金钱履行的权利，可以不经债务人许可而让与。

债务人和让与人之间的协议，可以禁止或者限制取得非金钱履行的权利的让与。

如果合同规定禁止让与取得非金钱履行的权利，则让与协议只有在证明协议另一方当事人知道或者应当知道前述禁止情况下，才可以依照债务人的起诉被确认为无效。

（本段经 2017 年 7 月 26 日第 212 号联邦法律引入）

5. 如果连带债权人之间的协议没有不同规定，则连带债权人经其他债权人同意有权将请求让与第三人。

第 388[1] 条　将来请求之让与

（经 2013 年 12 月 21 日第 367 号联邦法律修订）

1. 按照在将来才会产生的债之请求（将来请求），包括按照在将来才会缔结的合同所产生之债的请求，应当在让与协议中以足以在该请求产生时或者向受让人移转时确定该请求的方式予以规定。

（本款经由 2015 年 3 月 8 日第 42 号联邦法律修订）

2. 如果法律没有不同规定，则将来请求自其产生时起移转给受让人。各方当事人的协议可以规定将来请求在稍后移转。

第 389 条　请求权让与的形式

（经 2013 年 12 月 21 日第 367 号联邦法律修订）

1. 让与基于以普通书面形式或者公证形式实施的法律行为的请求，应当以相应的书面形式实施。

2. 如果法律没有不同规定，则让与依照需要国家登记的法律行为的请求的协议，应当按照为该法律行为规定的程序进行登记。

第 389[1] 条　让与人和受让人的权利与义务

（经 2013 年 12 月 21 日第 367 号联邦法律修订）

1. 让与人和受让人之间的相互权利和义务，由本法典和他们之间的让与进行所依据的合同规定。

2. 如果法律或者合同没有不同规定，则请求自让与进行所依据的合同缔结时起，移转给受让人。

3. 如果合同没有不同规定，让与人有义务将从债务人处的计入被让与请求的全部所得移转给受让人。

第 390 条　让与人的责任

（经 2013 年 12 月 21 日第 367 号联邦法律修订）

1. 让与人就移转给受让人的请求之无效，向受让人承担责任，但不为债务人不履行该请求而承担责任，但如果让与人自己向让与人承担对债务人的保证的情形除外。如果法律没有不同规定，让与进行所依据的合同可以规定，让与人不对受让人就移转给他的依照其履行与各方当事人从事经营活动有关合同之请求的无效承担责任，其条件为该无效是由于让与人不知道也不可能知道的情势所导致的，或者让与人已经预先告知受让人的属于从债权的，包括担保债之履行的权利的请求和对利息权利的请求的情势所导致的。

（本段经 2017 年 7 月 26 日第 212 号联邦法律引入）

2. 在让与时，让与人应当遵守以下条件：

如果该请求不是将来请求的话，被让与的请求在让与时存在；

让与人有权限实施让与行为；

被让与的请求之前没有被让与人让与给其他人；

让与人没有实施，也将不会实施任何构成债务人对被让与的请求提出抗辩之依据的行为。

法律或者合同可以规定对让与行为的其他要求。

3. 在让与人违反本条第 1 款和第 2 款规定的规则的情况下，受让人有权要求让与人返还依照让与协议的全部交付，并赔偿所造成的损失。

4. 在同一让与人将同一请求所移转给的数人之间的关系中，请求被视为移转给为其利益在先实施移转的人。

在债务人向其他受让人履行的情况下，让与人或者知道或者应当知道在先实施的请求权让与的受让人，承担该履行之后果的风险。

第二节 债务移转

第 391 条 债务移转的条件和形式

（经 2013 年 12 月 21 日第 367 号联邦法律修订）

1. 债务从债务人移转给他人，可以按照最初债务人和新债务人之间的协议进行。

在与各方当事人从事经营活动有关的债中，债务移转可以按照债权人与新的债务人之间的协议进行，根据该协议新的债务人自己承担最初债务人的债。

2. 经债权人同意方才允许债务人将自己的债务移转给他人，而在缺乏该同意时债务移转自始无效。

如果债权人预先同意债务移转，则该移转视为在债权人收到债务移转的通知时完成。

3. 在依据与各方当事人从事经营活动有关的债之债务移转时，在本条第 1 款第 2 段规定的情况下，如果债务移转协议没有规定最初债务人的补充责任，或者最初的债务人没有被免除债之履行，则最初的债务人和新债务人对债权人承担连带责任。最初的债务人有权放弃对其债之履行的免除。

如果最初的债务人和新的债务人之间的协议没有规定，或者不能从他们的关系的本质中得出不同规定，则该债的债权人的权利移转给履行了与各方当事人从事经营活动有关的债之新债务人。

4. 本法典第 389 条中规定的规则，相应地适用于债务移转的形式。

第 392 条　新债务人对债权人请求的抗辩

新债务人有权对债权人的请求提出基于债权人和最初的债务人之间的关系的抗辩，但无权对债权人行使属于最初的债务人的对待给付的抵消权。

（本条经 2013 年 12 月 21 日第 367 号联邦法律修订）

第 392[1] 条　债权人对新债务人的权利

（经 2013 年 12 月 21 日第 367 号联邦法律引入）

1. 如果法律合同没有不同规定，或者不能从债之本质中得出不同规定，则债权人可以对新债务人行使依据债的所有权利。

2. 在债务移转时最初的债务人被免除了债，则第三人所提供的债之履行的担保终止，但第三人同意为新的债务人承担责任的情形除外。

3. 如果作为担保标的物的财产没有被最初的债务人交付给新的债务人，则对最初债务人的债之免除及于其所提供的任何担保。

第 392[2] 条　依据法律的债务移转

（经 2013 年 12 月 21 日第 367 号联邦法律引入）

1. 债务可以依据法律规定的理由从债务人移转给他人。

2. 如果法律没有不同规定或者不能从债之本质中得出不同规定，则对依据法律的债务移转而言不需要债权人的同意。

第 392[3] 条　合同转让

（经 2013 年 12 月 21 日第 367 号联邦法律引入）

在一方当事人同时将依据合同的全部权利和义务移转给他人（合同转让）的情况下，对移转法律行为相应地适用关于请求权让与和债务移转的规则。

第二十五章　债之违反的责任

第 393 条　债务人赔偿损失的义务

1. 债务人有义务向债权人赔偿由于不履行或者不适当履行债所造成的损失。

如果法律没有不同规定，则债权人使用任何法律或者合同规定的保护其被侵犯的权利的方式，并不剥夺债权人要求债务人赔偿由于不履行或者不适当履行债的权利。

（本段经 2015 年 3 月 8 日第 42 号联邦法律引入）

2. 损失依据本法典第 15 条规定的规则确定。

赔偿全部损失，意味着通过赔偿损失债权人应当被置于如果债被以适当方式履行后他所处于的状态。

（本段经 2015 年 3 月 8 日第 42 号联邦法律引入）

3. 如果法律、其他法律文件或者合同没有不同规定，在确定损失时，需注意在债应当被履行的地点在债务人自愿满足债权人的请求之日所存在的价格，如果请求没有被自愿满足，则注意在提起诉讼之日的价额。根据以上情节，法院可以在考量作出判决之日所存在的价格后满足要求赔偿损失的请求。

4. 在确定所失利益时需考虑债权人为取得利益所采取的措施和为此目的所做的准备。

5. 应当赔偿的损失的数额的确定，应当具有合理的可信度。法院不得仅仅依据损失的数额不能被以具有合理的可信度确定而拒绝满足债权人要求赔偿不履行或者不适当履行所造成的损失的请求。在此情况下，应当赔偿的损失的数额，由法院考量案件的所有情节，根据公平和责任与所发生的债之违反行为的比例原则确定。

（本款经 2015 年 3 月 8 日第 42 号联邦法律引入）

6. 在债务人违反关于不得实施特定行为的债［消极之债（негативное обязательство）］的情况下，如果这样做不违反债之本质的话，则债权人独立于赔偿损失，还有权要求停止相应的行为。该请求也可以由债权人在出现违反该债的现实威胁的情况下提出。

（本款经 2015 年 3 月 8 日第 42 号联邦法律引入）

第 393^1 条　在合同终止的情况下赔偿损失

（经 2015 年 3 月 8 日第 42 号联邦法律引入）

1. 如果债务人不履行或者不适当履行合同而导致合同提前终止，而且债权人缔结了替代该合同的类似合同的情况下，债权人有权要求债务人赔偿以在已经终止的合同中所规定的价格与按照替代被终止的合同所缔结的合同的条款中可比较的商品、工作或者服务的价格之间的差额形式的损失。

2. 如果债权人没有签订类似合同以替代被终止的合同（本条第 1 款），但在被终止合同规定的履行中存在可比较的商品、工作或者服务的现价（текущая цена），则债权人有权要求债务人赔偿以在被终止的合同中规定的价格与现价之间的差额的形式的损失。

在合同终止时在合同应当被履行的地点对可比较的商品、工作或者服务所收取的价格为现价，而在前述地点缺乏现价的情况下，以在其他地点所使用的考虑运输和其他额外费用可以作为合理替代的价格为现价。

3. 满足本条第 1 款和第 2 款规定的请求，并不免除没有履行或者没有适当履行债务的一方当事人赔偿给他方当事人所造成的其他损失。

第 394 条　损失与违约金

1. 如果规定了对不履行或不适当履行债务违约金，则应赔偿违约金没有涵盖的损失。

法律或者合同可以规定以下情形：只允许追索违约金而不允许要求赔偿损失；可以超过违约金要求全额赔偿损失；按照债权人的选择，可以要求支付违约金，或者要求赔偿损失。

2. 在为不履行或不适当履行债规定了有限责任（第 400 条）的情况下，可以在该限制规定的范围以内，追索违约金所未涵盖部分的应当赔偿的损失，或者超出违约金的损失，或者替代违约金。

第 395 条　不履行金钱之债的责任

1. 在非法留置货币资金、逃避返还货币资金、逾期支付的情况下，应当对债务款项支付利息。利息的数额，根据俄罗斯银行在相应时期有效的利率确定。如果法律或者合同没有规定不同的利息数额，则适用这些规则。

（本款经 2016 年 7 月 3 日第 315 号联邦法律修订）

2. 如果非法使用其货币资金给债权人所造成的损失，超过了依据本条第 1 款所计付给他的利息数额，则他有权要求债务人赔偿超过该数额部分的损失。

3. 如果法律、其他法律文件或者合同没有规定更短的利息计算期限，则对使用他人资金的利息，收取至将这些资金支付给债权人之日。

4. 在各方当事人的协议规定了不履行或者不适当履行金钱之债的违约金的情况下，如果法律或者合同没有不同规定，则不得追索本条规定的利息。

（本款经 2015 年 3 月 8 日第 42 号联邦法律引入）

5. 如果法律没有不同规定，不允许对利息计算利息［复利（сложные проценты）］。如果法律或者合同没有不同规定，则不允许适用对在各方当事人从事活动时所履行之债的复利。

（本款经 2015 年 3 月 8 日第 42 号联邦法律引入）

6. 如果应当支付的利息数额明显与债之违反的后果不成比例，则法院按照债务人的申请，有权降低合同规定的利息，但不得少于根据本条第 1 款中规定的利率确定的数额。

（本款经 2015 年 3 月 8 日第 42 号联邦法律引入）

第 396 条　债之实际履行的责任与履行

1. 如果法律或者合同没有不同规定，则在债之不适当履行的情况下，支付违约金和赔偿损失，并不免除债务人的实际履行。

2. 如果法律或者合同没有不同规定，在不履行债的情况下，赔偿损失和为债之不履行而支付违约金，则免除债务人的实际履行。

3. 债权人拒绝接受由于逾期导致其丧失利益的履行（第 405 条第 2 款），以及支付作为赔偿金（отступное）的违约金（第 409 条），则免除债务人的债的实际履行。

第 397 条　由债务人承担费用的债之履行

在债务人不履行制作并向债权人移转物的所有、交付经营管理或者业务管理，或者将物交付债权人使用，或者为了债权人而完成特定的工作，或者向债权人提供服务之债的情况下，债权人有权在合理期限内，委托第三人以合理的价格履行债，或者如果不能从法律、其他法律文件、合同和债之本质中得出相反规定时，以自己的力量履行债，并要求债务人赔偿所遭受的必要费用和其他损失。

第 398 条　不履行交付单独特定物之债的后果

在不履行交付单独特定的物为债权人所有、经营管理、业务管理或者有偿使用之债的情况下，债权人有权要求从债务人处没收该物，并在债规定的条件下将其交付给债权人。如果物已经被交付给拥有所有权、经营管理权或者业务管理权的第三人，则该权利丧失。如果物尚未交付，则债为其利益在先产生的债权人享有优先地位，如果不能确定，则在先提起诉讼的人享有优先地位。

债权人有权要求赔偿损失，替代要求将作为债之标的物交付给他。

第 399 条　补充责任

1. 在依照法律、其他法律文件或者债之条件，对作为主债务人的他人的责任补充承担责任（补充责任）的人提出请求之前，债权人应当向主债务人提出请求。

如果主债务人拒绝满足债权人的请求，或者债权人没有在合理的期限内从债务人处收到对其所提出请求的答复，则该请求可以向承担补充责任的人提出。

2. 如果该请求可以通过抵消对主债务人的对应请求的方式，或者以毫无争议的通过追索债务人的资金的方式予以满足，则债权人无权要求承担补充责任的人满足自己对主债务人的请求。

3. 承担补充责任的人应当在满足债权人向他提出的请求之前，事先就此告知主债务人，而在对该人提起诉讼的情况下，应当邀请主债务人参与案件。在相反的情况下，债务人有权对承担了补充责任的人的追偿请求，提出他本可对债权人提出的抗辩。

4. 如果本法典或者其他法律没有规定承担补充责任的其他方式，则适用本条的规则。

（本款经 2015 年 3 月 8 日第 42 号联邦法律引入）

第 400 条　对债之责任数额的限制

1. 对某些种类的债和与特定类型活动有关的债，法律可以限制要求全部损失赔偿的权利（有限责任）。

2. 如果法律规定了该种类之债或者对该种违法行为的责任数额，并且，如果协议是在引起在债之不履行或者不适当履行的责任之情势发生之前缔结的，则限制附和合同或者在其中公民以消费者参与作为债权人的其他合同的债务人的责任数额的协议，自始无效。

第 401 条　债之违反责任的依据

1. 不履行债或者以不适当方式履行债的人在存在过错（故意或者过失）的情况下承担责任，但法律或者合同规定了其他责任依据的情形除外。

在根据债之特点和流转的条件要求他的该种程度的注意和谨慎的情况下，他采取了所有的措施以适当履行债，则该人为无过错。

2. 由违反债的人证明过错之不存在。

3. 如果法律或者合同没有不同规定，如果不能证明，由于不可抗力也就是在极端的且在该等条件下不可预防的情势而导致不可能适当履行债，则不履行或不适当履行在从事经营活动中的债的人承担责任。特别是，债务人的合同相对人一方违反义务、市场上缺乏为履行所必要的商品、债务人缺乏必要的货币资金，均不属于此类情势。

4. 事先所缔结的消除或者限制故意违反债之责任的协议，自始无效。

第 402 条　债务人对自己的工作人员负责

债务人的工作人员履行债的行为视为债务人的行为。如果这些行为导致债之不履行或者不适当履行，则债务人对这些行为承担责任。

第 403 条　债务人对第三人行为负责

如果法律没有规定作为直接履行人（непосредственный исполнитель）的第三人承担责任，则债务人对承担债务履行的第三人的债之不履行或者不适当履行承担责任。

第 404 条　债权人的过错

1. 如果债之不履行或者不适当履行，是由于双方当事人的过错而发生的，则法院，相应地降低债务人的责任数额。如果债权人故意或者过失助长了不履行或者不适当履行所造成的损失数额或者没有采取合理措施降低损失，则法院也有权降低债务人的责任数额。

2. 在债务人依据法律或者合同，无论自己是否有过错，均应对债之不履行或者不适当履行承担责任的情况下，则相应地适用本条第 1 款的规则。

第 405 条　债务人逾期

1. 逾期履行的债务人，对逾期所造成的损失和在逾期期间所偶然发生的履行不能的后果，向债权人承担责任。

2. 如果由于债务人逾期，履行对债权人丧失了利益，则债权人可以拒绝接受履行，并要求赔偿损失。

3. 如果债之不能履行是由于债权人逾期所造成的，则债务人不视为逾期。

第 406 条　债权人逾期

1. 如果债权人拒绝接受债务人提供的适当履行，或者没有实施其他法律文件或者合同规定的，或者从习惯中，或者债之本质中，所产生的行为，而债务人在这些行为被实施之前不能履行自己之债，则债权人被视为已经逾期。

（本段经 2015 年 3 月 8 日第 42 号联邦法律修订）

在本法典第 408 条第 2 款中规定的情况下，债权人也被视为已经逾期。

如果债务人不能履行自己的债务，并非是由于债权人没有实施本款第 1 段规定的行为的情况下，则债权人不被视为逾期。

（本段经 2015 年 3 月 8 日第 42 号联邦法律引入）

2. 如果债权人不能证明，逾期是由于既不是由他本人，也不是依照法律、其他法律文件或者债权人的委托承担接受履行的人，所应负责的情势所导致，则债权人的逾期，将赋予债务人要求赔偿因逾期而造成的损失的权利。

3. 金钱之债的债务人，没有义务为债权人的逾期期间支付利息。

第 406[1] 条　赔偿在合同中规定的特定情势发生时所产生的损失

（经 2015 年 3 月 8 日第 42 号联邦法律引入）

1. 在从事经营活动的情况下，债之各方当事人可以协议规定，一方当事人向另一方当事人赔偿在该协议中规定的情势发生的情况下所产生的与该方当事人违反债无关的财产损失（因为债之履行不能、第三人或者国家权力机关对当事人或者协议中规定的第三人提出请求所造成的损失等）。各方当事人的协议应当规定，赔偿此类损失的数额或者确定数额的程序。

2. 法院不得降低本条规定的损失赔偿数额，但如果证明一方当事人故意协助扩大损失数额的情形除外。

3. 如果各方当事人的协议没有不同规定，则本条规定的损失，无论是否确认合同不成立或者无效，均应赔偿。

4. 在损失是由于第三人的非法行为而产生的情况下，债权人对该第三人的损失赔偿请求，移转给已经赔偿了这些损失的一方当事人。

5. 本条的规则也适用于在自然人作为当事人的社团合同中，或者转让股票或者经营性公司中的注册资本份额的合同中规定了赔偿损失的条件的情形。

第二十六章　债之终止

第 407 条　债之终止的依据

1. 债依照本法典、其他法律、其他法律文件或者合同规定的依据，而全部或者部分终止。

2. 在法律或者合同规定的情况下，才允许依照一方当事人的请求终止债。

3. 如果法律没有不同规定，或者从债之本质中不能得出不同规定，则各方当事人可以自己的协议终止债，并规定债终止的后果。

（本款经 2015 年 3 月 8 日第 42 号联邦法律引入）

第 408 条　债因履行而终止

1. 债因适当履行而终止。

2. 如果债务人曾向债权人发出证明债之债务文件，则债权人在接受履行的同时，应当将该文件返还，而在不能返还的情况下，在发给债务人的收据中注明这一点。收据可以用在所返还的债务文件上的签名替代。债务文件在债务人处，即证明债之终止，但有相反证据的除外。

在债权人拒绝发给收据、返还债务文件或者在收据中指明返还债务文件的情况下，债务人有权留置履行。在此情况下，视为债权人逾期。

第 409 条　赔偿金

（经 2015 年 3 月 8 日第 42 号联邦法律修订）

根据各方当事人的协议，债也可以因为提供赔偿金——支付货币资金或者交付其他财产的方式而终止。

第 410 条　债因抵消而终止

债因其期限已经到来，或者其期限没有指明，或者其期限依照索赔的时点确定的同种请求权相互抵消，而全部或者部分终止。在法律规定的情况下，允许以其期限尚未到来的同种请求相互抵消。对抵消而言，一方当事人的请求，即为已足。

（本条经 2015 年 3 月 8 日第 42 号联邦法律修订）

第 411 条　不允许抵消的情形

（经 2015 年 3 月 8 日第 42 号联邦法律修订）

以下请求不允许抵消：

关于赔偿造成生命或者健康损害的请求；

关于终生赡养的请求；

关于追索抚养费的请求；

其诉讼时效期限已经届满的请求；

在法律或者合同规定的其他情况下。

第 412 条　在请求权让与时的抵消

在请求权让与的情况下，债务人有权将自己对最初债权人的对待请求，抵消新的债权人的请求。

如果请求是按照在债务人收到请求权让与的通知时，已经存在的理由而产生的，而且请求的期限在收到通知之前已经来临，或者该期限没有指明，或者以索赔的时点确定，则可进行抵消。

第 413 条　债因为债务人与债权人的混同而终止

如果法律没有不同规定，或者不能从债之本质中得出不同规定，则债因为债务人与债权人的混同而终止。

（本条经 2015 年 3 月 8 日第 42 号联邦法律修订）

第 414 条　债因更新而终止

（经 2015 年 3 月 8 日第 42 号联邦法律修订）

1. 如果法律没有不同规定，或者从关系的本质中不能得出不同规定，则债因各方当事人协议以他们之间的其他债取代他们之间已经存在的最初的债（更新）而终止。

2. 如果各方当事人的协议没有不同规定，则更新终止与最初的债有关的从债。

第 415 条　债务免除

1. 如果这样做不侵犯他人对债权人的财产的权利，则债因为债权人免除债务人所承担的义务而终止。

2. 如果债务人没有在合理的期限内，向债权人发出针对债务免除的异议，则债视为自债务人取得债权人的债务免除通知之时起终止。

（本款经 2015 年 3 月 8 日第 42 号联邦法律引入）

第 416 条　债因履行不能而终止

1. 如果履行不能（невозможность исполнения）是由于在债产生之后所发生的任何不能归责于任何一方当事人的情势所导致，则债因履行不能而终止。

（本款经 2015 年 3 月 8 日第 42 号联邦法律修订）

2. 债由于债权人的过错行为导致债务人对债之履行不能的情况下，债权人无权要求返还依据债向他所做的履行。

第 417 条　债依据国家权力机关或者地方自治机关的文件而终止

（经 2015 年 3 月 8 日第 42 号联邦法律修订）

1. 如果由于国家权力机关或者地方自治机关文件的颁布导致债之履行完全或者部分不可能，则债完全或者在相应部分终止。因此遭受损失的各方当事人有权依照本法典第 13 条和第 16 条要求赔偿。

2. 如果引起债之履行不能的国家权力机关或者地方自治机关文件的通过，是由于债务人自己的非法行为（不作为）所导致，则债不被视为已经终止。

3. 在确认国家权力机关或者地方自治机关的文件（本条第 1 款）无效或者依照规定程序撤销的情况下，如果不能从各方当事人在协议中或者从债之本质中得出不同规定，以及如果债权人在合理期限内没有拒绝债之履行，则债不得被视为已经终止。

第 418 条　债因公民的死亡而终止

1. 如果债没有债务人的亲自参与即不可能进行履行，或者债以其他方式与债务人的人身密切相连不可分离，则债因债务人的死亡而终止。

2. 如果债之履行对债权人而言已预先确定为具有个人性，或者以其他方式与债权人的人格紧密相连不可分离，则债因债权人的死亡而终止。

第 419 条　债因法人的清算而终止

债因法人（债务人或者债权人）的清算而终止，但法律或者其他法律文件将被清算法人之债的履行由其他人承担（要求赔偿造成生命或者健康损害等）的情形除外。

第二分编　合同的一般规定

第二十七章　合同的概念和条件

第 420 条　合同的概念

1. 两个或者多个人关于设立、变更或者终止民事权利与义务的协议，为合同。

2. 如果本法典没有不同规定，则本法典第九章规定的双方与多方法律行为的规则适用于合同。

（本款经 2015 年 3 月 8 日第 42 号联邦法律修订）

3. 如果本章的规则和在本法典中包含的某些类型合同的规则没有不同规定，则关于债的一般规定（第 307~419 条）适用于产生自合同的债。

4. 如果不违背该类合同的多方特性，则关于合同的一般规定适用于两个以上当事人所缔结的合同。

第 421 条　合同自由

1. 公民和法人自由缔结合同。

除本法典、法律或者自愿承担之债规定了缔结合同的义务的情形外，不允许强制缔结合同。

2. 各方当事人可以缔结法律或者其他法律文件规定的合同，也可以缔结法律或者其他法律文件没有规定的合同。法律或者其他法律文件规定的某些种类合同的规则，在缺乏本条第 3 款中指明的特征的情况下，不适用于法律或者其他法律文件没有规定的合同，这并不排除对合同各方当事人的某些关系适用法律类推的规则（第 6 条第 1 款）。

（本款经 2015 年 3 月 8 日第 42 号联邦法律修订）

3. 各方当事人可以缔结其中包含了法律或者其他法律文件规定的各种合同的要素的合同（混合合同）。对混合合同，如果不能从各方当事人的协议或者混合合同的实质中得出不同规定，则对各方当事人的关系在相应部分适用其要素被包含在混合合同中的合同规则。

4. 合同的条款，按照各方当事人的意愿确定。但是相应条款的内容已经由法律或者其他法律文件规定的情形除外（第 422 条）。

当合同的条款由在各方当事人的协议没有不同规定的情况下才予以适用的规范

（任意性规范）所规定时，各方当事人可以自己的协议排除其适用或者规定与其中所规定的内容不同的条款。在缺乏此类协议时，合同的条款由任意性规范确定。

5. 如果合同的条款没有由各方当事人或者任意性规范规定，则相应的条款根据可适用于各方当事人的关系的习惯确定。

（本款经 2015 年 3 月 8 日第 42 号联邦法律修订）

第 422 条　合同与法律

1. 合同应当符合在其缔结时有效的法律和其他法律文件规定的对各方当事人有强制性的规则（强制性规范）。

2. 在合同缔结后，通过了为各方当事人规定了与在缔结合同时所有效的规则不同的强制性规则的法律，则已经缔结的合同的条款保留效力，但在法律中规定。其效力及于之前缔结的合同所产生的关系的情形除外。

第 423 条　有偿合同与无偿合同

1. 一方当事人应当为履行自己的义务而取得价款或者其他对待给付（встречное предоставление）的合同，为有偿合同。

2. 一方当事人有义务向另一方当事人提供某种东西，但不从另一方当事人取得价款或者其他对待给付的合同，为无偿合同。

3. 如果从法律、其他法律文件、合同的内容或者实质中不能得出相反规定，则推定合同为有偿合同。

第 424 条　价格

1. 合同的履行按照各方当事人协议规定的价格进行支付。

在法律规定的情况下，适用由被授权的国家机关和（或者）地方自治机关规定的或者调控的价格（税率、利率、费率等）。

（本段经 2009 年 6 月 29 日第 132 号联邦法律修订）

2. 在合同、法律规定的情况下和条件下，或者依照法律规定的程序，才允许在合同缔结后变更价格。

3. 在有偿合同中没有规定价格，也不可能根据合同的条款确定价格的情况下，合同的履行应当按照在可比情况下通常为类似商品、工作或者服务所收取的价格进行支付。

第 425 条　合同的效力

1. 合同自缔结时起生效，并对各方当事人具有强制力。

2. 如果法律没有不同规定，或者从相应关系的实质中也不能得出不同规定，则各方当事人有权规定，他们所缔结的合同条款适用于在缔结合同之前所产生的他们的关系。

（本款经 2015 年 3 月 8 日第 42 号联邦法律修订）

3. 法律或者合同可以规定，合同的效力期限终止导致各方当事人的合同之债终止。

其中缺乏该条款的合同，被视为在合同中规定的各方当事人债之履行终结时之前有效。

4. 合同的效力期限终止，并不免除各方当事人违反合同之责任。

第 426 条　公开合同

1. 公开合同，是指从事经营活动或者其他带来收入的活动的人所缔结的，且规定了该人依照自己活动的特点，应当对每一个来找他的人，履行出售商品、完成工作或者提供服务的义务（零售、公共交通运输、通信服务、能源供应、医疗服务、宾馆服务等）的合同。

从事经营活动或者其他带来收入的活动的人无权在缔结公开合同方面给予某人超越于他人的优待，但法律或者其他法律文件规定的情形除外。

（本款经 2015 年 3 月 8 日第 42 号联邦法律修订）

2. 在公开合同中，商品、工作或者服务的价格，对相应类型的消费者，应当是相同的。公开合同的其他条款也不得根据某类消费者的优先地位或者给予其优待而规定，但如果法律或者其他法律文件允许对某些类别的消费者提供优惠的情形除外。

（本款经 2015 年 3 月 8 日第 42 号联邦法律修订）

3. 不允许从事经营活动或者其他带来收入的活动的人，在存在向消费者提供相应商品、服务，以及为其完成相应的工作的可能性的情况下，拒绝缔结公开合同，但本法典第 786 条第 4 款规定的情形除外。

（本段经 2015 年 3 月 8 日第 42 号联邦法律、2017 年 12 月 5 日第 379 号联邦法律修订）

在从事经营活动或者其他带来收入的活动的人，没有正当理由逃避缔结公开合同的情况下，适用本法典第 445 条第 4 款规定的条款。

（本段经 2015 年 3 月 8 日第 42 号联邦法律修订）

4. 在法律规定的情况下，俄罗斯联邦政府，以及俄罗斯联邦政府授权的联邦执行权力机关，可以发布对各方当事人在缔结和履行公开合同时具有强制力的规则（示范合同、示范条款等）。

（本款经 2008 年 7 月 23 日第 160 号联邦法律修订）

5. 不符合本条第 2 款和第 4 款规定的要求的公开合同条款，自始无效。

第 427 条　合同的示范条款

1. 在合同中可以规定，它的个别条款由为相应类型的合同所起草的并在出版物上公布的示范条款规定。

2. 当合同中没有包含对示范条款的援引的情况下，如果示范条款符合本法典第 5 条和第 421 条第 5 款规定的要求，则这些示范条款可以作为习惯适用于各方当事人的关系。

（本款经 2015 年 3 月 8 日第 42 号联邦法律修订）

3. 示范条款，可以示范合同或者包含这些条款的其他文件的形式呈现。

第 428 条　附和合同

1. 附和合同（Договор присоединения）是指其条款由一方当事人在表格中或者以其他标准形式规定，而且另一方当事人只能通过附和所提出的整个合同的方式予以接受的合同。

2. 如果附和合同尽管不违背法律和其他法律文件，但剥夺了该方当事人依照该类合同通常所被提供的权利，排除或者限制了另一方当事人对债之违反的责任，或者包含了对附和方当事人为明显负担性的，而以附和方当事人根据自己所合理理解的利益在假如他拥有参与确定合同条款的机会的情况下是不会接受的其他条款，则合同的附和方当事人要求解除或者变更合同。

如果法律没有不同规定，或者从债之本质不能得出不同规定，在根据合同附和方当事人的请求由法院变更或者解除合同的情况下，合同视为以变更后的版本生效，或者相应地自其缔结之时起不生效。

（本段经 2015 年 3 月 8 日第 42 号联邦法律引入）

3. 本条第 2 款规定的规则，也应当适用于：如果所缔结的合同虽然并非附和合同，但合同条款由一方当事人确定，而另一方当事人由于明显的谈判能力不平等，被置于实质性的难以对合同的某些条款的不同内容进行协商的境地的情形。

（本款经 2015 年 3 月 8 日第 42 号联邦法律修订）

第 429 条　预约合同

1. 按照预约合同（Предварительный договор），各方当事人有义务在预约合同规定的条件下，缔结关于将来交付财产、完成工作或者提供服务的合同（主合同）。

2. 预约合同以为主合同规定的形式缔结，如果主合同的形式没有规定，则以书面形式缔结。不遵守关于预约合同形式的规则，将导致预约合同无效。

3. 预约合同应当包含足以确定标的物的条款，以及按照一方当事人的请求应当在缔结预约合同时达成一致的主合同的条款。

（本款经 2015 年 3 月 8 日第 42 号联邦法律修订）

4. 在预约合同中指明各方当事人有义务缔结主合同的期限。

在预约合同中没有规定该期限，则主合同应当在预约合同缔结之时起一年内缔结。

5. 在接预约合同的一方当事人逃避缔结主合同的情况下，适用本法典第 445 条第 4 款规定的条款。强制缔结主合同的请求，可以在自缔结合同之债不履行之时起六个月内提出。

在各方当事人对主合同的条款产生分歧的情况下，这些条款依照法院的判决确定。在此情况下，主合同视为，自法院判决生效之时起，或者自法院判决中指明的时点起，已经缔结。

（本款经 2015 年 3 月 8 日，第 42 号联邦法律修订）

6. 在主合同应当由附和方当事人缔结的期限终结之前，将不会缔结，或者一方当事人没有向另一方当事人发送缔结主合同的要约，则预约合同规定的债终止。

第 429[1] 条　框架合同

（经 2015 年 3 月 8 日第 42 号联邦法律引入）

1. 框架合同（Рамочный договор）（带有开放条款的合同）（договор с открытыми условиями），是指规定了可以由各方当事人通过缔结单独合同、一方当事人提出申请或者其他方式，依据或者为了履行框架合同的方式进行具体化和明确各方当事人债之相互关系的一般条款的合同。

2. 对不受单独合同调整的各方当事人的关系，包括在各方当事人没有缔结单独合同的情况下，在单独合同中没有不同规定，或者不能从债之本质中得出不同规定，则应当适用包含在框架合同中的一般条款。

第 429[2] 条　合同缔结期权

（经 2015 年 3 月 8 日第 42 号联邦法律引入）

1. 根据提供合同缔结期权的协议［合同缔结期权（Опцион на заключение договора）］，一方当事人通过不可撤销的要约，向另一方当事人提供在期权规定的条件下缔结一个或者数个合同的权利。如果协议没有不同规定，包括商业组织之间所缔结的协议没有不同规定，则合同缔结期权应当付费或者提供其他对待给付。另一方当事人有权通过按照期权规定的程序、期限和条件承诺该要约的方式缔结合同。

合同缔结期权可以规定，承诺只能在期权中规定的条件成就时，包括取决于一方当事人的意愿的条件成就时才可能。

2. 在合同缔结期权没有规定承诺不可撤销的要约的期限的情况下，如果不能从合同的本质或者习惯中得出不同规定，则该期限视为等同于一年。

3. 如果合同缔结期权没有不同规定，则依照期权的支付不得计入依据不可撤销所缔结的合同的支付，而且在没有被承诺的情况下，也不应当返还。

4. 合同缔结的期权应当包含足以确定标的物的条款，以及应当缔结的合同的其他实质性条款。

应当缔结的合同的标的物，可以任何足以在承诺不可撤销的要约时将其个别化的方式进行描述。

5. 缔结合同的期权按照对应当缔结的合同所规定的形式缔结。

6. 如果从该协议的本质中不能得出不同规定，则合同缔结期权可以纳入其他协议。

7. 如果该协议没有不同规定，或者从其本质中不能得出不同规定，则缔结合同的期权的权利可以转让给他人。

8. 某些种类的合同缔结期权的特殊性可以由法律规定。

第 429^3 条　期权合同

（经 2015 年 3 月 8 日第 42 号联邦法律引入）

1. 按照期权合同（Опционный договор），一方当事人在该合同规定的条件下，有权在合同规定的期限内，要求另一方当事人实施期权合同规定的行为（包括支付货币资金、交付或者接受财产），而在此情况下，如果权利一方当事人没有在规定期限内提出请求，则期权合同终止。期权合同也可以规定，依据期权合同的请求，在该合同规定的情势发生的情况下，视为已经提出。

一方当事人为提出依据期权合同的请求的权利，支付该合同所规定的金钱款项，但如果期权合同，包括商业组织之间所缔结的期权合同规定其为无偿性的，或者如果该合同的缔结是由其他债或者源自各方当事人关系的受法律保护的其他利益所规定的情形除外。

3. 在期权合同终止的情况下，如果期权合同没有不同规定，则本条第 2 款规定的支付不得返还。

4. 某些种类期权合同的特殊性，可以由法律或者依照法律规定的程序规定。

第 429[4] 条　按照要求履行的合同（用户合同）

（经 2015 年 3 月 8 日第 42 号联邦法律引入）

1. 按照要求履行的合同（Договор с исполнением по требованию）（用户合同）（абонентский договор），是指规定一方当事人（用户），为取得要求另一方当事人（履行人）按照所要求的数量或范围，或在用户规定的其他条件下提供合同规定的履行的权利，而付款包括支付定期金。

2. 如果法律或者合同没有不同规定，则无论用户是否向履行人要求相应的履行，用户均有义务按照用户合同付款或者提供其他履行。

第 430 条　为第三人利益的合同

1. 为第三人利益的合同（Договор в пользу третьего лица），是指在其中各方当事人规定，债务人有义务，不向债权人，而是向在合同中指定的或者没有在合同中指定的有权要求债务人为自己利益而履行的第三人履行的合同。

2. 如果法律、其他法律文件，或者合同没有不同规定，则自第三人向债务人表达了行使自己依照合同的权利之时起，各方当事人未经第三人同意不得解除或者变更他们已经缔结的合同。

3. 合同中的债务人有权针对第三人的请求，提出他本可以向债权人提出的抗辩。

4. 在第三人放弃依照合同所赋予他的权利的情况下，如果不违背法律、其他法律文件和合同，则债权人可以行使该权利。

第 431 条　合同之解释

在解释合同条款时，法院需注意包含在合同中的文字和表达的字面含义。在合同条款的字面含义不明的情况下，合同条款的字面含义通过与本合同的其他条款和整个合同的意义相比较的方式确定。

如果包含在本条第 1 部分中的规则不足以确定合同的内容，则应当考虑合同的目的，查明各方当事人真实的共同意愿。在此情况下，需注意包括在合同之前的谈判和通信、在各方当事人的相互关系中所形成的惯例、习惯、各方当事人后来的行为的所有相应情势。

（本部分经 2015 年 3 月 8 日第 42 号联邦法律修改）

第 431[1] 条　合同无效

（经 2015 年 3 月 8 日第 42 号联邦法律引入）

1. 如果关于某些种类合同的规则和本条没有不同规定，则本法典关于法律行为无效的规定（第九章第二节）适用于合同。

2. 已经接受了合同相对人依照与各方当事人从事经营活动有关的合同的履行，而在此情况下，全部或者部分没有履行自己之债的当事人，无权要求确认合同无效，但依照本法典第 173 条、第 178 条和第 179 条规定的依据要求确认合同无效的情形，以及如果另一方当事人提供的履行与该方当事人的明显的恶意行为有关的情形除外。

3. 在依照一方当事人的请求确认合同无效的情况下，该合同为可争议的合同，并且其履行与各方当事人从事经营活动有关，如果各方当事人在确认合同无效之后所缔结的不影响第三人的利益，也不侵犯公共利益的协议没有规定合同无效的其他后果，则适用法律行为无效的一般后果（第 167 条）。

第 431^2 条　情况陈述

（经 2015 年 3 月 8 日第 42 号联邦法律引入）

1. 在缔结合同时，或者在合同缔结前后，向另一方当事人提供了关于对合同缔结、合同履行或者合同终止有意义的（包括属于合同标的物、缔结合同权限、合同符合所适用的法、存在必要的许可和批准、自己的财务状况，以及对第三人的）情况的不准确陈述的当事人，有义务按照另一方当事人的请求向另一方当事人赔偿由于该类陈述不准确所造成的损失，或者支付合同规定的违约金。

确认合同不成立或者无效本身并不阻碍本款第 1 段规定的后果的来临。

如果提供不准确陈述的当事人以另一方当事人将会信赖这些陈述作为出发点，或者有合理的理由以该推定作为出发点，则本条规定的责任来临。

2. 信赖契约相对人的对自己具有实质性意义的不准确陈述的当事人，除了要求赔偿损失或者追索违约金之外，如果各方当事人的协议没有不同规定，也有权放弃合同。

3. 在另一方当事人所提供的不准确陈述所导致的欺诈或者实质性错误的影响下缔结合同的当事人，有权要求确认合同无效（第 179 条和第 178 条），以替代放弃合同（本条第 2 款）。

4. 如果合同各方当事人的协议没有不同规定，则本条第 1 款和第 2 款规定的后果也适用于在从事经营活动时提供不准确陈述的当事人，以及与社团合同或者转让股票或经营性公司中注册资本份额的合同，无论该当事人是否知道这些陈述不准确。

在本款第 1 段规定的情况下，推定提供不准确陈述的当事人已经知道另一方当事人将会信赖这些陈述。

第二十八章　合同缔结

第 432 条　合同缔结的基本规定

1. 如果各方当事人之间在应当的情况下以所要求的形式就合同的所有实质性条款达成一致，则合同视为已经缔结。

合同标的物条款，在法律或者其他法律文件中被指明作为该种合同的实质性或者必要条款的条款，以及所有按照一方当事人的请求应当达成一致的条款，为实质性条款。

2. 合同通过一方当事人发送要约（缔结合同的提议）和另一方当事人承诺（接受提议）的方式缔结。

3. 已经从另一方当事人接受全部或者部分按照合同的履行，或者以其他方式承认合同效力的当事人，无权要求确认该合同不成立，但如果根据具体情势，该请求的提出将会违背诚实信用原则（第 1 条第 3 款）的情形除外。

（本款经 2015 年 3 月 8 日第 42 号联邦法律修订）

第 433 条　合同缔结的时间

1. 发出要约的人收到对要约的承诺时，合同视为已经缔结。

2. 如果依照法律为缔结合同必须交付财产，则合同自相应的财产交付时起视为已经缔结。

3. 如果法律没有不同规定，应当进行国家登记的合同对第三人而言，自合同进行登记时起视为已经缔结。

（本款经 2015 年 3 月 8 日第 42 号联邦法律修订）

第 434 条　合同的形式

1 如果法律对该种合同没有规定特定的形式，则合同可以按照法律为实施法律行为所规定的任何形式缔结。

2. 书面形式的合同可以通过起草一份由各方当事人签署的文件，以及通过交换信件、电报、电挂、电传和其他足以可靠地确定文件自合同的当事人发出的文件，包括通过通讯渠道传递的电子文件的方式缔结。

（本段经 2015 年 3 月 8 日第 42 号联邦法律修订）

通过通信渠道传递的电子文件，是指借助于电子的、电磁的、光纤的或者类似设备，制作、发送、收取或者保存的信息，包括以电子形式的信息交换和电子邮件。

（本段经 2015 年 3 月 8 日第 42 号联邦法律引入）

3. 如果书面的缔结合同的提议被依照本法典第 438 条第 3 款规定的程序所接受，则合同的书面形式视为已经被遵守。

4. 在法律或者各方当事人的协议规定的情况下，只能通过起草一份由合同各方当事人签署的文件的方式缔结书面合同。

（本款经 2015 年 3 月 8 日第 42 号联邦法律引入）

第 434[1] 条　缔约谈判（Переговоры о заключении договора）

（经 2015 年 3 月 8 日第 42 号联邦法律引入）

1 如果法律或者合同没有不同规定，公民和法人可以自由地进行缔约谈判，自主承担进行缔约谈判的费用，并且不为没有达成协议承担责任。

在进入缔约谈判时，在进行缔约谈判的过程中，以及在缔约谈判完成后，各方当事人均有义务善意行为，特别是，不允许在明显缺乏与另一方当事人达成协议的意图的情况下进行缔约谈判，或者，持续进行缔约谈判。在进行谈判时，推定以下行为是恶意行为：

（1）一方当事人提供不完整的或者不准确的信息，包括对由于合同的特性而应当令另一方当事人知晓的信息保持沉默；

（2）在另一方谈判当事人不能合理期待的情况下，突然地和毫无道理地终止缔约谈判。

3. 恶意地进行或者中断缔约谈判的当事人，有义务赔偿因此给对方当事人造成的损失。

恶意当事人应当赔偿的损失，包括另一方当事人由于进行缔约谈判所支出的费用，以及由于丧失与第三人的缔约机会（утрата возможности заключить договор с третьим лицом）而造成的损失。

4. 在缔约谈判的过程中，一方当事人取得了另一方当事人作为保密信息所交付给他的信息，则无论合同将来是否缔结，该方当事人有义务不得披露该信息，也不得以不适当的方式为自己的目的而使用该信息。在违反该义务的情况下，该方当事人应当赔偿另一方当事人，由于披露保密信息或者为自己的目的使用信息而造成的损失。

5. 各方当事人可以缔结进行谈判的程序的协议。该协议可以将对善意进行谈判的要求具体化，规定分配进行谈判的费用的程序和其他类似的权利与义务。关于进行谈判程序的协议可以规定违反其中规定的条款的违约金。

进行谈判程序的协议限制协议各方当事人对恶意行为的责任的条款，自始无效。

6. 本条第 3 款和第 4 款规定的关于一方当事人赔偿给另一方当事人造成的损失的条款，不适用于依照消费者权利保护立法被确认为消费者的公民。

7. 本条的规则独立于各方当事人是否根据谈判的结果缔结合同而适用。

8. 本条的规则不排除将本法典第五十九章的规则适用于在设定合同之债时所产生的关系。

第 435 条　要约

1. 要约（Оферта），是指发给一个或者数个具体的人的提议，它足够确定地表达了提议人的与接受提议的受要约人缔结合同的意图。

要约应当包含合同的实质性条款。

2. 要约自受要约人收到要约时起，拘束发出要约的人。

如果撤回要约的通知早于或者与要约同时到达，则要约视为没有被收到。

第 436 条　要约的不可撤回性

在要约中没有不同的预先声明，也不可能从要约的本质或者从作出要约的场景中得出不同规定，则已经被受要约人收到的要约，在为其承诺所规定的期限内不得撤销。

第 437 条　要约邀请、公开要约

1. 在提议中没有不同的直接规定，则广告和其他向不特定范围的人所发出的提议，视为要约邀请（Приглашение делать оферты）。

2. 包含了合同的所有实质条款的提议，从中可以看出作出提议的人愿意在提议规定的条件下与任何给他回应的人缔结合同的意愿的，为要约 [公开要约（публичная оферта）]。

第 438 条　承诺

1. 承诺（Акцепт），是指受要约人关于接受要约的答复。

承诺应当是完全的，且毫无保留的。

2. 如果不能从法律、当事人的协议、习惯或者各方当事人以前的业务关系中得出不同规定，则沉默（Молчание）不是承诺。

（本款经 2015 年 3 月 8 日第 42 号联邦法律修订）

3. 如果法律、其他法律文件没有规定，或者在要约中也没有不同规定，则收到要约的人，在为承诺要约所规定的期限内，实施的履行在要约中规定的合同条款的

行为（装运货物、提供服务、完成工作、支付相应的价款等），视为承诺。

第 439 条　承诺的撤回

如果撤回承诺的通知早于承诺或者与承诺同时到达要约人，则承诺视为没有被收到。

第 440 条　依据规定了承诺期限的要约缔结合同

当在要约中规定了承诺期限时，如果要约人在要约中规定的期限内收到承诺，则合同视为已经缔结。

第 441 条　依据没有规定承诺期限的要约缔结合同

1. 当在书面要约中没有规定承诺期限，则要约人在法律或者其他法律文件规定的期限终结之前，而如果没有规定该期限，则在正常为此所必要的时间里，收到承诺，则合同视为已经缔结。

2. 当要约是以口头形式且未指明承诺期限而做出的，如果另一方当事人立即表明其承诺，则合同视为已经缔结。

第 442 条　延迟收到的承诺

在及时发出的承诺通知被延迟收到的情况下，如果发出要约的一方当事人没有立即通知另一方当事人延迟收到承诺，则承诺不视为迟到。

如果发出要约的一方当事人，立即告知另一方当事人接受延迟收到的承诺，则合同视为已经缔结。

第 443 条　在其他条件下的承诺

同意在与要约中提出的条件不同的条件下缔结合同的答复，不是承诺。

该答复视为对承诺的拒绝，且同时构成新要约。

第 444 条　合同缔结地

在合同中没有指明其缔结地，则合同被视为在发出要约的公民的住所地，或者发出要约的法人的所在地缔结。

第 445 条　依照强制程序缔结合同

1. 在依照本法典或者其他法律为接收要约（合同草案）的一方当事人规定了强制缔约的情况下，该方当事人应当自收到要约之日起三十日内，向另一方当事人发出承诺通知或者拒绝承诺的通知，以及在其他条件下承诺要约的通知（对合同草案的分歧备忘录 [протокол разногласий к проекту договора）]。

发出要约并收到为其规定了强制缔约的一方当事人在其他条件下承诺要约的通知（对合同草案分歧的备忘录）的当事人，有权在自收到该通知之日起三十日内，或者在承诺期限届满前，将在缔约时所产生的分歧提交法院进行审查。

2. 在依照本法典或者其他法律为发出要约的一方当事人规定了强制缔约，并且在三十日内收到对合同草案的分歧备忘录的情况下，各方当事人有义务在自收到分歧备忘录之日起三十日内，通知另一方当事人接受该版本的合同或者拒绝分歧备忘录。

在拒绝分歧备忘录或者没有在规定期限内收到对分歧备忘录的审查结果的通知的情况下，发出分歧备忘录的一方当事人，有权将在合同缔结时所产生的分歧提交法院审查。

3. 如果法律、其他法律文件没有规定其他期限，或者当事人也没有就其他期限达成协议，则适用本条第 1 款和第 2 款规定的期限规则。

4. 如果对依照本法典或者其他法律为其规定了强制缔约的一方当事人逃避缔结合同，则另一方当事人有权向法院要求强制缔结合同。在此情况下，合同视为在法院判决中规定的条件下自相应的法院判决生效之时起已经缔结。

（本段经 2015 年 3 月 8 日第 42 号联邦法律修订）

无理逃避缔结合同的一方当事人，应当赔偿另一方当事人由此造成的损失。

第 446 条　前合同纠纷（**Преддоговорные споры**）

1. 在依照本法典第 445 条或者依照各方当事人的协议，将缔结合同时所产生的分歧提交法院审查的情况下，各方当事人存有分歧的合同条款依照法院的判决确定。

2. 缔结合同所产生的分歧没有在自分歧产生之时起六个月内提交法院审查的分歧，不得依照司法程序调整。

（本款经 2015 年 3 月 8 日第 42 号联邦法律引入）

第 447 条　竞标合同

1. 如果从合同的本质中不能得出不同规定，则合同可以通过竞争（торг）的方式缔结。合同与在竞争中胜出的人缔结。

2. 如果法律没有不同规定，则物的所有权人、物的其他财产权利拥有者、有兴趣与竞争胜出者缔结合同的其他人，以及依据与前述人等的合同并以他们的名义或以自己的名义行为的人（公证人、专门化的组织等）可以作为竞争的组织者。

（本款经 2015 年 3 月 8 日第 42 号联邦法律修订）

3. 在本法典或者其他法律中规定的情况下，出售物或者财产权利等合同只能通过举行竞争的方式缔结。

4.（包括通过电子的）竞争以拍卖、竞标或者法律规定的其他形式进行。

（本段经 2015 年 3 月 8 日第 42 号联邦法律修订）

提出最高报价的人为拍卖会上的胜出者，而根据凭竞标组织者指定的评标委员会的结论，提出了最佳条件的人为招投标中的中标者。

如果法律没有不同规定，则竞争的形式由所售之物的所有权人或者所出售财产权利的拥有者决定。

5. 只有一个参加者参与的拍卖会或者竞标无效。确认竞争无效的其他理由由法律规定。

（本款经 2015 年 3 月 8 日第 42 号联邦法律修订）

6. 如果法律没有不同规定，或者不能从关系的实质中得出不同规定，则本法典第 448 条和第 449 条规定的规则也适用于缔结为取得商品、完成工作、提供服务或者取得财产权利的合同而举行的竞争。

如果法律没有不同规定，则本法典第 448 条和第 449 条规定的规则不适用于有组织的拍卖。

（本款经 2015 年 3 月 8 日第 42 号联邦法律修订）

第 448 条　组织和进行拍卖的程序

（经 2015 年 3 月 8 日第 42 号联邦法律修订）

1. 拍卖和竞标可以是公开的和封闭的。在公开拍卖和公开竞标中，任何人均可参与。在封闭拍卖和封闭竞标中，只有为此目的被特别邀请的人才能参与。

2. 如果法律没有不同规定，进行拍卖的通知应当在不迟于拍卖举行之前三十日，由组织者公布。通知应当包含关于拍卖的时间、地点和形式，拍卖的标的物，所出售财产现有的负担和拍卖进行的程序，包括办理参与拍卖、确定拍卖的胜出者，以及关于初始价格的信息。

3. 依照拍卖结果所缔结的合同的条款由拍卖组织者确定，并且应当在进行拍卖的通知中指明。

4. 在法律中或者进行拍卖的通知中没有不同规定，则已经公开通知的公开拍卖的组织者有权，在不迟于拍卖举行日来临之前三日的任何时候，放弃举行拍卖，而对举行竞标，则有权在不迟于竞标举行之日前三十日内的任何时间放弃。

如果公开拍卖的组织者，违反规定的期限放弃举行拍卖，则他有义务赔偿参加者所遭受的实际损害。

封闭拍卖或者封闭竞标的组织者，有义务赔偿被其邀请的参加者的实际损害，无论是在发出通知后在何种期限内放弃举行拍卖。

5. 拍卖的参加者按照在举行拍卖的通知中指明的数额、期限和程序交纳定金。如果拍卖没有举行，则定金应当返还。定金也返还给参与拍卖但没有胜出的人。

在与拍卖胜出者缔结合同的情况下，所交纳的定金数额作为依据所缔结的合同之债的履行。

如果法律没有不同规定，拍卖组织者和参与者关于依据拍卖结果缔结合同之债，可以由独立保证担保。

6. 法律没有不同规定，则拍卖胜出者和拍卖组织者在拍卖或者竞标举行日签署具有合同效力的拍卖结果备忘录。

逃避签署备忘录的人，有义务赔偿由此造成的超出所提供担保数额的部分的损失。

如果依据法律合同只能以进行拍卖的方式缔结，则在拍卖组织者逃避立即签署备忘录的情况下，拍卖胜出者有权向法院提出要求强制缔约，和赔偿由于其逃避缔结合同所造成的损失。

7. 如果依据法律，合同只能通过进行拍卖的方式缔结，则拍卖的胜出者无权将权利转让（但金钱之债的请求除外），和将依据拍卖所缔结的合同所产生之债的债务移转。如果法律没有不同规定，该合同之债，应当由拍卖胜出者亲自履行。

（本款经 2017 年 7 月 26 日第 212 号联邦法律修订）

8. 依据拍卖结果所缔结合同的条款，在其依据法律只允许通过进行拍卖方式缔结的情况下，可以由双方当事人：

（1）依据法律规定的理由变更；

（2）在拍卖上缔结了借款（信贷）合同，在俄罗斯银行关键利率变更的情况下，由于使用借款的利息数额的变更（根据该变更的比例）而变更；

（3）如果合同的变更不影响对确定拍卖中的价格具有实质性意义的条款，则依据其他理由变更。

（本款经 2017 年 7 月 26 日第 212 号联邦法律修订）

第 449 条　确认拍卖无效的依据和后果

（经 2015 年 3 月 8 日第 42 号联邦法律修订）

1. 违反法律规定的规则举行的拍卖，可以由法院依据利害关系人的起诉，在自拍卖举行之日起一年内确认为无效。

在以下情况下，可以确认为无效：

任何一人没有理由地被拒绝参与拍卖；

在拍卖会上最高报价被毫无理由地不予接受；

早于通知中指明的期限而进行出售；

其他的影响不正确确定出售价格的实质性违反拍卖进行程序的行为；

其他违反法律规定的规则的行为。

（本款经 2015 年 3 月 8 日第 42 号联邦法律修订）

2. 确认拍卖无效导致与拍卖胜出者所缔结的合同无效，并且适用本法典第 167 条规定的后果。

（本款 2015 年 3 月 8 日第 42 号联邦法律修订）

3. 拍卖组织者与适用拍卖无效的后果和必须进行二次拍卖有关的费用，在实施了违反行为导致拍卖被确认为无效的人之间分配。

（本款经 2015 年 3 月 8 日第 42 号联邦法律引入）

第 449[1] 条　公开拍卖

（经 2015 年 3 月 8 日第 42 号联邦法律引入）

1. 公开拍卖，是指依照执行程序为履行法院判决或者执行文书，以及在法律规定的情况下所举行的拍卖。如果本法典和诉讼立法没有不同规定，则本法典第 448 条和第 449 条规定的规则适用于公开拍卖。

（本款经 2016 年 7 月 3 日第 354 号联邦法律修订）

2. 公开拍卖的组织者可以是依照法律或者其他法律文件被授权的依照执行程序转让财产的人，以及在法律规定情况下的国家机关或者地方自治机关。

（本款经 2016 年 7 月 3 日第 354 号联邦法律修订）

3. 债务人、追索人和对被公开拍卖出售的财产拥有权利的人，有权参与公开拍卖。

4. 举行公开拍卖的通知依照本法典第 448 条第 2 款规定的程序公布，并在从事执行程序的机关的网站上放置，以及如果公开拍卖的组织者为国家权力机关或者地方自治机关，也在相应机关的网站上放置。

（本款经 2016 年 7 月 3 日第 354 号联邦法律修订）

通知应当包括除本法典第 448 条第 2 款中指明的信息外，还应指明财产的所有权人（权利拥有者）。

5. 其参与拍卖可能会对拍卖的条件和结果产生影响的债务人，承担了对债务人财产的评估和出售的组织，以及这些组织的工作人员，国家权力机关、地方自治机关的负责人，以及相应自然人的家庭成员，不得参与公开拍卖。

6. 在公开拍卖结果备忘录中，应当指明所有的拍卖参与者以及他们所提出的报价。

7. 在拍卖胜出者不按期支付购买价款的情况下，与拍卖胜出者缔结的合同视为不成立，拍卖视为无效。拍卖的组织者也有权要求赔偿给他所造成的损失。

第二十九章　合同的变更与解除

第 450 条　合同变更与解除的依据

1. 如果其他法律或者合同没有不同规定，则合同可以按照各方当事人的协议变更和解除。

如果法律没有不同规定，则其履行与所有当事人从事经营活动有关的多方合同可以规定，依照全体参与该合同的人或者依照大多数参与该合同的人的协议变更或者解除该合同的可能性。在本段中指明的合同中，可以规定确定该大多数的程序。

（本段经 2015 年 3 月 8 日第 42 号联邦法律引入）

2. 依照一方当事人的请求，合同只能依照法院的判决变更或者解除：

（1）在另一方当事人实质性违反合同的情况下；

（2）在本法典其他法律或者合同规定的其他情况下。

实质性违反，是指一方当事人违反合同的行为，导致对另一方合同当事人的损失是如此巨大，以至于剥夺了他在缔结合同时有权期待的东西。

3. 自 2015 年 6 月 1 日起失效——2015 年 3 月 8 日第 42 号联邦法律

4. 本法典、其他法律或者合同赋予其合同单方变更权的当事人，在行使该权利时，应当在本法典、其他法律或者合同规定的范围内，善意地和合理地行事。

（本款经 2015 年 3 月 8 日第 42 号联邦法律引入）

第 450[1] 条　放弃合同（合同履行）或者放弃行使依据合同的权利

（经 2015 年 3 月 8 日第 42 号联邦法律引入）

1. 本法典、其他法律、其他法律文件或者合同所赋予的单方放弃合同（合同履行）的权利（第 310 条），可以由权利人通过告知另一方当事人放弃合同（合同履行）的方式行事。如果本法典、其他法律、其他法律文件或者合同没有不同规定，合同自取得该通知之时起终止。

2. 在允许单方全部或者部分放弃合同（合同履行）的情况下，合同视为被解除或者变更。

3. 在合同一方当事人缺乏为履行合同之债所必要的从事活动的许可或者在自调整组织中的成员地位，则另一方当事人有权放弃合同（合同履行），并要求赔偿损失。

4. 本法典、其他法律、其他法律文件或者合同赋予其放弃合同（合同履行）权的一方当事人，在行使该权利时，应当在本法典、其他法律、其他法律文件或者合同规定的范围内，善意地和合理地行事。

5. 在存在放弃合同（合同履行）的理由的情况下，拥有该放弃权的一方当事人确认了合同的效力，包括通过接受另一方当事人所提出的债之履行，则不允许在后来依据相同的理由放弃。

6. 如果本法典、其他法律、其他法律文件或者合同没有不同规定，在从事经营活动的一方当事人，在本法典、其他法律、其他法律文件或者合同规定的且构成行使依据合同的特定权利的理由之情势来临的情况下，表明放弃该权利的行使，则不允许在后来依据相同的理由行使该权利，但类似情势再次来临的情形除外。

7. 在本法典、其他法律、其他法律文件或者合同规定的情况下，本条第 6 款的规则，也适用于在本法典、其他法律、其他法律文件或者合同规定的期限内不行使特定权利的情形。

第 451 条　由于实质性的情势变更导致合同变更和解除

1. 如果合同没有不同规定，或者从合同的本质中也不能得出不同规定，则各方当事人在缔结合同时以之作为出发点的情势的实质性变更，构成变更或者解除合同的理由。

情势变更，导致假如各方当事人合理地预见到了这一点，则一般而言他们就不会缔结合同，或者会在明显不同的条件下缔结合同，则视为情势的实质性变更。

2. 如果各方当事人没有就依照实质性变更的情势修改合同或者就解除合同达成协议，则合同可以依据本条第 4 款规定的理由解除，在同时存在以下条件的情况下，可以按照有利害关系的一方当事人的请求，由法院予以变更：

（1）在缔结合同时各方当事人以情势变更不会发生作为出发点；

（2）情势的变更是由于利害关系一方当事人不可能在情势产生后，在根据合同的特性和流转的条件所要求他的注意和谨慎的程度下，所能克服的原因所引起的；

（3）不变更合同的条款而履行合同，将会侵犯各方当事人财产利益的符合合同的相互关系，并且会导致对利害关系一方当事人如此巨大的损害，以至于他在极大程度上被剥夺了在缔结合同时他有权期待的东西；

（4）从习惯或者合同的本质中不能得出情势变更的风险由利害关系一方当事人承担。

（本次款经 2015 年 3 月 8 日第 42 号联邦法律修订）

3. 由于所发生的实质性情势变更导致合同解除的情况下，法院根据任何一方当事人的请求，根据在各方当事人之间合理分配由于履行该合同而支出的费用的必要性，确定合同解除的后果。

4. 仅在合同解除违背社会利益或者会导致对各方当事人的远远超过以在法院变

更的条件下履行合同所必要费用之损害的情况下，才允许依照法院判决按照实质性情势变更而变更合同。

第 452 条　合同变更与解除的程序

1. 如果从法律、其他法律文件、合同或者习惯中不能得出不同规定，则变更或解除合同的协议，以与合同相同的形式实施。

（本款经 2015 年 3 月 8 日第 42 号联邦法律修订）

2. 要求变更或者解除合同的请求，只能由一方当事人收到另一方当事人拒绝变更或者解除合同的提议，或者在提议中指明的或在法律或者合同规定的期限内，而在没缺乏该期限的情况下则在三十日的期限内没有收到答复，才可向法院提出。

第 453 条　合同变更与解除的后果

1. 在合同变更的情况下，各方当事人的债以已经修改的形式保留。

2. 如果法律合同没有不同规定或者不能从债之本质中得出不同规定，则在合同解除的情况下，各方当事人的债终止。

（本款经 2015 年 3 月 8 日第 42 号联邦法律修订）

3. 在合同变更或者解除的情况下，自各方当事人缔结关于变更或者解除合同的协议之时起，视为已经变更或者终止，但从协议或者合同变更的特点可以得出不同规定的除外，而在依照司法程序变更或者解除合同的情况下，自法院关于变更或者解除合同的判决生效之时起，视为已经变更或者终止。

4. 如果法律或者各方当事人的协议没有不同规定，则各方当事人无权要求返还，在合同变更或者终止之前，依照债他们所做的履行。

在合同解除或者变更之前，取得另一方当事人依照合同的债之履行的一方当事人，没有履行自己的债或者向另一方当事人提供了不等价的履行，如果法律或者合同没有不同规定，或者不能从债之本质中得出不同规定，则对当事人之间的关系适用关于不当得利之债的规则（第六十章）。

（本段经 2015 年 3 月 8 日第 42 号联邦法律引入）

5. 如果一方当事人实质性地违反合同，构成变更或者解除合同的理由，则另一方当事人有权要求赔偿由于解除变更或者解除合同给他造成的损失。

俄罗斯联邦总统叶利钦

莫斯科　克里姆林宫

1994 年 11 月 30 日

第 51 号联邦法律

1994 年 11 月 30 日　　　　第 52 号联邦法律

《俄罗斯联邦民法典第一部分实施法》

1994 年 10 月 21 日　　　　国家杜马通过

（经 2001 年 4 月 16 日、11 月 26 日，2007 年 12 月 1 日，2009 年 5 月 8 日，2013 年 4 月 5 日、6 月 7 日，2014 年 5 月 4 日、11 月 4 日、12 月 31 日，2015 年 4 月 6 日、6 月 29 日、7 月 13 日，2016 年 3 月 30 日，2017 年 12 月 5 日，2008 年 8 月 3 日，修改和补充。）

第 1 条

《俄罗斯联邦民法典》（以下简称“法典第一部分”）自 1995 年 1 月 1 日起生效，但本联邦法律规定了不同生效期限的条款除外。

第 2 条

确认自 1995 年 1 月 1 日起失效：

1964 年 6 月 11 日《苏俄批准俄罗斯苏维埃社会主义联邦共和国民法典》的序言、第一编“一般规定”、第二编“所有权”和第一分编“债的一般规定”、第三编“债法”（俄罗斯苏维埃社会主义联邦共和国最高苏维埃 1964 年第 24 期第 406 条，1966 年第 32 期第 771 条，1972 年第 33 期第 825 条，1973 年第 51 期第 1114 条，1974 年第 51 期第 1346 条，1977 年第 6 期第 129 条，1987 年第 9 期第 250 条，1988 年第 1 期第 1 条、第 16 期第 476 条，1990 年第 3 期第 78 条；俄罗斯苏维埃社会主义联邦共和国人民代表大会和俄罗斯苏维埃社会主义联邦共和国最高苏维埃公报 1991 年第 15 期第 494 条；俄罗斯联邦人民代表大会和俄罗斯联邦最高苏维埃公报 1992 年第 29 期第 1689 条、第 34 期第 1966 条）；

俄罗斯苏维埃社会主义联邦共和国最高苏维埃主席团 1964 年 6 月 12 日《关于苏俄民法典和苏俄民事诉讼法典生效程序令》第 4 条，第 5 条，第 6 条（在苏俄民法典第 79 条规定的规则部分），第 7~13 条（俄罗斯苏维埃社会主义联邦共和国最高苏维埃公报 1964 年第 24 期第 416 条，1987 年第 9 期第 250 条）；

1990 年 12 月 24 日苏俄法律《苏俄所有权法》（苏俄人民代表大会和苏俄最高苏维埃公报 1990 年第 30 期第 416 条；俄罗斯联邦人民代表大会和俄罗斯联邦最高苏维

埃公报 1992 年第 30 期第 1966 条）；

1990 年 12 月 24 日，苏俄最高苏维埃《关于苏俄法律〈苏俄所有权法〉实施决议》（苏俄人民代表大会和苏俄最高苏维埃公报 1990 年第 30 期第 417 条）

1990 年 12 月 25 日苏俄法律《企业与经营活动法》（苏俄人民代表大会和苏俄最高苏维埃公报 1990 年第 30 期第 418 条；俄罗斯联邦人民代表大会和俄罗斯联邦最高苏维埃公报 1992 年第 34 期第 1966 条，1993 年第 32 期第 1231 和第 1256 条），但第 34 条和第 35 条除外。

第 3 条

自 1995 年 1 月 1 日在俄罗斯联邦境内不再适用：

《苏联和加盟共和国民事立法纲要》第一编“一般规定”，第二编“所有权、他物权”和第三编“债法”第八章“关于债的一般规定”（苏联人民代表大会和苏联最高苏维埃公报 1991 年第 26 期第 733 条）；

俄罗斯联邦最高苏维埃 1993 年 3 月 3 日《关于在俄罗斯联邦境内适用苏联立法的几个问题的决议》第 4 款第 3 段和第 5 款（俄罗斯联邦和俄罗斯联邦最高苏维埃公报 1993 年第 11 期第 393 条）。

第 4 条

在依照法典第一部分修订现行在俄罗斯联邦境内有效的法律和其他法律文件之前，俄罗斯联邦的法律和其他立法文件，以及现行的《苏联和加盟共和国民事立法纲要》和苏联其他立法文件，在俄罗斯联邦宪法、苏俄最高苏维埃 1991 年 12 月 12 日《关于批准建立独立国家联合体的协议的决议》、俄罗斯联邦最高苏维埃 1992 年 7 月 14 日《关于在进行经济改革期间民事法律关系调整的决议》和 1993 年 3 月 3 日《关于在俄罗斯联邦境内适用苏联立法的几个问题的决议》所规定的范围内并依照其所规定的程序适用，但违背法典第一部分的除外。

在法典第一部分生效之前，苏俄最高苏维埃、俄罗斯联邦最高苏维埃所发布的非法律的规范性文件，和苏俄最高苏维埃主席团、俄罗斯联邦总统、俄罗斯联邦政府的规范性文件，以及在俄罗斯联邦境内适用的苏联最高苏维埃的非法律的规范性文件和苏联最高苏维埃主席团、苏联总统、苏联政府的规范性文件，就法典第一部分规定只能由联邦法律调整的问题，在相应法律生效之前有效。

第 5 条

法典第一部分适用于在其生效之后所产生的法律关系。

在其生效之前所产生的民事法律关系，法典第一部分适用于在其生效之后所产生的权利和义务。

第 6 条

1. 法典第四章自法典第一部分正式公布之日起生效。自该日起商业组织只能以法典第四章为其规定的法律组织形式设立。

如果从本联邦法律第 8 条中不能得出不同规定，则在法典第一部分正式公布之后，依照法典第四章规定的程序设立法人。

2. 法典第四章关于无限合伙（第 69~ 第 81 条）、有限合伙（第 82~ 第 86 条）、有限责任公司（第 87~ 第 94 条）、股份公司（第 96~ 第 104 条）的规范，相应地适用于在法典第一部分正式公布之前所设立的无限合伙和混合合伙、有限责任合伙、封闭型股份公司和开放型股份公司。

这些经营性合伙和公司的设立文件，在依照法典第四章的规范进行修改之前，在不违背前述规范的范围内有效。

3. 在法典第一部分正式公布之前所设立的无限合伙和混合合伙的设立文件，应当在不迟于 1995 年 7 月 1 日之前，按照法典第四章的规范进行修改。

4. 在法典第一部分生效正式公布之前所设立的有限责任合伙、股份公司和生产性合伙生产性合作社的设立文件，应当依照法典第四章关于有限责任公司、股份公司和生产合作社的规范，按照有限责任公司法、股份公司法和生产合作社法通过时所规定的程序和期限进行修改。

5. 个体（家庭）私人企业，及由经营合伙和公司、社会组织与宗教组织、团体、慈善基金所设立的企业，和其他非国家所有或者自治市所有的依据完全经营管理权（предприятия, основанные на праве полного хозяйственного ведения）设立的企业，应当在 1999 年 7 月 1 日之前，要么改组为经营性合伙公司或者合作社，要么注销。在该期限届满后企业应当由从事相应法人国家登记的机关、税务机关或者检察官的要求依照司法程序注销。

在其重组或者注销之前，对前述企业适用法典关于依据业务管理权所设立的单一制企业的规范，并需注意其设立人为其财产所有权人。

6. 法典关于依据经营管理权设立（第 113 条、第 114 条、第 294 条、第 295 条、第 299 条、第 300 条）的单一制企业和依据业务管理权（第 113 条、第 115 条、第 296 条、第 297 条、第 299 条、第 300 条）设立的单一制企业的规范，相应地适用于在法典第一部分正式公布之前，依据完全经营管理权所设立的国有企业和自治市企业，以及联邦国库企业。

这些企业的设立文件应当依照法典第一部分的规范，按照在通过国家和自治市单一制企业法时所规定的程序和期限内进行修改。

7. 不从事经营活动而且在法典第一部分正式公布之前所设立的以合伙或者股份公司形式的商业组织的联合会，有权保留相应的形式或者可以改组为商业组织的协会或者联盟（121 条）。

第 7 条

在本联邦法律第 6 条第 2 款～第 7 款中指明的法人，以及农庄（农场），在由于依照法典第一部分的规范进行修改而对其法律地位变更进行登记时，免于支付登记费。

第 8 条

在法人登记法和不动产权利及其法律行为登记法生效之前，适用现行法人登记和不动产及其法律行为登记的程序。

第 9 条

法典关于法律行为无效的依据和后果的规范（第 162 条，第 165 条～第 180 条），无论相应法律行为实施的时间，适用于在 1995 年 1 月 1 日之后，由法院、仲裁法院或者仲裁庭所审理的要求确认无效并适用无效之后果的法律行为。

第 10 条

法典第一部分规定的诉讼时效期限及其计算规则，适用于之前有效的立法规定的起诉权在 1995 年 1 月 1 日尚未届满的请求。

之前有效的立法为相应诉讼规定的诉讼时效期限，适用于其起诉权在 1995 年 1 月 1 日之前产生的法典第 181 条第 2 款规定的确认可争议法律行为无效并适用无效的后果的诉讼。

第 11 条

法典第 234 条（取得时效）的效力，适用于在 1995 年 1 月 1 日前开始占有财产并在法典第一部分生效时仍然持续的情形。

第 12 条

法典第二十八章规定的合同缔结程序，适用于在 1995 年 1 月 1 日之后旨在缔结合同的要约。

第 13 条

法典第一部分第十七章的规范，在涉及农业耕地地块的法律行为的范围内，自俄罗斯联邦土地法典和农用土地流转法生效之日起生效。

第 14 条

农业合作社（生产合作社、加工合作社、服务于农业生产者的合作社）的设立和活动的特点由农业合作社法规定。

第 15 条

由于 2014 年在索契市组织和举办第 22 届冬奥会和第 11 届残疾人冬季奥运会，由于发展索契市作为山地气候度假胜地，而为国家需要或者自治市需要剥夺地块，由于剥夺地块而转让在地块上的不动产，由《俄罗斯联邦民法典》调整，但联邦法律《关于 2014 年在索契市组织和举办第 22 届冬奥会和第 11 届残疾人冬季奥运会、发展索契市作为山地气候度假胜地和修改俄罗斯联邦某些立法文件法》有不同规定的除外。

第 16 条

由于 2012 年在符拉迪沃斯托克市组织举办“亚洲—太平洋经济合作论坛”，而为国家需要或者自治市需要剥夺地块，转让位于地块上的不动产，由《俄罗斯联邦民法典》调整，但联邦法律《关于 2012 年组织举办亚洲—太平洋经济合作论坛国家元首和政府首脑会晤、发展符拉迪沃斯托克市为在亚洲和太平洋地区的国际合作中心和修改俄罗斯联邦某些立法文件法》有不同规定的除外。

第 17 条

为了国家需要或者自治市需要而剥夺地块和（或者）其他不动产客体，转让不动产客体，移转对不动产客体的权利，设立役权，以及其他由于放置客体而产生的且对之适用联邦法律的关系，由《俄罗斯联邦民法典》调整，但如果联邦法律《关于调整由于地区加入莫斯科市俄罗斯联邦主体—联邦直辖市而产生的法律关系的特殊性和修改俄罗斯联邦某些法律文件法》有不同规定的除外。

第 18 条

为了进行筹备，联邦法律《关于筹备和在俄罗斯联邦举办 2018 年 FIFA 世界杯足球锦标赛和 2017 年 FIFA 足球联合会杯，并修改某些俄罗斯联邦立法文件法》所规定的措施，而为了国家或者国家需要或者自治市需要剥夺地块转让，以及由于剥夺地块而转让地块上的不动产，由《俄罗斯联邦民法典》规定调整，但前述联邦法律有不同规定的除外。

第 19 条

1. 为了保障参与民事流转，依照其设立文件，在接受克里米亚共和国和塞瓦斯托波尔联邦直辖市加入俄罗斯联邦并在俄罗斯联邦构成中成为新主体之日，在克里米亚共和国境内或者塞瓦斯托波尔联邦直辖市境内，拥有常设执行机关所在地，或者在缺乏常设执行机关的情况下有其他机关或者拥有无须委托授权书即可以法人名义行为的权利的人的拥有民事权利能力的法人，可以按照俄罗斯联邦立法修改自己的设立文件，并在 2015 年 3 月 1 日之前的期限内提出将关于其信息载入统一法人国家登记簿之中，但如果 2014 年 3 月 21 日第 6 号联邦宪法性法律《关于接受克里米亚共和国加入俄罗斯联邦并在俄罗斯联邦构成中组成新主体——克里米亚共和国和塞瓦斯托波尔联邦直辖市法》、联邦法律《关于调整在克里米亚共和国和塞瓦斯托波尔联邦直辖市境内资不抵债（破产）的特殊性和修改俄罗斯联邦某些立法文件法》或者本款规定了不同期限的除外。

本款第 1 段中指明规定的作为农场（农庄）的法人，可以按照俄罗斯联邦立法修改自己的设立文件，并在 2015 年 7 月 1 日之前，提出将其资料载入统一的国家法人登记簿的请求。

在本款第 1 段中指明的作为宗教组织的法人，可以依照俄罗斯联邦立法修改自己的设立文件，并在 2016 年 1 月 1 日之前，提出将自己的信息载入统一的国家法人登记簿的申请。

2. 在依照俄罗斯联邦立法修改自己的设立文件，以便依照本条提出将其资料载入统一的法人国家登记簿的申请，在本条第 1 款中指明的作为非商业组织（非为获取利润目的而设立的组织）的法人，无权在自己的设立文件中指明，它们是商业组织，而作为商业组织的法人（为获取利润目的而设立的组织），无权指明它们是非商业性组织。

3. 在依照俄罗斯联邦立法修改自己的设立文件，以便依照本条提出将资料载入统一的法人国家登记簿中，本条第 1 款中指明的非依据（数人参与其中）成员地位而设立的法人，无权在设立文件中，指明它们是基于成员地位而设立的，或者相反。

4. 将在本条第 1 款中指明的法人信息载入统一的法人国家登记簿，按照依据 2001 年 8 月 8 日第 129 号联邦法律《法人和个体经营者国家登记法》并根据本条规定的特殊性确定某些种类法人的特别登记程序的联邦法律所规定的更改法人设立文件的规则进行。

法人将法人资料载入统一法人国家登记簿的申请（以下简称“申请”），按照经

2011 年 8 月 8 日第 129 号联邦法律《法人和个体经营者国家登记法》第 2 条授权的联邦执行权力机关所批准的形式提交。

在申请中所包含的信息符合本条第 1 款中指明的在被授权做出法人国家登记决定的机关所拥有的法人的信息的情况下，可以接受国家登记的决定作为进行相应记载的依据。

5. 在本条第 1 款中指明的提出申请的法人，自载入统一的法人国家登记簿之时起，取得俄罗斯组织的权利和义务，在此情况下，他们的属人法（第 1202 条）将成为俄罗斯联邦法。

本条第 1 款中指明的法人的资不抵债（破产）的特殊性，自依照联邦法律《关于调整在克里米亚共和国和塞瓦斯托波尔联邦直辖市境内调整资不抵债（破产）的特殊性和修改俄罗斯联邦某些立法文件法》第 1 条第 5 部分，作出关于指定司法会议审查破产案件中所应适用的程序的决定之时起，由俄罗斯联邦立法调整。

6. 依照本条将其设立文件依照俄罗斯联邦立法修改，且将其信息载入统一的法人国家登记簿，不是对上述法人的改组，不引起它们的终止（清算），也不适用法典第 60 条规定的规则。

7. 拥有民事权利能力的法人依照其设立文件，在接受克里米亚共和国、塞瓦斯托波尔联邦直辖市加入俄罗斯联邦并在俄罗斯联邦构成中组成新主体之日，在克里米亚共和国境内或者塞瓦斯托波尔联邦直辖市境内，拥有常设执行机关，或者在缺乏常设执行机关的情况下有其他机关或者拥有无须委托授权书而以法人名义行为的人的，自按照俄罗斯联邦立法规定的程序，取得外国法人分支机构（代表处）地位之时起，有权在俄罗斯联邦境内从事活动。

8. 本条的规则根据 2014 年 4 月 2 日第 37 号联邦法律《关于克里米亚共和国和塞瓦斯托波尔联邦直辖市转型时期金融体系运作的特殊性法》，适用于银行和非银行金融机构。

9. 在本条第 1 款第 1 段中指明的，没有依照俄罗斯联邦立法修改自己的设立文件的法人，没有提出将其资料载入统一的法人国家登记簿的申请，也没有在本条、联邦法律《关于调整在克里米亚共和国和塞瓦斯托波尔联邦直辖市境内资不抵债（破产）的特殊性和修改俄罗斯联邦某些立法文件法》或者 2014 年 3 月 21 日第 6 号联邦宪法性法律《关于接受克里米亚共和国加入俄罗斯联邦并在俄罗斯联邦构成中组成新主体——克里米亚共和国和塞瓦斯托波尔联邦直辖市法》规定的期限内，取得外国法人分支机构（代表处）的身份，则在该期限届满，即不拥有在俄罗斯联邦境内从事活动的权利（但旨在履行该法人在该期限届满之前所产生的债之活动，在为履行该类债和终止前述法人的活动所必要的范围内的情形除外），并且应当注销。

10. 依照本条按照俄罗斯联邦立法，修改了自己的设立文件并将其资料已经载入统一的法人国家登记簿的有限责任公司的参加者，无论属于其所有的有限责任公司注册资本的份额之大小，均有权要求依据 1998 年 2 月 8 日第 14 号联邦法律《有限责任公司法》第 10 条规定的理由和程序，将本条第 9 款中指明的法人的其他参加者开除出该有限责任公司。

第 20 条

为国家需要，为放置领先社会经济发展区域基础设施客体，而强制转让地块（剥夺地块）和（或者）位于地块上的不动产、其他财产的特殊性，由联邦法律《俄罗斯联邦先进社会经济发展区域法》规定。

第 21 条

1. 在克里米亚共和国或者塞瓦斯托波尔联邦直辖市境内，在接受克里米亚共和国加入俄罗斯联邦并在俄罗斯联邦构成中组成新主体——克里米亚共和国和塞瓦斯托波尔联邦直辖市之日前，所缔结的合同的条款保留效力，但联邦法律规定的情形除外。

2. 在克里米亚共和国和塞瓦斯托波尔联邦直辖市境内，在接受克里米亚共和国加入俄罗斯联邦并在俄罗斯联邦构成中组成新主体——克里米亚共和国和塞瓦斯托波尔联邦直辖市之前，在依据单方法律行为所产生的关系部分，俄罗斯联邦立法适用于自接受克里米亚共和国加入俄罗斯联邦并在俄罗斯联邦的构成中组成新的主体——克里米亚共和国和塞瓦斯托波尔联邦直辖市之日后所产生的权利和义务。

第 22 条

1. 法典第 222 条第 4 款的规定不适用于依照联邦法律属于宗教用途的财产，以及预先指定用于为宗教用途财产服务的和（或者）与其构成统一的修道院、庙宇或者其他祭祀综合体的财产。宗教用途财产的概念使用在 2010 年 11 月 30 日第 327 号联邦法律《关于将国有或者自治市所有的宗教用途的财产移交给宗教组织法》第 2 条第 1 款中指明的意义。

2. 在这些建筑物符合俄罗斯联邦政府规定的要求的情况下，宗教组织有权使用本款中指明的违章建筑。在这些违章建筑不符合前述要求的情况下，允许宗教组织在 2030 年以前使用这些违章建筑。

法典第 222 条第 4 款第 6 段的规定，也适用于在 2019 年 1 月 1 日前在相应的别墅地块、花园地块上建筑的住宅大厦和居住用建筑物。

3. 在同时存在下列条件的情况下，不得依照法典第 222 条对建筑在预先指定用于个人住宅建设或者位于居民点范围内且预先指定用于进行个人副业的地块上的个人住宅建设客体，以及对在相应的在别墅地块和花园地块上所建筑的住宅大厦和居住用建筑物做出拆除违章建筑的决定，或者，拆除违章建筑或按照土地使用和建筑规则、区域规划文件或者对法律规定的建筑参数提出的强制性所规定的参数进行整改的决定：

（1）对该类客体、住宅大厦、居住用建筑物的权利，在 2018 年 9 月 1 日之前已经登记；

（2）这些客体、住宅大厦、居住用建筑物的参数，符合土地使用和建筑规则所规定的对被允许建筑、重大建设客体的改造的最大参数，和（或者）联邦法律规定的这些客体、住宅大厦、居住用建筑物的最大参数；

（3）这些客体、住宅大厦、居住用建筑位于属于这些客体、住宅大厦、居住用建筑的所有权人享有所有权的或者依据其他合法依据的地块之上。

4. 本条第 3 款，也适用于 2018 年 9 月 1 日之后，建筑在预先指定用于个人住宅建设的地块上的，或者位于居民点范围内且预先指定用于从事个人副业的地块上的个人住宅建筑客体、相应地位于在别墅地块和花园地块上所建筑的住宅大厦和居住用建筑物的权利移转的情形。

5. 农村、市区（在存在跨区域建筑物、构筑物或者其他设施的情况下自治地区）的地方自治机关，无权按照法典第 222 条作出拆除违章建筑的决定，或者拆除违章建筑或依照土地使用和建筑规则、区域规划文件规定的规则或者法律规定的对建筑参数的强制性要求进行整改的决定：

（1）由于在俄罗斯联邦土地法典生效之日前，缺乏对地块的权利设定文件而对建筑在地块上的建筑物、构筑物或者其他设施；

（2）由于缺乏建筑许可而对在 1998 年 5 月 14 日前所建造的建筑物、构筑物或者其他设施。

在本款规定的情况下，拆除违章建筑的决定，或者，拆除违章建筑或按照土地利用和建筑规则、区域规划文件规定的参数或法律对建筑参数规定的强制性要求进行整改的决定，只能由法院作出。

俄罗斯联邦总统叶利钦

莫斯科　克里姆林宫

1994 年 11 月 30 日

第 52 号联邦法律